3216

***ACCESO GRATIS** a la Lectura en la Nube*

Para visualizar el libro electrónico en la nube de lectura envíe junto a su nombre y apellidos una fotografía del código de barras situado en la contraportada del libro y otra del ticket de compra a la dirección:

ebooktirant@tirant.com

En un máximo de 72 horas laborales le enviaremos el código de acceso con sus instrucciones.

La visualización del libro en **NUBE DE LECTURA** excluye los usos bibliotecarios y públicos que puedan poner el archivo electrónico a disposición de una comunidad de lectores. Se permite tan solo un uso individual y privado

MUJERES EN TIEMPOS DE GUERRA: CONTRIBUCIONES AL DERECHO Y PROCESOS DE PAZ

COMITÉ CIENTÍFICO DE LA EDITORIAL TIRANT LO BLANCH

María José Añón Roig
Catedrática de Filosofía del Derecho de la Universidad de Valencia

Ana Cañizares Laso
Catedrática de Derecho Civil de la Universidad de Málaga

Jorge A. Cerdio Herrán
Catedrático de Teoría y Filosofía de Derecho Instituto Tecnológico Autónomo de México

José Ramón Cossío Díaz
Ministro en retiro de la Suprema Corte de Justicia de la Nación y miembro de El Colegio Nacional

María Luisa Cuerda Arnau
Catedrática de Derecho Penal de la Universidad Jaume I de Castellón

Manuel Díaz Martínez
Catedrático de Derecho Procesal de la UNED

Carmen Domínguez Hidalgo
Catedrática de Derecho Civil de la Pontificia Universidad Católica de Chile

Eduardo Ferrer Mac-Gregor Poisot
Juez de la Corte Interamericana de Derechos Humanos. Investigador del Instituto de Investigaciones Jurídicas de la UNAM

Owen Fiss
Catedrático emérito de Teoría del Derecho de la Universidad de Yale (EEUU)

José Antonio García-Cruces González
Catedrático de Derecho Mercantil de la UNED

José Luis González Cussac
Catedrático de Derecho Penal de la Universidad de Valencia

Luis López Guerra
Catedrático de Derecho Constitucional de la Universidad Carlos III de Madrid

Ángel M. López y López
Catedrático de Derecho Civil de la Universidad de Sevilla

Marta Lorente Sariñena
Catedrática de Historia del Derecho de la Universidad Autónoma de Madrid

Javier de Lucas Martín
Catedrático de Filosofía del Derecho y Filosofía Política de la Universidad de Valencia

Víctor Moreno Catena
Catedrático de Derecho Procesal de la Universidad Carlos III de Madrid

Francisco Muñoz Conde
Catedrático de Derecho Penal de la Universidad Pablo de Olavide de Sevilla

Angelika Nussberger
Catedrática de Derecho Constitucional e Internacional en la Universidad de Colonia (Alemania). Miembro de la Comisión de Venecia

Héctor Olasolo Alonso
Catedrático de Derecho Internacional de la Universidad del Rosario (Colombia) y presidente del Instituto Ibero-Americano de La Haya (Holanda)

Luciano Parejo Alfonso
Catedrático de Derecho Administrativo de la Universidad Carlos III de Madrid

Consuelo Ramón Chornet
Catedrática de Derecho Internacional Público y Relaciones Internacionales de la Universidad de Valencia

Tomás Sala Franco
Catedrático de Derecho del Trabajo y de la Seguridad Social de la Universidad de Valencia

Ignacio Sancho Gargallo
Magistrado de la Sala Primera (Civil) del Tribunal Supremo de España

Elisa Speckman Guerra
Directora del Instituto de Investigaciones Históricas de la UNAM

Ruth Zimmerling
Catedrática de Ciencia Política de la Universidad de Mainz (Alemania)

Fueron miembros de este Comité:
Emilio Beltrán Sánchez, Rosario Valpuesta Fernández y Tomás S. Vives Antón

Procedimiento de selección de originales, ver página web:
www.tirant.net/index.php/editorial/procedimiento-de-seleccion-de-originales

MUJERES EN TIEMPOS DE GUERRA: CONTRIBUCIONES AL DERECHO Y PROCESOS DE PAZ

FRÉDÉRIC MERTENS DE WILMARS
CARLA DE PAREDES GALLARDO
Coordinadores

tirant lo blanch
Valencia, 2025

Copyright ® 2025

Todos los derechos reservados. Ni la totalidad ni parte de este libro puede reproducirse o transmitirse por ningún procedimiento electrónico o mecánico, incluyendo fotocopia, grabación magnética, o cualquier almacenamiento de información y sistema de recuperación sin permiso escrito de los autores y del editor.

En caso de erratas y actualizaciones, la Editorial Tirant lo Blanch publicará la pertinente corrección en la página web www.tirant.com.

© Colectivo de Autores

© TIRANT LO BLANCH
EDITA: TIRANT LO BLANCH
C/ Artes Gráficas, 14 - 46010 - Valencia
TELFS.: 96/361 00 48 - 50
FAX: 96/369 41 51
Email: tlb@tirant.com
www.tirant.com
Librería virtual: www.tirant.es
DEPÓSITO LEGAL: V-387-2025
ISBN: 978-84-1095-430-4

Si tiene alguna queja o sugerencia, envíenos un mail a: *atencioncliente@tirant.com*. En caso de no ser atendida su sugerencia, por favor, lea en *www.tirant.net/index.php/empresa/politicas-de-empresa* nuestro procedimiento de quejas.

Responsabilidad Social Corporativa: http://www.tirant.net/Docs/RSCTirant.pdf

Índice

SEGUNDA PARTE
LAS MUJERES ENTRE GUERRA Y PAZ

Presentación

Las mujeres siempre han sido parte interesada en la búsqueda de soluciones a los diversos conflictos en el mundo. Como lo recuerdan la Agenda 2030 y sus Objetivos de desarrollo sostenible (ODS, en adelante)–en particular los ODS 5, 16 y 17 -, el desarrollo de las naciones no puede lograrse sin la participación efectiva de las mujeres, en particular en la prevención y la gestión de conflictos, los procesos de toma de decisiones en el marco de la paz.

Sin embargo, en algunas culturas, la guerra sigue percibiéndose en gran medida como un asunto masculino. Y cuando la reflexión teórica sobre los conflictos se interesa por las mujeres, las considera como víctimas. Los sistemas culturales que no permiten a las mujeres desempeñar un papel importante en los conflictos representan un grave problema en la medida en que también excluyen a las mujeres de los procesos de resolución de conflictos.

El rol que las mujeres desempeñan, así como el potencial que tienen para contribuir al establecimiento de la paz y al fomento de la seguridad, rara vez es debidamente reconocido. Los conflictos bélicos provocan una disrupción en las normas sociales que facilita una reconfiguración de los roles tradicionales entre hombres y mujeres. No obstante, la experiencia adquirida por las mujeres en contextos de conflicto resulta beneficiosa para las comunidades en las etapas de posconflicto. En la mayoría de los conflictos violentos a nivel mundial, independientemente de su situación personal, las mujeres juegan un papel activo.

Gracias al apoyo del Derecho Internacional, las mujeres actúan en los ámbitos de la educación, la producción económica y la seguridad, y se implican en el activismo político. También están adquiriendo nuevas habilidades y asumiendo responsabilidades adicionales: negocian por su seguridad en zonas de conflicto, mediando entre las partes enfrentadas, implicándose en la justicia transicional y participando activamente en los procesos de reconciliación.

Hace más de veinte años, la Resolución 1325 (2000) del Consejo de Seguridad de las Naciones Unidas subrayó el hecho de que las mujeres desempeñan un papel fundamental en el fomento de la paz, la seguridad, el desarrollo y los Derechos humanos.

Se invitaba a los Estados a velar por que las mujeres estuvieran mejor representadas en todos los niveles de los procesos de toma de decisiones en las instituciones y mecanismos nacionales, regionales e internacionales de prevención, gestión y resolución de conflictos.

Se solicitó la incorporación de la dimensión de género se integrara en todas las políticas y programas, incluyendo aquellos relacionados con el desarme, desmovilización y reintegración. En la última década, desde la adopción de esta resolución, se han llevado a cabo múltiples acciones en este sentido.

Las organizaciones internacionales involucradas en el ámbito de la defensa y la seguridad han desarrollado estrategias para su implementación; algunas de estas estrategias se han enfocado en la composición y capacidad de formación personal, mientras que otras han contemplado la integración de una perspectiva en la ejecución de las operaciones.

Esta perspectiva de género requiere la inclusión sistemática de las mujeres en la prevención y resolución de conflictos, la mediación, la negociación y la reconstrucción postconflicto, así como su inclusión en la reforma del sector de la seguridad. Además, es importante tener en cuenta la adopción y aplicación de políticas, leyes y medidas a favor del empoderamiento de la mujer y la igualdad de género, de conformidad con los instrumentos jurídicos internacionales y regionales existentes.

Por ello, en enfoque de esta obra colectiva es doble. En la primera parte, los autores analizan la contribución de las mujeres al Derecho internacional mientras que la segunda parte se aborda la situación de las mujeres en medio de los conflictos y los procesos de pacificación.

La mujer es una "causa" en constante evolución que se adapta a los cambios sociales y políticos de cada época. Garantizar la participación de las mujeres, de todas las mujeres del Norte y del Sur, en los procesos de paz y desarrollo es fundamental no solo porque representa un derecho inherente sino también porque su exclusión implica la negación del crecimiento, la prosperidad y la paz. Algunos pueden argumentar que las mujeres desempeñan un papel desproporcionado en los asuntos internacionales y que, deberíamos centrarnos en el desarme y en la resolución de los conflictos actuales.

Sin embargo, tal perspectiva ignora que las mujeres son parte integral de la Historia, que su causa es transversal y que desempeñan un papel crucial en la transformación de las sociedades y en la evolución del Derecho internacional.

PARTE PRIMERA

CONTRIBUCIÓN DE LAS MUJERES AL DERECHO INTERNACIONAL

"Ensayo sobre el derecho de gentes", 1879. Primer tratado de derecho internacional publicado por una mujer en la historia.

"Essay on the law of nations", 1879. First treatise on international law published by a woman in history.

LAURA LÓPEZ-ALMANSA BEAUS[1]

Resumen

Este artículo estudia la figura de Concepción Arenal en el ámbito del Derecho Internacional, como autora del *"Ensayo sobre el Derecho de Gentes"*, primer tratado de derecho internacional publicado por una mujer en la historia del derecho internacional. Se analizan sus puntos más esenciales y las resistencias y facilidades del Derecho de Gentes para la justicia internacional. Pionera en el feminismo español, anticipó ya en la segunda mitad del siglo XIX las primeras contribuciones sobre cuestiones de derecho internacional, siendo de gran influencia para otras mujeres.

Palabras clave: Concepción Arenal–Derecho Internacional–Tratado–Derecho de Gentes -Mujeres

Abstract

This article studies the figure of Concepción Arenal in the field of international law, as the author of the *"Ensayo sobre el Derecho de Gentes"*, the first treatise on international law published by a woman in the history of international law. Its main points are analysed, as well as the resistances and opportunities for international

---

1 Profesora Doctora en la Universidad Europea de Valencia. (laura.lopezalmansa@universidadeuropea.es). Todas las páginas webs de este trabajo han sido consultadas el 22 de febrero de 2024.

justice. A pioneer of Spanish feminism, she anticipated the first contributions on international law issues in the second half of the 19th century and was a great influence on other women.

Keywords: -Concepción Arenal, -International law–Treatise -Law of peoples -Women

SUMARIO

1. ANTECEDENTES

Concepción Arenal Ponte, (Ferrol 1820, Vigo 1893), pensadora, periodista, poeta y autora dramática española fue pionera en el feminismo español. Vivió una España convulsa, con la Guerra de la Independencia, el pronunciamiento del coronel Rafael Riego contra el absolutismo de Fernando VII, la invasión de los Cien Mil Hijos de San Luis para ayudar a los liberales españoles, la Primera República, el estallido de las guerras carlistas, etc. Con una independencia insobornable, así como compromiso por la justicia y la libertad heredadas de su padre, que murió al abandonar el derecho por las armas, Arenal se quedó huérfana a temprana edad, refugiándose con su madre y sus dos hermanas cerca de Santander. Ahí fue cuando descubrió los libros de leyes[2], entre otros el contrato social de Rousseau.

---

2 LANDIN AGUIRRE, E., "Concepción Arenal Ponte", en *1325 mujeres tejiendo la paz, Derechos Humanos y justicia.* Ceipaz-Fundación Cultura de la Paz, Madrid 2009, pp. 96-100.

Se rebeló contra su madre que quería enviarla a estudiar a un colegio femenino, decisión que marcó su vida. No se puede realizar un análisis del papel de las mujeres en el mundo de la Abogacía sin nombrar a Concepción Arenal Ponte. Fue la primera mujer en asistir a una facultad de Derecho en la Universidad Central de Madrid, entre los años 1841 y 1846. Pero lo hizo, no como una alumna más, para obtener el título que le facultara para el ejercicio de la abogacía, sino como "oyente" y acudiendo vestida de hombre. Por aquel entonces, el acceso a la Universidad no estaba prohibido expresamente a la mujer, lo que tampoco implicaba la posibilidad de su acceso, sino simplemente no se planteaba el que una mujer quisiera estudiar una carrera y ejercer una profesión distinta de "*las labores propias de su sexo*"[3] .El contexto social de la época hace que, a pesar de no existir prohibición expresa, no hubiera mujeres en las aulas de educación superior, y, por tanto, imposibilidad material de ejercer la profesión de abogado.

La Ley de Instrucción Pública de 9 de septiembre de 1857[4], tras el establecimiento de la enseñanza obligatoria hasta los nueve años para "todos los españoles" y, por ello, para hombres y mujeres, contemplaba ciertas diferencias en la educación esencial de los niños y las niñas. De este modo, conforme a sus artículos 2,4 y 5, en la educación de las niñas se reemplazan los

---

3 CALVO LÓPEZ, P. "La mujer en la abogacía", en *Mujer, Política e Igualdad, de las palabras a los hechos.* Tirant lo Blanch, Valencia 2017, pp. 101-122.

4 Respecto de la ley de 9 de septiembre de 1857, conocida como ley Moyano, se recogió que las mujeres debían de recibir, con carácter obligatorio, una cultura básica. Desafortunadamente, la medida adoptada va a estar condicionada por el discurso de la domesticidad como así queda constatado en el art. 5: "*En las enseñanzas elementales de las niñas se recibirá el siguiente contenido en su formación: 1º Las labores propias de su sexo; 2º Elementos de dibujo aplicado a las mismas labores; 3º Formación moral y religiosa; 4º Nociones de higiene doméstica*". MARTÍNEZ ALCUBILLA, M., *Colección legislativa de España.* Segundo semestre de 1867, Tomo CXVII, Madrid, 1877, p.331.

estudios de Agricultura, Industria y Comercio, Geometría, Dibujo lineal y Agrimensura y Física e Historia natural, por los de *Labores propias del sexo, Elementos de Dibujo aplicado a las mismas labores* y *Ligeras nociones de Higiene doméstica*[5]. No es hasta la Real Orden de 2 de septiembre de 1910 cuando se autoriza a las mujeres que hubieran obtenido su título académico, a ejercer la profesión a que aquel habilita. En este contexto, se incorpora la primera mujer a un colegio de abogados, Dña. María Asunción Chirivella Marín, qué accedió al Ilustre Colegio de Abogados de Valencia en el año 1922.

De pensamiento krausista[6], sensible con los débiles, compaginaba el estudio y las publicaciones con un gran activismo social. En sus obras denunció la situación de las cárceles españolas y la condición de la mujer. Fue la primera mujer premiada por la Academia de Ciencias Morales y Políticas por la obra: "*La beneficencia, la filantropía y la caridad*".

Se casó con el periodista Fernando García Carrasco[7], que la defendió públicamente ante sus compañeros y respetó su capacidad

---

5 ALAMO MARTELL, MD., "La discriminación legal de la mujer en el siglo XIX", en *Revista Aequitas: estudios sobre historia, derecho e instituciones,* Número 1, 2011, pp.11-24.

6 El posicionamiento de la autora se encuentra influido por el Krausismo y por la Escuela Clásica, pero, aun así, "no se encuadra totalmente ni en uno ni en otro ya que es, ante todo, una científica social con criterios independientes. Arenal es, como tantas mujeres de su época, una autora autodidacta, y, también como tal, basó sus afirmaciones en sus propias observaciones de la realidad social". DEL VALLE MORENO, A., "Una lectura sociológica de la obra de Concepción Arenal: Un enfoque precursor de la Sociología del género", Tesis Doctoral Universidad de la Coruña, 2014.

7 A pesar de los casi quince años que le separan de este abogado y periodista al que conoció en las aulas de la Facultad, era un hombre avanzado para la época que supo entender con total perfección las aspiraciones de Concepción Arenal y contempló a su esposa desde el verdadero plano de igualdad, pues siempre admitió que le acompañase vestida de hombre a las tertulias del café Iris o que aportara al hogar las ganancias

y afán de escribir, compartiendo con ella su pensamiento político. Ambos colaboraron en el periódico liberal Iberia[8], teniendo dificultades políticas por ello. Cuando enviudó, siguió colaborando con este periódico, cuyos responsables dudaban que artículos tan talentosos fueran escritos por una mujer, pagándole menos por ello. Humillación que no soportó, despidiéndose y marchándose con sus hijos a Cantabria.

En 1868 fue nombrada Inspectora de Casas de Corrección de Mujeres, fue la primera Visitadora de Cárceles para Mujeres, por lo que ocupó un puesto en la Administración. En 1872 fundó la sociedad denominada "Constructora Benéfica", dedicada a la construcción de casas baratas para obreros. También fundó el grupo femenino de las conferencias de San Vicente de Paul, en su rama femenina, de visitadores de pobres[9], dedicadas a la caridad y plenamente volcada ya en las causas sociales[10]. Organizó como voluntaria en España la Cruz Roja del Socorro, para los heridos de las guerras carlistas, esbozando las primeras instituciones de organismos internacionales.

---

de un trabajo remunerado. https://www.cervantesvirtual.com/portales/concepcion_arenal/autora_biografia/.

8 La Iberia era un periódico progresista donde el marido de Concepción Arenal llegó a ser editorialista y director.

9 LANDIN AGUIRRE E., "ob.cit." p.97.

10 Para Arenal la salud era también una cuestión social más que, como todas las demás (educativa, económica, política, etc.), ella entendía como moral. En la salud lo fundamental es respetar la dignidad de todas las personas. Por eso las reformas sociales que propuso eran esencialmente reformas morales: "todo fenómeno moral es social, puesto que pasa dentro de la sociedad e influye en ella". Poseía un conocimiento exhaustivo de los problemas que se originaban en los hospitales, la forma en que se debían organizar, así como el modo en que los médicos y las visitadoras sociales debían ayudar a sus pacientes. De hecho, ella dirigió un hospital de sangre. IDARETA GOLDARACEN, F., "Concepción Arenal: pionera del trabajo social sanitario en España", *Revista Internacional de Ciencias Sociales,* Universidad de Murcia, V.44, 2023, pp-119-131.

A lo largo de su vida, Arenal eludió hablar de sí misma, poniendo el acento en lo que escribía, no en quien lo escribía. Pretendió así que su obra fuera valorada por lo que decía no por quien lo decía[11]. Nunca impuso de manera autoritaria ni adoctrinadora sus pensamientos, mostraba evidencias y datos y formulaba preguntas para incitar a la reflexión. Sin doble juego, a veces tendía a la ironía, lo que complicaba interpretarla. Inteligente y con conocimiento integral de la dimensión humana, tiene un estilo propio que revela una potente personalidad[12].

Al morir, numerosos halagos se hicieron de ella. Ya en el año 1907 salió en Buenos Aires a la luz un libro con el título "Concepción Arenal. La mujer más grande del siglo XIX[13]". En él, y desde la otra parte del Atlántico, se hace un homenaje a esta incansable y vocacional jurista nacida hacía casi 100 años en Galicia, con frases de personajes ilustres de la época, que ya vaticinaban su futura influencia. Entre ellas, es de destacar la del Conde de Romanones, el 13 noviembre 1906[14]:"El acertado propósito de honrar la memoria de Concepción Arenal, me llena de satisfacción, como español y como Ministro de Gracia y Justicia. Concepción Arenal es una de las más puras glorias españolas y es una gloria de la

---

11 No profundizaremos más en su vida, ya que no es objeto de este trabajo. Las biografías más conocidas de la ilustre gallega son tres. La de Juan Antonio Cabezas en el año 1942 bajo el título *Concepción Arenal o el sentido romántico de la justicia*, el *Estudio biográfico documental* suscrito por María Campo Alange en 1973 como parte de las ediciones de la Revista de Occidente y, la de 2018, de Anna Caballé, publicada por la Fundación Juan March y la editorial Taurus bajo el título *Concepción Arenal. La caminante y su sombra*, obra, esta última, galardonada con el Premio Nacional de Historia de España.

12 LACALZADA DE MATEO, MJ., "Resonando la voz de Concepción Arenal: derechos humanos y justicia social: Claves, diálogos y apuntes para el siglo XXI". *Ensayo, manuales y textos universitarios.* Tomo 11, CGTS Paraninfo, 2021.

13 MAÑACH, F., *Concepción Arenal. La mujer más grande del siglo XIX.* Imprenta de Juan A. Alsina, Buenos Aires, 1907.

14 MAÑACH, F., "ob.cit.", p.96.

ciencia jurídica. Su labor científica será imperecedera porque es el fruto sazonado de un talento extraordinario, vigoroso, verdaderamente genial, guiado por la dulzura de sentimientos de un corazón tierno, femenino, De ese consorcio felicísimo, pocas veces logrado, procede el singular mérito de la obra que nos legó la insigne escritora, y también el relieve extraordinario de su figura, que será mayor cada día, a medida que vaya siendo más conocida y mejor estudiada. Enaltecer su nombre es obra de justicia".

Lo principal de su amplia obra es bastante accesible y está digitalizada. Dispone de un portal propio y bien documentado en la Biblioteca Virtual Miguel de Cervantes[15], hay obras también disponibles en la Biblioteca Digital Hispánica desarrollada por la Biblioteca Nacional de España[16]. El periódico que ella fundo y mantuvo durante 14 años *La voz de la Caridad: revista quincenal de beneficencia y establecimientos penales* está digitalizado en la Biblioteca Virtual de Prensa Histórica[17]. En el reivindicó con fuerza su gran compromiso pacifista.

2. CONTRIBUCIÓN AL DERECHO INTERNACIONAL: "*ENSAYO SOBRE EL DERECHO DE GENTES*"

En una de sus publicaciones finales, "gira su atención hacia otro gran instrumento de concordia y tolerancia, que se sirve también de la palabra, el derecho internacional[18]". En 1879 publica, en el contexto histórico del principio del movimiento de codificación jurídica internacional y de la profesionalización de

---

15 https://www.cervantesvirtual.com/portales/concepcion_arenal/presentacion/

16 https://www.bne.es/es

17 https://prensahistorica.mcu.es/es/inicio/inicio.do

18 GALVAN RODRIGUEZ E., "Notas sobre el Derecho de Gentes en el bicentenario de Concepción Arenal", *Revista de la Inquisición. Intolerancia y Derechos Humanos.* Vol.25, 2021, pp.439-448.

su estudio, un interesante ensayo que se aparta de los temas de sus obras anteriores, (prisiones, educación o beneficencia).

Con su "*Ensayo sobre el Derecho de Gentes*[19] ", se separa de su ámbito habitual, quizás desilusionada por su propio fracaso al implantar las reformas que propugnaba en el derecho interno y, con la conclusión de que, solo a través de instrumentos jurídicos internacionales se pueda dar una solución a los problemas jurídicos y sociales de su tiempo[20]. Sus más de trescientas páginas, forman parte, como cuarto tomo, de la colección publicada bajo el lema general de *Biblioteca jurídica de autores españoles*. Se trata del primer tratado de derecho internacional publicado por una mujer en la historia.

2.1. Estructura.

El ensayo de Arenal está estructurado en dieciséis Capítulos, que a su vez pueden dividirse en dos partes bien diferenciadas.

La primera parte, sobre conceptos básicos y la más técnica y descriptiva. Consta de 8 capítulos. Los Capítulos I y II, sobre la definición del derecho de gentes y el concepto de nación en términos de sus límites territoriales y jurisdiccionales y facultad de concertar tratados internacionales. Los Capítulos III-VIII, sobre los aspectos esenciales de las relaciones mutuas de los pueblos y visión general del derecho internacional positivo: la legislación sobre extranjería en el ámbito civil, en el ámbito penal, conflictos derivados de las diferencias en las legislaciones del derecho internacional, propiedad intelectual, comunicaciones, pesos, medidas y monedas, y derecho de los conflictos armados, o lo que Arenal denomina "relaciones hostiles" entre Estados.

---

19 ARENAL, C., "Ensayo sobre el Derecho de Gentes", Imprenta de la Revista de Legislación, Madrid, 1879. (Localizable también en https://archive.org/details/BRes120534)

20 GALVAN RODRIGUEZ E., "Notas sobre....", p. 439.

Los ocho Capítulos restantes tienen un enfoque más histórico y reflexivo de las razones del subdesarrollo del derecho de gentes en la época, ofreciendo una visión de su desarrollo y de los desafíos que enfrenta para progresar junto con el derecho interno. Los Capítulos IX y X, examinan el progreso del derecho de gentes. En los Capítulos XI y XII, profundiza en las razones por las cuales el derecho de gentes no progresa tan rápidamente como el derecho interno y discute los métodos que podrían emplearse para garantizarlo.

Los Capítulos XIII y XIV, exploran la importancia de ciertas formas de relaciones internacionales no dentro estrictamente del derecho de gentes, pero que contribuyen a su desarrollo, así como porqué la justicia dentro de una nación no es independiente de la justicia internacional. En el Capítulo XV, se hace una comparativa entre el individuo y la nación como entidades morales y legales, discutiendo el potencial de la nación para defender la justicia internacional[21]. Y, finalmente, en el Capítulo XVI, la autora expresa su creencia en el progreso del derecho internacional.

La Introducción a la obra, realizada por Gumersindo de Azcárate [22], distingue tres partes: "un resumen, directamente hecho,

---

21 y, "una vez conocida la índole de esta persona, ver cuáles son las resistencias y sus facilidades para realizar la justicia internacional" "Tal es el plan de esta obra". ARENAL, C.; "ob.cit." p.3.

22 La incursión de Concepción Arenal en el derecho internacional surgió a raíz de un concurso de ensayos convocado por una institución malagueña. Estos concursos eran bastante comunes, Arenal ya había logrado éxitos, habiendo ganado premios. Sin embargo, también era común que estas competiciones se cancelaran abruptamente. La cancelación del concurso en Málaga tuvo un impacto directo en la obra de Arenal. Gumersindo José de Azcarate, catedrático de Legislación Comparada de la Universidad de Madrid, tenía la intención de presentar su propio manuscrito al concurso. Como resultado de la cancelación, Azcarate contribuyó con una introducción anormalmente larga al libro de Arenal. Esta introducción, que abarca cuarenta páginas, y que achaca tal honor a la circunstancia de "ser este libro obra de una

del *Derecho de Gentes positivo,* una crítica delicada e independiente de las reglas que lo constituyen, en las *Observaciones* con que termina cada uno de los primeros capítulos, y, en tercer lugar, una serie de consideraciones, tan profundas como originales, acerca del estado en que se halla al presente esta rama importante del Derecho". De Azcárate destaca como más notable esta última parte, por la "penetración y la novedad con que se investigan las causas del atraso del *Derecho de Gentes* y los medios que deben emplearse para hacer que responda a las exigencias formuladas hoy, ya no sólo por la ciencia, sino también por la conciencia pública".

2.2. Objeto y plan de la obra.

Cuando Arenal explica el objetivo de su obra, aclara que no pretende "discutir un punto de derecho entre jurisconsultos, sino una cuestión de humanidad ante el público y para que tome parte en ella[23]". Con esta obra, dirigida no sólo a juristas, sino a todas las personas carentes de conocimiento respecto al derecho internacional, intenta que las leyes y el derecho internacional lleguen al público, dado que "prescindiendo de lo que debió y pudo hacerse en otras épocas, veamos lo que conviene hacer en la nuestra: creemos que hoy debe procurarse que las ciencias sociales salgan de la Academia y de la Cátedra, y lleguen al público, para preparar la hora en que el público sea el pueblo: sólo cuando el pueblo comprenda ciertas verdades, podrán convertirse en hechos", de la teoría a la praxis.

---

señora", consistió principalmente en una exposición doctrinal-teórica general del panorama intelectual del derecho internacional en ese momento.

23 "No se dirige exclusivamente a los letrados, que saben las leyes patrias y las extranjeras, para enseñarles algo que ignoran, sino también a las personas que con alguna cultura carecen de todo conocimiento respecto al derecho internacional, y pueden formar idea de él hallándole condensado en una obra poco voluminosa". ARENAL, C., "ob.cit.", p.1.

Proclama radicalmente que "el derecho es para la vida de los pueblos como el sustento para la de los hombres; se puede disminuir y viciar, pero no suprimir enteramente[24]". "En los pueblos en que la noción de Estado o no existe o es una sombra vaga, como hay conciencia pública, pero no fuerza pública que contenga a los malhechores, el castigo de estos no puede venir sino del ofendido o, si ha muerto, de sus parientes, de sus vengadores". Sin el Estado, la justicia no pasa de una mera venganza privada. Por ello, apunta a una cierta forma de Estado para hacer valer la justicia, cuestión central donde comienza su andadura en el *Ensayo sobre el Derecho de gentes*[25], sin referencia a la justicia, valor supremo en su vida y en su obra, no hay derecho que valga.

2.3. Aportaciones más relevantes al Derecho internacional.

Sobre el escenario de violencia en el que vivió[26], Arenal recalca el gradual protagonismo del derecho internacional y esa presencia creciente por una mayor necesidad de comunicación entre los Estados. El objetivo a lograr por medio del derecho internacional consistiría en lograr que todo hombre pueda ser "ciudadano de todo el mundo", al menos en el goce de todos los derechos civiles, si no de los políticos. La escritora se pregunta "¿por qué el extranjero honrado, cuyos buenos antecedentes se conocen, cuya desahogada posición se sabe, no ha de tener la tutela de un menor, o prohijarle con provecho de ambos?".

---

24 ARENAL, C., "ob.cit.", p.202.

25 GALVAN RODRIGUEZ E., "Notas sobre...", cit., p.439.

26 En la rama femenina de la Cruz Roja y dirigió personalmente, durante el transcurso de la tercera guerra carlista, el Hospital de Sangre de Miranda de Ebro. Experiencia que motivó la publicación de sus *Cuadros de guerra* (1880), donde la nota sentimental predomina en la descripción de las escenas de dolor que ella misma contempló.https://www.cervantesvirtual.com/portales/concepcion_arenal/autora_biografia/

Recuerda que "cualquiera ley que se aplique o se imagine no puede menos de tener por objeto la justicia en las relaciones de los hombres" y que el objetivo principal del derecho internacional radica en lograr "que se forme en todas partes igual concepto de la justicia", pues este "será el medio de evitar o ir disminuyendo los conflictos que resultan de la diferencia de legislaciones en los Estados" [27]. Subraya la necesidad, cada vez más acuciante, de una concepción universal de la justicia, apuntando ya incluso con gran clarividencia, la problemática de los adelantos técnicos de su época, a la propiedad intelectual[28].

Adelantada también en el ámbito del derecho penal, donde, para evitar "la impunidad de grandes criminales" y en aras de la eficacia de la persecución de los delitos de sangre, propugna la creación, de un "tribunal formado por jueces de todas las naciones, y que éstas contribuyan con fuerza armada a hacer valederos los fallos[29]". La posibilidad de escapar a otro país y salir impune se termina con la extradición, que puede desalentar a las personas a la hora de pensar en infringir la ley. La extradición es, por tanto, un poderoso instrumento inhibidor del crimen, así como facilitador del castigo. El derecho internacional puede evitar en múltiples ocasiones el desenlace armado de un conflicto interna-

27 ARENAL, C., "ob.cit.", pp.31-67.

28 "en el extranjero, sin el permiso de su autor, y privándole de su legítima propiedad, se reimprime o se traduce el libro, se copia el cuadro, la estatua o el bajorrelieve... se suplanta un nombre autorizado, se falsifica la marca de una fábrica acreditada; dentro de poco, con el fonógrafo, se le podrá robar la voz a un cantante, llevarla en el bolsillo, podríamos decir, y reproducirla en diferentes países". ARENAL C., "ob.cit.", p.70.

29 "nos parece posible el establecimiento de un Tribunal internacional, que, en vista de los *tratados particulares* de cada nación, resolviese los casos dudosos. Así, el Estado conservaba íntegra su soberanía, en cuanto a establecer la regla que le pareciera mejor; pero ...sometida a la interpretación de personas imparciales e inteligentes". ARENAL C., "ob. cit.", p.49

cional[30]. El estado de las prisiones de un país, así como la capacidad de corrección y educación del preso son cuestiones a tener también en cuenta a nivel internacional. Aclarando que, "elevándose más el nivel moral de los pueblos, llegarán a pensar que el Derecho de Gentes no autoriza los tratados de extradición con países donde el estado de las prisiones es tal, que el que entra en ellas, en vez de corregirse, *se hace peor*; el caso les parecerá grave, y lo es realmente".

Destacó como implacable enemiga de la guerra, cualquier guerra, considerándola fruto de la ignorancia, una profunda injusticia en la que miles de hombres "mueren sin saber porque ni para que, y son capaces de sacrificarse con abnegación por el mismo que les inmola sin conciencia". Es en la guerra donde el derecho internacional encuentra su talón de Aquiles, careciendo de toda eficacia real, "el victorioso impone al vencido su voluntad, como si estuvieran solos en el mundo; exige tributos, arrastra a los hombres como rebaños y contra su derecho y su voluntad los declara súbditos", "detrás de una masa de hombres armados vemos siempre un gran error, un gran crimen o una gran debilidad: con frecuencia la reunión de todo esto" [31].

Aventuró ya que "la guerra es la carencia de lo más necesario para el inválido del trabajo, para el enfermo pobre, para la débil mujer que la miseria arroja a la prostitución; porque las enormes sumas que consume no permiten socorrer a los necesitados, que

---

30 Así se refleja en sus escritos sobre el Derecho de Gentes con respecto al cumplimiento de la justicia penal. Arenal denuncia que no existe, en su época, una ley internacional que impida los delitos realizados por los súbditos de todas las naciones. Sin embargo, hay algo positivo ya en el S. XIX en su opinión, y es que: " Los países todos van concluyendo Tratados de extradición de criminales, que en estos tratados se incluye cada día mayor número de infracciones". ARENAL C., "ob.cit.", p.38.

31 ¿Qué importa que los publicistas, al escribir de Derecho internacional, enumeren los casos en que no hay a declarar la guerra, y los medios que deben emplearse antes de recurrir, a ella, si cada nación la hace cuando quiere y por lo que quiere?". ARENAL, C., "ob.cit.", p.78.

abruma con los impuestos, ..., "si el presupuesto de guerra de cualquier país se empleara en Instrucción pública, en obras públicas y en beneficencia pública, su aspecto cambiaría física, moral e intelectualmente en pocos años, y sería rápido, muy rápido su progreso[32]".

Arenal, tras analizar el denominado derecho de guerra[33], pretende que el lector tenga una idea de "las ventajas alcanzadas por la razón sobre la fuerza, y de las condiciones indispensables para que triunfe el derecho". ¿Cuál sería el objetivo final? bien sencillo, lograr que el imperio de la justicia imposibilite la guerra, que ius venza a vis[34]".

Es también interesante el papel de la ciencia, promovida por el desarrollo de la industria y el comercio, lo que precisa una seguridad jurídica. Por ello, comenzarán a surgir lazos internacionales que regularán, entre otras, el respeto a los bienes inmuebles que posean extranjeros, la navegación entre las naciones, las relativas a monedas, pesas y medidas. En este contexto industrial y

---

32 ARENAL, C., "ob.cit.", p.173-174

33 El objetivo central de Arenal en el derecho internacional es eliminar la guerra por completo, considerándola el problema final a abordar. Esto la coloca cerca de la primera generación de premios Nobel de la Paz en la década de 1900, caracterizados por Alford como "pacifistas populistas". Por lo general, estas personas se oponían a las leyes que buscaban humanizar la guerra a través del derecho internacional humanitario porque creían que tratar de regular cómo se podía llevar a cabo la guerra implicaba su legitimidad. ... Si bien Arenal comparte el objetivo de los pacifistas en la búsqueda de eliminar la guerra, no rechaza por completo las leyes de la guerra, reconociendo su importancia práctica en el contexto internacional". DE LA RASILLA DEL MORAL, I., ".DE LA RASILLA, Ignacio. Concepción Arenal and the place of women in modern international law. *The Legal History Review 88*, Leiden, 2020, pp. 211-253.

34 Análisis sobre la visión de Arenal sobre la guerra se hace con detalle en SOLANGE H., La guerra es la miseria del pueblo: El compromiso pacifista de Concepción Arenal (1820-1893). *Siglo Diecinueve Literatura Hispánica,* Vol.27, 2021, pp.137-168.

comercial, "la comunicación pacífica de los pueblos, que era la excepción, es la regla, y tan necesaria, que se reúnen congresos internacionales periódicamente", para determinar el modo de que los hombres comuniquen más activa y provechosamente, procurando establecer en todas las esferas, el derecho internacional, la igualdad, sin distinción de nacionalidades[35].

Para Arenal, aliados del derecho internacional es, además de "la inteligencia y el amor"[36], la educación. "Hay, pues, que activar las comunicaciones intelectuales, que generalizando los conocimientos disminuyen las diferencias entre los pueblos, porque la verdad es una y los errores infinitos. ..., los que saben más, enseñen; los que saben menos, reciban lecciones y persuádanse todos de que, donde existe un hombre que ignora su deber, hay un obstáculo para la realización del derecho[37]". De ahí la precisión de mejorar y aumentar la comunicación de ideas y sentimientos[38]. Recalca la importancia de conocer la historia de los pueblos, como medida para el orgullo y la vanidad nacional infundada. Conocer su historia les revelará "el recuerdo de la debilidad pasada, templará la soberbia del poder presente,

---

35 ARENAL, C., "ob.cit." p. 218.

36 "La justicia universal no se establece por medio de dictaduras, no pasa las fronteras con los ejércitos invasores, ni se envía a playas remotas en escuadras acorazas; sus medios son la inteligencia y el amor, sus enemigos la ignorancia y el odio: pueblo que aborrece, es mal cooperador de una ley común para todos". ARENAL, C., "ob.cit." p.240

37 Cuando aproxima la mirada a nuestro país, advierte que "hay en España gran número de personas que más o menos abogan por la instrucción; pero son pocas las que se penetran bien de toda su importancia, y menos aun las que están dispuestas a contribuir eficazmente a que se generalice". Arenal opina que España está lejos de "comprender que la cuestión de enseñanza es una gravísima cuestión social" GALVAN RODRIGUEZ E., "Justicia y Derecho en la obra de Concepción Arenal", *Revista de la Inquisición. Intolerancia y Derechos Humanos.* Vol.26, 2022, pp.555-566.

38 GALVAN RODRIGUEZ E., "Notas sobre ...", cit., p.445.

manifestará que la preponderancia de los pueblos, como el sol, sale, tiene su apogeo y se pone".

La Justicia nacional no es independiente de la internacional. Partiendo de la innegable influencia que la filosofía, la literatura y el arte de un pueblo han tenido sobre otros, "es ya hora de pensar como la injusticia de una nación se comunica a las otras a manera de contagio, y cómo influye en la desgracia de todas. Si la ciencia, el arte, la moral y la industria toman cada día un carácter más internacional, también la justicia y la iniquidad, el consuelo y el dolor".

No pueden afirmarse tampoco las exigencias del derecho internacional cuando "hay millones de hombres, y sobre todo de mujeres, cuya vida de trabajo incesante y mal retribuido ofrece un cuadro que aflige más que el de las luchas sangrientas y de las grandes catástrofes. Por terribles que estas sean, pasan; no tienen esa persistencia abrumadora de los males sociales que no se remedian[39]". Ataca no solo sus lamentables condiciones de trabajo, sino las de su misma vida, "cuando sin pan, ni abrigo, ni educación se hacinan en hediondos tugurios los miserables, confundidas edades y sexos la atmósfera del alma no está más pura que la del cuerpo, y se contraen vicios lo mismo que enfermedades". Y subraya que no es una mera cuestión nacional que cada Estado debe resolver por sí, dado que la cuestión económica tiene indudables ramificaciones internacionales, cuando es evidente que "la producción de un país no es independiente de la de los otros[40]".

---

39 "No acusemos a nadie de este mal en que tenemos culpa todos; digamos en nuestro descargo que es heredado en gran parte, pero al menos, no leguemos a la posteridad íntegra la triste herencia, y comprendamos que la actividad humana, en ninguna de sus manifestaciones, puede caminar sin regla equitativa, como pasión desbordada o fiera indómita". ARENAL, C., "ob.cit.", pp.268-270.

40 GALVAN RODRIGUEZ E., "Notas sobre ...", cit., p.446.

La solución para Arenal no es sólo económica, sino sobre todo jurídica, dado que los "estragos de la competencia internacional no pueden tener remedio eficaz sino en el derecho de gentes practicado en toda su universalidad". Si tan grave mal tiene remedio, "¿no debe ponerle cada pueblo en el propio territorio, con leyes justas y costumbres buenas? Medidas hay que puede tomar cada nación por sí sola, y otras para las cuales necesita el concurso de todas[41]".

Concluye la autora del Ensayo su intención de dar una idea de lo que es el derecho de gentes, tanto en tiempo de paz como en tiempo de guerra. "Constituyen este derecho, algunas leyes (pocas aún por desgracia) bien definidas, y verdaderamente internacionales, solemnemente aceptadas por todas las naciones". Menciona la insuficiencia de reconocimiento de derechos fuera de las naciones y las grandes lagunas generadas con la inexistencia de un derecho político internacional. Existen Tratados internacionales entre los pueblos y sus relaciones oficiales, pero, "es infinitamente mayor el número de las establecidas sin intervención del Estado". Es preciso establecer reglas equitativas entre personas y colectividades "cuyos intereses se cruzan y entrelazan de tal modo, que, si no se deslindan con el Derecho, se rompen y se destruyen. Estos intereses, no son sólo económicos, sino morales y jurídicos; sin la cooperación de todos, no puede haber armonía, y sin armonía es irrealizable la justicia dentro de la patria, por no concurrir a ella elementos esenciales del extranjero [42]".

El "Ensayo" de Concepción Arenal no pasó desapercibido al publicarse. A nivel nacional, recibió elogios y reconocimientos en revistas nacionales. A nivel internacional, la obra fue incluida en la bibliografía del *Annuaire de l'Institut de droit international,*

---

41 Muestra su preocupación sobre la materia el hecho de que su ensayo sobre el pauperismo ocupe dos volúmenes de sus obras completas. GALVAN RODRIGUEZ, E., "Justicia y Derecho ...", cit, p.563.

42 ARENAL, C., "ob.cit.", pp.299-300.

dentro de las publicaciones significativas de derecho internacional público y privado en 1878 y 1879. Al morir, sus aportaciones, entre ellas su obra sobre el derecho de gentes, fueron examinadas en sesiones celebradas por el Ateneo de Madrid, subrayando el continuo interés y reconocimiento de su legado intelectual. Además, "Ensayo" fue incluido como el noveno volumen de las obras completas de Arenal, que comenzó a publicarse en 1894 y abarcó veintitrés volúmenes hasta 1923.

3. INFLUENCIA Y LEGADO AL DERECHO INTERNACIONAL Y A LA FIGURA DE LA MUJER

Sin entender el contexto histórico y social de la época no se explica la figura de Concepción Arenal. La emancipación de las mujeres en España en el siglo XIX tenía una doble vertiente. Hubo quienes admitiendo la instrucción o educación de las mujeres trataron de fortalecer la estructura patriarcal y quienes, "apostaron por la ciudadanía de pleno derecho, en pie de igualdad con los varones", en donde se encontraba Arenal, en consonancia con tendencias internacionales[43].

Criticó la situación discriminada de las mujeres que tanto padeció a lo largo de su vida. Decía que la "educación que se les da en España a las niñas es el arte de perder el tiempo. Lo primero que necesita la mujer es afirmar su personalidad, independiente de su estado, y persuadirse de que soltera, casada o viuda, tiene deberes que cumplir, derechos que reclamar, dignidad que no depende de nada, un trabajo que realizar, y la idea de que la vida es una cosa seria y grave, y si se la toma como un juego, ella será indefectiblemente un juguete. La sociedad no puede en justicia prohibir el ejercicio honrado de sus facultades a la mitad del género humano[44]". El trabajo de

---

[43] LACALZADA DE MATEO, MJ., "ob.cit.", p.2
[44] LANDIN AGUIRRE E., "ob.cit"

la mujer está generalmente tan poco retribuido que puede decirse, sin exageración alguna, que se *mata* trabajando y no gana *para vivir.* Esta es la condición de miles, de millones de mujeres...". La situación de la mujer se reflejada a lo largo de toda su obra[45].

Adopta los ideales ilustrados sobre los delitos y las penas, la igualdad y racionalización de la justicia. Sin embargo, detecta como este ideal dejaba fuera a las mujeres, que no tienen los mismos derechos ni deberes que los varones[46]. Denuncia la contradicción existente entre las leyes penales y las civiles, políticas y administrativas, por lo que a las mujeres se referían. Su obra es un notable precedente de aquellas autoras que dentro de la Criminología feminista continúan hoy analizando y denunciando las desigualdades de género[47].

El estudio de la historia de las contribuciones de las mujeres al Derecho internacional sigue siendo una tarea pendiente de la doctrina española, especialmente paradójico si tenemos en cuenta que Arenal se anticipó varias décadas[48] a las pioneras de

---

45 "Una lectura sociológica de la obra de Concepción Arenal: Un enfoque precursor de la Sociología del género" constata que Concepción Arenal es una de las "madres" de la sociología española, una de sus fundadoras, en quien destaca su interés por las relaciones de género, e, incluso, que, en el ámbito español y europeo, incorpora y anticipa conceptos y métodos constitutivos de la actual sociología del género". DEL VALLE MORENO, A., "ob.cit"

46 La ilustre gallega levanta acta de "las contradicciones de las leyes y la confusión de las opiniones y de las costumbres en lo que a los derechos y capacidad de las mujeres se refiere". Dadas estas contradicciones, "rechazamos la dependencia apoyada en leyes injustas, en costumbres inmorales o absurdas, y en la pobreza o la miseria de quien no tiene medios de ganar su subsistencia", GALVAN RODRIGUEZ, E., "Concepción Arenal y Galdós, Visiones Jurídicas Confluyentes desde la intolerancia", *Revista Aequitas,* V. 22, 2023, pp. 27-78.

47 DEL VALLE MORENO, A., "Una lectura ....", cit.,p.350.

48 DE LA RASILLA DEL MORAL, I., "La historia del derecho internacional en la revista Española de Derecho Internacional (1948-2022)",

Derecho Internacional de Estados Unidos y Europa, como autora del primer tratado de Derecho internacional escrito por una mujer en la historia. Muchas de las ideas sembradas por Arenal han fructificado en la realidad tiempo después. Ella era consciente de ello. Su ensayo, al ser la obra de una trabajadora social penitenciaria autodidacta y pionera en la defensa de los derechos de la mujer, muestra una sensibilidad humanitaria única hacia lo social y pedagógica que la distingue de sus contemporáneos masculinos.

Así, Arenal anticipó ya las primeras contribuciones dispersas sobre cuestiones de derecho internacional de otras autoras participantes en el primer Congreso Internacional de Mujeres, (ICW) de La Haya en 1915, y que durante mucho tiempo se ha considerado un punto de inflexión en el compromiso de las mujeres con el derecho internacional. El ICW hizo una recomendación significativa al proponer el establecimiento de una "Sociedad de Naciones", que contaría con una Conferencia Internacional permanente similar a una asamblea general, junto con dos tribunales. El ICW propuso, asimismo, crear un "Consejo de Conciliación e Investigación" para abordar las disputas internacionales derivadas de la competencia económica, la expansión del comercio, el aumento de la población y los cambios en las normas sociales y políticas. Propuesta anticipada en casi ocho décadas al mecanismo de solución de diferencias de la Organización Mundial del Comercio (OMC). Además, el ICW sugirió que se resolvieran las controversias relativas a inversiones mediante arbitraje fuera del sistema de protección diplomática, un concepto que sólo obtuvo una aceptación generalizada en el decenio de 1990.

Arenal, cuarenta años antes, también abogó por la solución pacífica de las disputas internacionales. Apoyando la idea de establecer un tribunal supremo del Derecho de gentes y refiriéndose indirectamente a la creación de una organización internacional. Imaginó una "organización reflexiva" que conduciría al pleno desarrollo del derecho internacional positivo. La defensa de Arenal por la resolución pacífica de disputas y su reconocimiento de la necesidad de estructuras organizativas internacionales demuestran una visión compartida con las recomendaciones presentadas en el ICW, aunque articuladas en un contexto histórico diferente.

4. CONCLUSIONES.

"Ensayo sobre el Derecho de gentes", a pesar de haber sido reconocido, en el año 1915, por la Biblioteca del Congreso de los Estados Unidos como una contribución española pionera al derecho internacional en el siglo XIX, ha sido relativamente poco estudiado. Quizás debido a la escasa traducción extranjera, al escaso interés por la memoria histórica del derecho internacional, a estar escrito por una mujer, o a la novedad de la historia dentro del derecho internacional.

En su contexto histórico, destaca por su firme compromiso ético con la abolición de la guerra a través del derecho y su creencia en que el progreso del derecho se daría a través de su internacionalización. Se erige, así como un hito poco estudiado pero significativo en los ideales del movimiento internacional por la paz. Arenal no solo fue una precursora en la promoción de la paz a través del derecho, sino que también reflejó y contribuyó a los debates y movimientos de su época en torno a la codificación y profesionalización del derecho internacional.

Siguiendo su estela, el ICW marcó ya la primera ola de compromiso de las mujeres con el derecho internacional, con notable influencia en los esfuerzos de solución de paz y en la incorporación de las preocupaciones de la mujer a través de las organizaciones internacionales de mujeres. Este cambio marcó un hito importante en la historia del derecho internacional y de los derechos de las mujeres, reflejando un reconocimiento mundial más amplio de la importancia de la igualdad de género y los derechos de las mujeres como derechos humanos fundamentales[49].

El legado de Arenal permanece aún muy vigente. Asombra como "encerrada en los estrechos límites de unas provincias norteñas" pudiese estar relacionada con altas personalidades españolas de la época y, traspasar su nombre nuestras fronteras. Mujer original y con un poderoso sentido común, "dijo muchas verdades limpias y claras, que a veces hay que buscar dentro de largos párrafos, donde parece que las envolvía para no escandalizar[50]".

Con débiles esperanzas en las reformas legislativas del derecho nacional, Arenal abrió sus expectativas a la intervención del derecho internacional, "todo un preludio visionario de la iuspublicística internacional de la segunda mitad del siglo XX y del actual fenómeno de integración europea[51]".Con una comprensión realista de las complejidades y los desafíos inherentes al desarrollo del derecho internacional, su fe en el progreso de este se ve atenuada por el reconocimiento de las limitaciones prácticas que plantean los desequilibrios de poder entre los Estados[52]".

Certero final para su Ensayo: "Si hubo un tiempo en que esperar fue soñar o creer, hoy esperar es pensar. Pensemos y esperemos[53]". Al hilo, una cita de Concepción Arenal, empleada por

---

49 DE LA RASILLA DEL MORAL, I. "Concepción Arenal and the place of women ...", cit., p. 249.

50 RUIDIAZ GARCIA, C. "Notas sobre Concepción Arenal" *Revista Electrónica de la Universidad de la Rioja, (REDUR)*, N° 6, Diciembre 2008, pp.57-67.

51 GALVAN RODRIGUEZ E., "Notas sobre....", p. 448.

52 "La ley internacional. difícil de establecer, porque tiene que ser voluntariamente aceptada por colectividades soberanas, es fácil de hacer cumplir una vez que se proclame, por ser moralmente necesario que quien la admite la cumpla: para ser obedecida, no necesita ejércitos: su fuerza no está en las bayonetas, sino en la Conciencia humana." ARENAL, C., "ob.cit.", p.305-306.

53 ARENAL, C., "ob.cit.", p.307.

Doña. Victoria Ortega en el discurso de su toma de posesión como presidenta del Consejo General de la Abogacía Española, "todas las cosas son imposibles mientras lo parecen".

5. REFERENCIAS BIBLIOGRÁFICAS.

ALAMO MARTELL, MD., "La discriminación legal de la mujer en el siglo XIX", en *Revista Aequitas: estudios sobre historia, derecho e instituciones,* Número 1, 2011, pp.11-24.

ARENAL, C., "Ensayo sobre el Derecho de Gentes", Imprenta de la Revista de Legislación, Madrid, 1879.

CALVO LÓPEZ, P. "La mujer en la abogacía", en *Mujer, Política e Igualdad, de las palabras a los hechos.* Tirant lo Blanch, Valencia 2017, pp. 101-122.

DE LA RASILLA DEL MORAL, I., "La historia del derecho internacional en la revista Española de Derecho Internacional (1948-2022)", *Revista Española de Derecho Internacional,* Vol. 75, Nº2 Julio-Diciembre, 2023, pp. 41-67.

DE LA RASILLA DEL MORAL, I. "Concepción Arenal and the place of women in modern international law." *The Legal History Review 88,* Leiden, 2020, pp. 211-253.

DEL VALLE MORENO, A., "Una lectura sociológica de la obra de Concepción Arenal: Un enfoque precursor de la Sociología del género", Tesis Doctoral Universidad de la Coruña, 2014.

GALVAN RODRIGUEZ E., "Notas sobre el Derecho de Gentes en el bicentenario de Concepción Arenal", *Revista de la Inquisición. Intolerancia y Derechos Humanos.* Vol.25, 2021, pp.439-448.

GALVAN RODRIGUEZ E., "Justicia y Derecho en la obra de Concepción Arenal", *Revista de la Inquisición. Intolerancia y Derechos Humanos.* Vol.26, 2022, pp.555-566.

GALVAN RODRIGUEZ, E., "Concepción Arenal y Galdós, Visiones Jurídicas Confluyentes desde la intolerancia", *Revista Aequitas,* Vol. 22, 2023, pp. 27-78.

IDARETA GOLDARACEN, F., "Concepción Arenal: pionera del trabajo social sanitario en España", *Revista Internacional de Ciencias Sociales,* Universidad de Murcia, V.44, 2023, pp-119-131.

LACALZADA DE MATEO, MJ., "Resonando la voz de Concepción Arenal: derechos humanos y justicia social: Claves, diálogos y apuntes para el siglo XXI". *Ensayo, manuales y textos universitarios.* Tomo 11, CGTS Paraninfo, 2021.

LANDIN AGUIRRE, E., "Concepción Arenal Ponte", en *1325 mujeres tejiendo la paz, Derechos Humanos y justicia.* Ceipaz-Fundación Cultura de la Paz, Madrid 2009, pp. 96-100.

MAÑACH, F., *Concepción Arenal. La mujer más grande del siglo XIX.* Imprenta de Juan A. Alsina, Buenos Aires, 1907.

MARTÍNEZ ALCUBILLA, M., *Colección legislativa de España.* Segundo semestre de 1867, Tomo CXVII, Madrid, 1877.

RUIDIAZ GARCIA, C. "Notas sobre Concepción Arenal" *Revista Electrónica de la Universidad de la Rioja, (REDUR)*, N° 6, Diciembre 2008, pp.57-67.

Nuevos horizontes en las relaciones internacionales y en los derechos humanos: Decolonialidad y transfeminismo

New horizons in international relations and human rights: Decoloniality and transfeminism

MIKE BATISTA RÍOS[1]

JOSÉ MANUEL CORRALES AZNAR[2]

Resumen

El protagonismo de las mujeres en las relaciones internacionales es fundamental para avanzar hacia un mundo más equitativo. Sin embargo, existen narrativas negacionistas que cuestionan la validez de la igualdad de género, obviando que la diversidad, la equidad de género, la sostenibilidad y el desarrollo económico están interconectados.

La investigación realizada desde un enfoque decolonial resalta la importancia de reconocer y promover el papel central de las mujeres en el derecho y las relaciones internacionales y superar los discursos negacionistas. Esto requiere promover la sensibilización sobre la igualdad, y trabajar para eliminar los prejuicios y estereotipos de género.

---

1 Máster Universitario en Historia del Arte Contemporáneo y Cultura Visual–Universidad Autónoma de Madrid, Universidad Complutense de Madrid y Museo Reina Sofía (mikbatis@ucm.es).

2 Profesor Doctor del Departamento de Economía y Empresa, en la Universidad Europea de Madrid (josemanuel.corrales@universidadeuropea.es).

Todas las páginas webs mencionadas en este trabajo han sido consultadas el 22 de febrero de 2024.

Palabras clave: feminismos – decolonialidad–igualdad – paz – negacionismo

Abstract

The prominence of women in international relations is essential to advance towards a more equitable and sustainable world. However, there are denialist narratives that question the validity of the fight for gender equality. These narratives make women and their contributions invisible and undermine efforts to promote gender equality. Diversity, gender equality, sustainability, and economic development are interconnected. Women's participation in all spheres of society is essential to achieve sustainable and inclusive development.

Overcoming denialist and binary discourses is essential to advance towards a more equitable and sustainable world. This requires promoting education and awareness about the importance of gender equality and working to eliminate gender prejudice and stereotypes.

Keywords: feminisms – decoloniality – equality – peace – denialism

SUMARIO

1. INTRODUCCION Y CONTEXTO

En un contexto marcado por diversas crisis y tensiones en las relaciones internacionales (RRII), se están generando nuevas formas de racialización y colonialidad socioeconómica, por lo que resulta esclarecedor acudir al pensamiento decolonial, que floreció en los campos de la Historia y la Sociología incorporando las perspectivas sudamericanas a la crítica del proyecto de la modernidad colonial ejercido desde Europa. En el campo del derecho internacional, la decolonialidad establece su visión sumando epistemologías otras y formas de acción política novedosas al reconocer las múltiples situaciones de opresión que se han producido históricamente y se siguen practicando desde Europa.

Por su parte las teorías transfeministas son útiles para examinar el papel de "la diferencia" en la política internacional al cuestionar los conceptos cis-sexistas universales y ampliar la comprensión de los actores más allá del binarismo mujer/hombre. Al considerar cómo los cuerpos normativos y no normativos influyen en la toma de decisiones, el transfeminismo abre espacio para sujetos políticos autocríticos y en constante reinvención. Sujetos en comunidad que se construyen desde la idea de "afinidad" en lugar de parentesco biológico o nacional, lo que fomenta una perspectiva más diversa e inclusiva de lo comunitario. Esta noción de afinidad es crucial para entender cómo individuos diversos construyen alianzas parciales por oposición a los acuerdos homogeneizantes que obvian las condiciones heterogéneas de las distintas sociedades.

Esta investigación destaca la necesidad de un mayor protagonismo de las mujeres diversas en la prevención y resolución de conflictos, la mediación, la negociación y la reforma del derecho internacional y la seguridad global, tal y como se enfatiza en distintas resoluciones de organismos internacionales y supranacionales que velan por extender la perspectiva de género en sus políticas y programas.

La promoción de narrativas, en algunos círculos políticos y Estados, presentan de forma distorsionada al feminismo y a los proyectos igualitarios como una supuesta conspiración internacional que impone patrones y valores culturales ajenos y promueve un gobierno global pernicioso. Estos discursos a menudo utilizan argumentos tergiversados para sembrar la confusión, el temor y la polarización, argumentando que las políticas feministas podrían dar como resultado la pérdida de la soberanía e identidad nacional y restricciones a la libertad individual y colectiva. Asimismo, este estudio muestra cómo dichos movimientos cuestionan la validez de la lucha por la igualdad de género basándose, a menudo, en recelos de índole xenófoba y binarista.

Estas narrativas ideológicas negacionistas tienden a pasar por alto la profunda interconexión entre diversidad, equidad de género, sostenibilidad social y ambiental, y desarrollo económico en un mundo que involucra a pueblos colonizados y Estados colonizadores. Estas hostilidades y prejuicios coloniales buscan obstruir la cooperación internacional, distorsionar la realidad y limitar la acción colectiva en la defensa de los derechos humanos y asuntos globales. La propagación de bulos y campañas de desinformación en plataformas digitales, redes sociales y en los actuales conflictos bélicos contribuye a la polarización y a la discriminación de género, creando un problema global de gran magnitud. Para combatir esta problemática, es fundamental promover la participación social activa, divulgar información veraz, fomentar el diálogo informado y una comprensión amplia de los objetivos de desarrollo sostenible (ODS) relacionados con la igualdad de género y los derechos de las mujeres.

El nuevo orden del sistema mundo se caracteriza por el auge de los neofascismos y los negacionismos, que alimentan la difusión de noticias falsas o engañosas propagadas rápidamente a través de las redes sociales. Los bulos tienen un impacto negativo en la sociedad, ya que distorsionan la percepción de la realidad y contribuyen a la polarización social.

El objetivo de esta investigación es abordar el menosprecio de los feminismos y los principios igualitarios en el ámbito del derecho internacional, así como analizar las consecuencias de los discursos negacionistas de la igualdad de género que atentan contra los derechos de la mujer.

2. METODOLOGÍA DE LA INVESTIGACIÓN

Para llevar a cabo esta investigación, se empleó una metodología que combina el análisis de fuentes directas de las RRII y la revisión de literatura fiable y rigurosa. Este enfoque facilita la construcción de una base teórica que respalda las conclusiones obtenidas, seleccionando descriptores de las ciencias sociales y la comunicación respaldados por expertos académicos y organizaciones profesionales, excluyendo aquellas fuentes que no cumplían con los estándares de especialización necesarios.

Desde una perspectiva transfeminista y decolonial, se aborda como el sesgo patriarcal determina los conflictos bélicos, manifestándose a través de la fuerza militar en lugar de la persuasión y el acuerdo, consolidando estructuras arraigadas de poder patriarcales y coloniales.

La metodología transfeminista, al enfocarse en la interseccionalidad, reconoce la interconexión del patriarcado con otras formas de opresión. Es crucial explorar cómo las dinámicas de género y las estructuras patriarcales están entrelazadas con las tensiones geopolíticas y los conflictos armados. La perspectiva transfeminista invita a cuestionar las narrativas de liderazgo militarista y violento que perpetúan la dominación masculina y binarista que contribuyen a la desigualdad de géneros.

Desde la óptica decolonial, se busca desentrañar las raíces históricas y estructurales que alimentan la violencia patriarcal. Esto implica examinar críticamente cómo los liderazgos construidos sobre sistemas patriarcales y reaccionarios contribuyen a la opresión, tanto a nivel local como global, basándose en las lógicas de la modernidad. La decolonialidad como metodología aboga por la desjerarquización de los conocimientos, de las mentalidades y las prácticas, reconociendo las complejas relaciones de poder y las herencias coloniales que alimentan los conflictos actuales y la supresión de saberes otros que podrían ser cruciales a la hora de entender el sistema mundo desde perspectivas no militaristas.

La aplicación de estas metodologías implica un enfoque reflexivo y autocrítico que desafíe las narrativas hegemónicas, promoviendo el reconocimiento de voces marginadas y su diversidad de experiencias. Abordar el contexto patriarcal en situaciones de conflicto desde una perspectiva transfeminista y decolonial no solo implica analizar las dinámicas actuales, sino también trabajar hacia la transformación de las estructuras de poder que perpetúan la violencia de género y el militarismo. Se busca construir un camino hacia la equidad de género y la desarticulación de sistemas opresivos arraigados en la historia y la cultura[3]. Esta investigación se centra en identificar, describir y analizar narrativas contra la igualdad, proponiendo medidas preventivas para contrarrestar los discursos negacionistas y preservar los valores democráticos.

De igual manera se resalta la importancia de reconocer y promover el papel de las mujeres diversas en el derecho y las RRII, así como en la promoción de la paz y la igualdad de géneros. La multiplicidad de perspectivas de los derechos humanos está estrechamente vinculada al cumplimiento de los ODS 5, 10, 16 y 17 de la Agenda 2030 (igualdad de género, reducción de las desigualdades, paz, justicia e instituciones sólidas y alianzas para lograr los objetivos). Para avanzar hacia un mundo equitativo y sostenible, es fundamental superar los discursos negacionistas, binaristas y coloniales.

3. NARRATIVAS CONTRA LA IGUALDAD

Las ciencias sociales han vivido un amplio proceso de deconstrucción en las últimas décadas que subraya la multiplicidad de perspectivas sobre los derechos humanos y el sistema mundo contemporáneo. En el caso concreto del Estado español cabe destacar cómo las teorías *queer/cuir* y el pensamiento decolonial han marcado los debates feministas, permitiendo incorporar a las RRII nuevas perspectivas que podrían influir sobre las diferentes realidades internacionales de manera más incluyente, justa y equitativa, en un marco de proliferación de conflictos de diver-

3 BELEGUER, M. (2021) en "El feminismo del siglo XXI. Del #Metoo al movimiento queer" y PÉREZ NAVARRO, P. (2019) en "Transfeminismo y activismos queer: emergencia y cohabitación en las fronteras de la coalición".

sa índole, con una presencia de discursos negacionistas contra la igualdad de género que atentan contra los derechos de la mujer.

Se hace necesaria la consideración de los bulos como enemigos de los derechos humanos y del debate constructivo ya que, al propagarse aceleradamente a través de las redes sociales, aprovechan la capacidad de estas plataformas para amplificar el alcance de unas noticias simplificadas en exceso. Los bulos y la desinformación intencionada pueden considerarse una amenaza global contra la democracia y la libertad[4]. Para luchar contra los bulos, es importante educar a la ciudadanía en la verificación de la información y en la construcción de un aparato crítico fundamentado en el debate no excluyente, que trascienda las comunidades que lo generan para reconocer las múltiples perspectivas de nuestro contexto global.

Igualmente, importante resulta que las sociedades y sus instituciones —públicas y privadas— tomen medidas para combatir la difusión de bulos. Estas instituciones deben sensibilizar no solo sobre la verificación de la información, sino promover la creación de mecanismos para denunciar los bulos como el portal de la Unión Europea https://euvsdisinfo.eu/ gestionado por el Servicio Europeo de Acción Exterior, o la Agencia Estatal de Investigación española[5].

---

4 Así lo considera el Gobierno y el Ministerio español de Asuntos Exteriores, Unión Europea y Cooperación en su informe del Plan de lucha contra la desinformación de 15 de marzo de 2019. CONSEJO DE MINISTROS. (15-3-2019). *Informe del plan de lucha contra la desinformacion.* La Moncloa. https://www.lamoncloa.gob.es/consejodeministros/Paginas/enlaces/150319-enlace-desinformac .aspx

5 AGENCIA ESTATAL DE INVESTIGACIÓN. (20.6.2023). *La Agencia Estatal de Investigación destina más de 6 millones de euros a 57 proyectos que investigan mecanismos para combatir la desinformación.* Ministerio de Ciencia e Innovación. https://www.aei.gob.es/noticias/agencia-estatal-investigacion-destina-6-millones-euros-57-proyectos-investigan-mecanismos

Los bulos y la polarización van aparejados a la discriminación[6] como hemos visto con el auge de la islamofobia, otra forma de colonialidad contemporánea. Los responsables de las campañas de desinformación difunden falsedades con el objetivo de polarizar y obtener beneficios políticos, sin preocuparse por la veracidad de la información. Dicha polarización conlleva discriminación, alimentando la estigmatización de grupos como los colectivos feministas y LGTBIQ+, con el fin de alejarles de la participación democrática. Estos bulos crean patrones sociales que perpetúan la marginalización y el señalamiento de personas por características personales o sociales, como género, origen, orientación sexual, o situación económica. Para luchar contra esto es fundamental reforzar la comprensión de los ODS relacionados con la igualdad de género y los derechos de las mujeres[7] para garantizar su implementación y reconocer institucionalmente la aportación de las mujeres a nuestras sociedades.

Las mujeres han sido históricamente excluidas de la política, y en la actualidad se enfrentan a campañas de difamación extendidas por gobiernos como el de Putin[8]. En el caso de aquellas que logran relevancia en la política internacional, podemos ver como las narrativas del Kremlin las presentan como víctimas de la islamización o presas de la decadencia moral y social acusándolas de no tener hijos, ya que no les importa el futuro del

---

6 El proyecto 'Desinformación, odio y polarización: la afectación de derechos y libertades de personas vulnerables', liderado por la Universidad de Salamanca así lo expresa en su análisis de las implicaciones sociales y legales de la propagación de bulos dirigidos a grupos vulnerables. AGENCIA ESTATAL DE INVESTIGACIÓN. (20.6.2023).

7 CORRALES AZNAR, J.M. (22-24 de noviembre de 2023). *Bulos y estrategias de comunicación de la ultraderecha española sobre la agenda 2030 y los objetivos de desarrollo sostenible.* XIV Congreso Internacional Latina de Comunicación Social.

8 EUVSDISINFO. (8-3-2019) *Faces of western women.* European External Action Service (EEAS). https://euvsdisinfo.eu/faces-of-western-women/

mundo o directamente o desacreditando su liderazgo para desactivar cualquier posibilidad de influencia de los movimientos feministas.

A pesar de que en las últimas décadas se han logrado avances significativos en la representación política, las mujeres siguen estando infrarrepresentadas y de forma especial en los parlamentos nacionales. La escasez de mujeres diversas en la esfera política tiene consecuencias significativas para la sociedad en su conjunto. Esta brecha no solo refleja una pérdida de diversidad de perspectivas y experiencias distintas a las de los hombres, sino que también socava los esfuerzos por crear un sistema político más inclusivo, justo y equitativo a nivel global y local.

Para ampliar la representación política de las mujeres se necesitan estrategias que incluyan la promoción de la educación y la sensibilización sobre la importancia de la participación política de las mujeres, la reforma de las leyes y las instituciones políticas para promover la igualdad de género y crear mecanismos para apoyar la participación política de las mujeres, como las cuotas de género.

Pero también existe un movimiento feminista excluyente, que choca no solo con el espectro de personas transexuales y no binarias, sino que insiste en falsos universales cis-sexistas que reproducen esquemas de violencia y dominación argumentando que las mujeres trans no son "mujeres auténticas" debido a su biología. Este feminismo transexcluyente promulga que cuestionar la categoría 'mujer' es una estrategia calculada para borrar la identidad de las mujeres. Esta posición dogmática y rígida del concepto mujer supone en primer lugar un señalamiento sobre colectivos ya de por sí marginados y poco integrados en la toma de decisiones sociopolíticas. Y en segundo lugar estas perspectivas constituyen formas de violencia contra experiencias diversas dentro del feminismo[9], ignorando la mul-

---

9 ARBOLEDA, Z. (2022). Más allá de la categoría 'mujer' rural: provocaciones desde el transfeminismo y la teoría queer/cuir a la teoría ru-

tiplicidad de experiencias de género y decisiones individuales. En la búsqueda de un feminismo más inclusivo, se plantea la necesidad de reconocer y respetar la diversidad de identidades y elecciones de las mujeres, así como de abordar las complejidades inherentes a estas cuestiones sin imponer visiones unilaterales[10].

4. PERSPECTIVAS FEMINISTAS SOBRE LA GUERRA

En ocasiones, partiendo de prejuicios ideológicos y/o religiosos, se impone la percepción de que el derecho internacional y la guerra son asuntos predominantemente masculinos, relegando a las mujeres a un papel de víctimas o actores secundarios. La aparición de los feminismos como una alternativa a la masculinidad tóxica en el ámbito de las RRII resalta el importante papel de las mujeres en la prevención y gestión de conflictos, en la construcción de la paz y desactivando aquellos discursos categóricos que simplifican en exceso las realidades heterogéneas existentes.

La Resolución 1325 sobre Mujeres, Paz y Seguridad, aprobada por el Consejo de Seguridad de las Naciones Unidas fue un hito significativo en el reconocimiento de los roles desempeñados por mujeres en situaciones de conflicto. Su enfoque reconoce que las experiencias y perspectivas de mujeres y hombres pueden diferir significativamente y además de abordar las desigualdades sistémicas, ha servido para aprovechar el potencial de la participación de mujeres mejorando los procesos de construcción de la paz y la resolución de conflictos. Esta comprensión más amplia de las complejidades de la seguridad de género

ral y agraria. *REVISTA CONTROVERSIA*, (219), 247-278. https://doi.org/10.54118/controver.vi219.1269

[10] TRUJILLO, G. y PÉREZ, M. (2020) en "Feminismos excluyentes: avance internacional y algunas respuestas posibles".

reconoce la interseccionalidad de factores como la clase, la raza y la orientación sexual[11].

De igual manera la Resolución 1325 promueve políticas y prácticas que aborden la violencia de género en los contextos de conflicto y postconflicto, incluida la violencia sexual, la violencia doméstica, el tráfico de personas y demás formas de violencia basadas en el género. Esto implica asegurar la protección de los derechos humanos de las mujeres y las niñas, incluso en contextos de migración, proporcionar servicios de apoyo y justicia, y promover la rendición de cuentas por los crímenes de género cometidos contra mujeres y niñas. Asimismo, insta a la inclusión de mujeres en la toma de decisiones sobre los conflictos a nivel nacional e internacional y en la planificación y ejecución de los programas humanitarios y de desarrollo que velan por la construcción de una paz sostenible y duradera.

Si bien las operaciones de paz de las Naciones Unidas (ONU) se han comprometido con la promoción de la igualdad de género y el empoderamiento de las mujeres, las investigaciones han demostrado que dichas operaciones suelen reproducir desigualdades de género pre-existentes y se hace necesaria una revisión urgente de los protocolos implementados incluso dentro de la propia organización. La operación de paz de la ONU en la República Democrática del Congo (MONUSCO), es claro ejemplo de ello por reproducir una larga historia de jerarquías de género que resisten la complejidad, la problematización o la modificación de los conceptos de género. Desde la experiencia de campo, se destaca que el personal de la MONUSCO tiende a categorizar a mujeres y hombres de manera fija, sin comprender el género como una construcción social dinámica[12]. Así la "espe-

---

11 OLONISAKIN, F., BARNES, K. y IKPE, E. (2011). Women, Peace and Security: Translating Policy Into Practice, Routledge, Londres y Nueva York, 2011.

12 SOLHJELL, R. (2013), "Countering 'Malestreaming' Integrating the Gender, Peace and Security Agenda in Peace Operations in Africa" en *NUPI Policy Brief*, 22-2013. Norwegian Institute of International Affairs.

cial protección", centrada en proteger a las mujeres de la violencia sexual, refuerza la percepción de estas como víctimas pasivas. La MONUSCO estructura sus operaciones con una separación dicotómica de género, incluyendo un departamento exclusivo para mujeres, paz y seguridad, lo cual simplifica las experiencias de las mujeres diversas. El estudio de McMahon sugiere que la MONUSCO adopte un enfoque más inclusivo y transformador que reconozca el género como una construcción social contextual y se enfoque en promover los derechos humanos y la autonomía de las mujeres[13].

Por su parte Carol Cohn (2013) expande las problemáticas concebidas en la Resolución 1325 cuestionando el concepto mismo de guerra como quintaesencia de la masculinidad normativa e insiste en la urgencia de ampliar el concepto de RRII y guerra. Para Cohn las guerras, lejos de ser estallidos aislados, forman parte de dinámicas estructurales, con una compleja realidad alrededor[14]. La guerra puede ocasionar una reconfiguración de las normas sociales, que sirva para reconocer la importancia de la mujer en la solución de los conflictos y para proporcionar a estas una ventana de oportunidad en el desempeño de un papel más activo en la comunidad una vez que el conflicto haya concluido, no sólo social sino también políticamente. Las perspectivas feministas podrían ayudar a comprender mejor las formas en que las operaciones de paz pueden contribuir a desarrollar enfoques inclusivos y transformadores de la igualdad de género más allá de las masculinidades hegemónicas[15].

---

13 MCMAHON, J. (3-6 de abril de 2013), *"Depoliticization, Essentialization, or Transformation? UN Women's Representations of Men and Masculinity"*. Congreso de la International Studies Association Annual Convention.

14 COHN, C (2013). *Women and Wars.* Polity Press. Cambridge. p. 296.

15 HIGATE, P. (2012). "Foregrounding the In/Visibility of Military and Militarised Masculinities" en Maria ERIKSSON Baaz y M. Utas (eds.), *Beyond 'Gender and Stir': Reflections on gender and SSR in the aftermath of African conflicts.* The Nordic Africa Institute. (pp. 31-37).

El debate académico sobre el género en el ejército se ha enfocado tradicionalmente en cómo este reproduce y refuerza las masculinidades hegemónicas, invisibilizando a mujeres y personas no binarias. Sin embargo, estudios recientes, exploran cómo el ejército también puede ser un espacio de construcción de identidades alternativas. Por ejemplo, en Estados Unidos, se encontró que el ejército empodera a las mujeres debido a la oportunidad de desarrollar habilidades y ser reconocidas por sus logros. En España, se ha observado que el ejército puede ser inclusivo para personas no binarias, promoviendo una cultura tolerante y diversa. Aunque persisten obstáculos para su reconocimiento en roles de liderazgo. Estos estudios resaltan que el ejército, a pesar de reproducir masculinidades dominantes, puede ser un espacio para construir identidades alternativas, promoviendo decisiones más inclusivas y justas. Aunque los estudios en este campo están en sus inicios, se sugiere investigar más sobre la experiencia de mujeres y personas no binarias en el ejército, y las implicaciones políticas de la construcción de masculinidades alternativas que contribuyan a una sociedad más justa e inclusiva[16].

5. TRANSFEMINISMO Y AFINIDAD

Una de las contribuciones fundamentales de la teoría feminista a las RRII es su comprensión del género como una construcción social. El género no es una característica biológica inmutable sino una categoría interpretada generalmente de forma prediscursiva, es decir que lo integran una serie de roles, expectativas y comportamientos que se aprenden y se reproducen socialmente[17]. Otra aportación importante de la teoría feminista a las RRII es su análisis de la masculinidad hegemónica. La masculinidad hegemónica

---

16 BAAZ, M.E. y STERN, M. (2013). *Sexual violence as a weapon of war? Perceptions, prescriptions, problems in the Congo and Beyond.* Zed Books.

17 BUTLER, J. (1999). *Gender Trouble: Tenth Anniversary Edition,* Routledge, p. 6

es una forma de masculinidad que se considera superior a otras y se caracteriza por la agresividad, la dominación y la violencia de alta o baja intensidad al relacionarse con el otro. Es en definitiva el esquema de pensamiento que fundamenta la guerra.

Por su parte las teorías transfeministas al incorporar nuevos factores de crítica ofrecen una valiosa contribución al análisis del papel de "la diferencia" en la política internacional. Al examinar cómo los cuerpos normativos y no-normativos influyen en la toma de decisiones, el transfeminismo cuestiona los supuestos universales cis-sexistas y amplía la comprensión de los actores en las RRII más allá del binarismo mujer/hombre. A su vez, se presenta como una teoría en evolución, sin límites definidos, siempre contextualizada y parcial, que muchas veces se desarrolla como teoría después de ser practicada como acción política[18].

La escritora y filósofa Sayak Valencia considera el transfeminismo como un espacio de alianzas de aquellos no adscritos al sistema de poder. Supone una reevaluación del feminismo y la teoría *queer/cuir*, con el objetivo de revitalizar su aspecto político. Si bien el feminismo siempre ha sido político se busca ampliar sus luchas incluyendo sujetos que van más allá de aquellos identificados como femeninos: cuerpos migrantes, personas transgénero y con otros tránsitos que desafían los sistemas de poder y los privilegios cis-sexistas[19]. La autora sugiere tres fases para transformar los roles de género de manera interseccional que podríamos aplicar a organismos y estructuras nacionales e internacionales: primero,

---

18 RUBIO GRUNDELL, L. (13-15 de julio de 2015) ¿Un futuro transfeminista para las Relaciones Internacionales? El papel de la red transnacional de defensa de las personas trabajadoras del sexo en la rearticulación del concepto de ciudadanía en Europa. *XII Congreso de la Asociación Española de Ciencia Política y de la Administración*. Euskal Herriko Unibertsitatea–Universidad del País Vasco.

19 M EN CONFLICTO. (3/8/2013). "Mafias, capitalismo gore y transfeminismo. Un café con Sayak Valencia", en *Píkara Magazine*. https://www.pikaramagazine.com/2011/08/mafias-capitalismo-gore-y-transfeminismo-un-cafe-con-sayak-valencia/

examinar críticamente cómo *performamos* la feminidad y la masculinidad en relación con la violencia. Segundo, liberarnos del colonialismo, no solo a nivel económico, ya que hay una internalización significativa del racismo y la xenofobia. Finalmente, no temer que el feminismo sea una herramienta para generar discurso ya permite obtener una perspectiva diferente de nuestras sociedades.

Aunque a lo largo de los años se ha podido abrir de forma completa el objetivo de transformar completamente la "gramática androcéntrica" de la disciplina, las autoras feministas han ampliado considerablemente las perspectivas dentro del campo, al hacer del género un concepto fundamental y desafiando sus estructuras rígidas incorporando enfoques metodológicos más diversos y formas otras de entender la realidad[20]. Además, han cuestionado las concepciones convencionales de lo que se considera el centro y la periferia en el ámbito disciplinario, transformando así la forma en que se concibe el espacio dentro de la disciplina[21]. Gracias a esto las autoras transfeministas han creado un nuevo vocabulario y marco teórico para entender y analizar aspectos de las RRII que las perspectivas tradicionales en esta disciplina no lograban abarcar al estar más centradas en las relaciones entre estados soberanos, caracterizados como actores unitarios y racionales masculinizados que invisibilizaban a las mujeres[22].

La experiencia política de las mujeres está determinada por una serie de factores, entre los que se encuentran la clase, la raza y la identidad de sexoafectiva. Las mujeres de clase trabajadoras o empobrecidas, las mujeres racializadas y las mujeres sexodisiden-

---

20 SOREANU, R. (2010). "Feminist Creativities and the Disciplinary Imaginary of International Relations" en International Political Sociology, Vol. 4, 2010, ps. 380-400.

21 ESTÉVEZ, J., MATO, M., RUBIO, L. (2015). Feminismos en las Relaciones Internacionales, 30 años después. En ESTÉVEZ, J., MATO, M., RUBIO, L. (coord) *Revista Relaciones Internacionales*, Número 27. p.6.

22 TICKNER, A. (1992) "*Gender in International Relations: Feminist Perspectives on Achieving International Security*". Columbia University Press. p. 42

tes suelen encontrar una capa extra de marginación que dificulta su ejercicio en la política, pero también su contribución a la vida pública, que en el mejor de los casos queda minusvalorada. Las mujeres latinas, africanas o asiáticas del Estado español enfrentan frecuentemente una triple opresión: la opresión racial, la opresión de género y la opresión de clase que se complementa con la ausencia de foros oficiales y decisivos desde los que participar bajo sus propias condiciones y con una verdadera incidencia en la convivencia.

Para la especialista de Estudios Chicanos Chela Sandoval, la supervivencia a esta dominación depende de una "metodología de las oprimidas" compartida en circunstancias culturales transfronterizas. Una metodología similar al estilo retórico de algunos textos indígenas modernos que identifican los linajes o las tribus no por la ascendencia biológica, sino por la afinidad y los lazos compartidos[23].

Un sistema de género no binario permitiría concebir a los actores políticos como autocríticos y en constante reinvención, aplicando las nociones de parentesco del transfeminismo no como un lazo nacional o biológico, sino como conexiones basadas en relaciones de "afinidad". Este sentido de afinidad es crucial para construir una perspectiva comunitaria y participativa que podría ser fundamental para entender cómo sujetos diversos establecen acuerdos y alianzas parciales[24]. Estos acuerdos contrastan con las posturas homogeneizantes, propias del pensamiento único, que ignoran las condiciones heterogéneas de las distintas sociedades. La capacidad de los sujetos políticos para formar acuerdos y alianzas basadas en afinidades ofrece un marco más inclusivo y sensible a las complejidades de las identidades y las RRII. La perspecti-

---

23 SANDOVAL, C. (2004) "Nuevas ciencias. Feminismo cyborg y metodología de los oprimidos". En VVAA. *Otras inapropiables: Feminismo desde las fronteras*, Traficantes de Sueños. p. 93.

24 ESTÉVEZ, J., MATO, M., RUBIO, L. (2015). Feminismos en las Relaciones Internacionales, 30 años después. En ESTÉVEZ, J., MATO, M., RUBIO, L. (coord) *Revista Relaciones Internacionales*, Número 27. p.9.

va transfeminista enriquece, así, el análisis político y abre nuevos caminos hacia una comprensión más profunda y holística de las dinámicas globales en un mundo cada vez más complejo.

6. APORTES DEL PENSAMIENTO DECOLONIAL

En el complejo diálogo entre Occidente y el resto del mundo, se construyen las identidades reconociendo la relación del uno con el otro. No obstante, es crucial señalar las desigualdades de poder en este proceso ya que Occidente ejerce su implacable dominación al construir discursos y saber sobre el otro. La vejatoria exotización de este "otro" se produce creando la dicotomía "Occidente-Oriente" que refleja oposiciones reduccionistas como "civilizado-bárbaro", "racional-irracional", "maduro-infantil" o "normal-diferente", donde las primeras se consideran propias de occidente y son valoradas positivamente, mientras que las segundas, asociadas al resto del mundo, son menospreciadas[25]. De igual manera se genera una universalización de las categorías occidentales y la invisibilización del conocimiento producido por "los otros". Estas estrategias, presentes en las ciencias sociales y los feminismos occidentales, reflejan un colonialismo discursivo que construye la realidad en lugar de simplemente reflejarla[26].

En un mundo tumultuoso, plagado de desequilibrios, guerras, crisis y tensiones, donde confluyen viejas y nuevas manifestaciones de racialización y colonialismo económico, el pensamiento decolonial emerge como una herramienta fundamental para reevaluar

---

25 ZIRIÓN, I. y IDARRAGA, L. (2015) Los feminismos africanos. las mujeres africanas "en sus propios términos". *Revista Relaciones Internacionales*, Número 27. p.39.

26 HERNÁNDEZ, R. y SUÁREZ, L. (2008). "Introducción" en HERNÁNDEZ, R. y SUÁREZ, L. (eds.) *Descolonizando el feminismo. Teorías y prácticas desde los márgenes.* Ediciones Cátedra. p. 13.

el Derecho y las RRII[27]. Este conjunto de teorías surgidas en los ámbitos de la Historia y la Sociología, integra dialécticamente las perspectivas sudamericanas y de los denominados *países en vías de desarrollo* en la crítica del proyecto de modernidad colonial gestado en Europa sin que haya recibido la debida atención en las RRII[28].

La decolonialidad incorpora epistemologías y formas de acción política previamente ignoradas, reconociendo las múltiples opresiones históricas y contemporáneas sufridas por los pueblos de África, América Latina, Asia y los territorios del Pacífico que han sido bestializados a manos de Europa para legitimar su opresión y colonización. Descolonizar el conocimiento y las relaciones de poder es defender la diversidad cultural y epistémica, abogar por un orden internacional equitativo y justo, donde las voces y vivencias de las periferias no sean solo escuchadas sino respetadas y apreciadas. Para ello es crucial crear nuevos conceptos que reflejen la identidad de los sujetos desde una perspectiva no eurocéntrica. Esto implica no solo cuestionar la autoridad del conocimiento eurocéntrico, sino también revisar las categorías y nombres con los que se ha etiquetado al otro, promoviendo formas alternativas de comprensión y convivencia en un diálogo intercultural[29].

En el ámbito de las RRII, se propone replantear la función de los estados y las organizaciones internacionales como representantes únicos de los grupos y movimientos sociales. Por ejemplo,

---

27 SABARATNAM, M. (2011). "IR in dialogue... But can we change the subjects? A typology of Decolonising Strategies for the study of World Politics" en *Millenium: Journal of International Studies,* vol. 39, nº 3. pp. 781-803.

28 SHILLIAM, R. (2011). "Decolonising the grounds of Ethical Enquiry: A dialogue between Kant, Foucault and Glissant" en *Millenium: Journal of International Studies,* vol. 39, nº 3. pp. 649-665.

29 FONSECA, M. y JERREMS, A. (2012). Pensamiento decolonial: ¿una "nueva" apuesta en las Relaciones Internacionales?. En revista *Relaciones Internacionales,* núm. 19, febrero de 2012 GERI – UAM International Studies. 2012, p. 116.

la resolución de conflictos o la construcción de la paz pueden implicar a colectivos civiles más allá del rol de los Estados como las experiencias del grupo *The Theatre of the People* que propicia un espacio de comprensión mutua para los distintos grupos étnicos de Sri Lanka al margen de los discursos dominantes[30].

El extractivismo aparejado a la colonialidad, y responsable de la degradación medioambiental, se presenta muchas veces como vía para la mejora económica que garantiza mayor presencia internacional de los *países en vías de desarrollo.* Esta falacia debe ser desactivada instaurando un orden global basado en la cooperación, solidaridad y mutuo respeto entre naciones, ya que el sistema mundo en el que habitamos es interdependiente.

La decolonialidad plantea una invitación a reconsiderar el derecho y las RRII desde una perspectiva crítica, plural y comprometida con la transformación social. Esta perspectiva es necesariamente transfeminista e interseccional. La filósofa argentina María Lugones señala que la subordinación de género surgió también como moneda de cambio entre hombres colonizados y colonizadores, que para retener cierto control en sus sociedades tras la colonización aceptaron que las mujeres indígenas y africanas perdieran el poder que antes detentaban de manera más igualitarias[31].

Como plantea Césaire (2006) la decolonialidad no puede partir de una e visión estrecha y sectaria, siendo necesario rechazar el provincianismo y el universalismo extremo. El equilibrio entre lo particular y lo universal es fundamental para, con paciencia y fuerza, reconstruir y eliminar obstáculos y estereotipos en

---

30 BLEIKER, R. y PREMARATNA, N. (2010) "Art and Peacebuilding: How theatre transforms Conflict in Sri Lanka" en RICHMOND, O. (ed.), *Advances in Peacebuilding: Critical Developments and Approaches.* Palgrave Macmillan.

31 MENDOZA, B. (2010) "La epistemología del Sur, la colonialidad del género y el feminismo latinoamericano", en ESPINOSA, Yuderkis (coord.), *Aproximaciones críticas a las prácticas teórico-políticas del feminismo latinoamericano,* Vol. 1. En la frontera. p. 23.

el camino hacia una nueva dirección del sistema mundo[32]. Entre esos obstáculos aparecen algunas perspectivas voluntaristas de Occidente, que lejos de reconocer que el conocimiento está ligado al contexto y la subjetividad de quien lo encarna, se permite nuevas formas de opresión tomando decisiones basándose en lo que considera "deseable" para determinados territorios. En este sentido la pensadora aymara Julieta Paredes, pone en entredicho la acción de las ONGs que reproducen esquemas coloniales y usurpan la voz propia a las mujeres bolivianas. Destaca como estas organizaciones, dependientes y subordinadas a las políticas de cooperación internacional que les financia, responden a patrones de pensamiento colonial sin comprender las necesidades particulares de sus culturas y realidades sociales de Bolivia[33].

La obra de Walker (1988) revoluciona el panorama político contemporáneo al desafiar la perspectiva convencional de las RRII, que confina a actores políticos y movimientos sociales dentro de fronteras estatales. Walker sostiene que estos trascienden límites nacionales, centrando su atención en los movimientos sociales críticos y su acción en diversos contextos culturales. En línea con las propuestas decoloniales, Walker se suma a la lucha global por representar la política de la diferencia, rechazando visiones clásicas de emancipación y la representación monolítica de la clase o el pueblo. A diferencia de perspectivas tradicionales, los grupos estudiados buscan comprensión, resistencia y transformación de realidades opresivas, desafiando la homogeneización impuesta por estructuras de poder centralizadas. La obra destaca la importancia de comprender los movimientos sociales desde perspectivas más diversas y amplias, ofreciendo una visión crítica y fresca de las dinámicas políticas globales y promoviendo una com-

---

32 PAREDES, J. (2010). "Hilando fino. Desde el feminismo comunitario", Deutscher Entwicklungsdienst, p. 22

33 CÉSAIRE, A. (2006). "Carta a Maurice Thorez" en *Discurso sobre el colonialismo*, Akal. p. 84.

prensión matizada de las luchas contemporáneas por la justicia y la emancipación[34].

7. CONCLUSIONES

Esta investigación resalta la importancia de reconocer y promover el papel central de las mujeres diversas en el derecho y las RRII, así como en la promoción de la paz y la igualdad de los géneros. Para avanzar hacia un mundo más equitativo y sostenible, es fundamental superar los discursos negacionistas y binaristas, para trabajar en pro del empoderamiento de las mujeres, la inclusión y la cooperación internacional en la búsqueda de soluciones fundamentadas y adecuadas a los desafíos globales.

Se refleja en este estudio la existencia de narrativas que presentan al feminismo y los proyectos igualitarios como una conspiración internacional para imponer patrones y valores culturales que socaven la soberanía nacional y promuevan un modelo de gobierno global que es percibido como perjudicial. Estos discursos tergiversan argumentos con prejuicios de índole ideológica, cultural o religiosa, para sembrar la confusión, el temor y la polarización, argumentando que las políticas feministas y la lucha por la igualdad de género podrían dar como resultado la pérdida de la identidad nacional y restricciones a la libertad individual y colectiva.

Se pone de manifiesto que estos discursos negacionistas contra el feminismo en el ámbito de las RRII simplifican en exceso las necesidades y los desafíos inherentes a la igualdad de género y su incorporación en el derecho internacional. Tienden, además, a pasar por alto la interconexión entre diversidad, equidad

34 WALKER, R.B.J. (1988). *One World, Many Worlds: Struggles for a just World peace. Lynne Reinner Publishers.* y JEFFRIES, F. (2001), "Roots of the Postmodern Rebellion in Chiapas" en BURBACH, Roger (ed.), *Globalization and Postmodern Politics: From Zapatistas to High-Tech Robber Barons.* Pluto Press. 2001.

de género, sostenibilidad social y ambiental y desarrollo económico. En este sentido, es crucial señalar que dichas narrativas, cargadas de resentimientos coloniales, nacionalismos y hostilidad, buscan obstaculizar la cooperación internacional, distorsionando la realidad y limitando la acción colectiva en la defensa de los derechos humanos y en asuntos de alcance global.

Los bulos y la infrarrepresentación de las mujeres son dos desafíos que deben abordarse para construir un orden glocal más incluyente, justo y equitativo. La lucha contra los bulos y la promoción de la participación política de las mujeres son dos estrategias fundamentales para alcanzar este objetivo. Se trata de desarrollar una estrategia global para combatir los bulos que involucre a los gobiernos, las organizaciones internacionales, las empresas tecnológicas y la sociedad civil.

La Resolución 1325 (2000) del Consejo de Seguridad de las Naciones Unidas desempeña un papel central en este estudio, ya que enfatiza la importancia de la participación activa de las mujeres en la promoción de la paz, la seguridad, el desarrollo y los derechos humanos. En esta resolución de la ONU se insta a los Estados a garantizar la representación equitativa de las mujeres en todos los niveles de los procesos de toma de decisiones relacionados con la prevención y resolución de conflictos, así como a integrar la perspectiva de género en políticas y programas, incluyendo aquellos relacionados con la superación de los conflictos, el desarme y la desmovilización.

En la investigación realizada se subraya la aportación de los feminismos decoloniales que han puesto en tela de juicio las fundamentaciones etnocéntricas de los feminismos occidentales, así como su supuesta imparcialidad, su tendencia a universalizar y su capacidad para representar y definir identidades. Por ello es importante aplicar las ideas de parentesco del transfeminismo, fundamentadas en vínculos no basados en la nacionalidad o la biología, sino en relaciones de "afinidad". Esta noción de afinidad sería esencial para crear una perspectiva comunitaria y participativa que podría ayudar a comprender cómo individuos diversos forman acuerdos y alianzas parciales.

De igual manera es crucial abordar los roles de género de manera interseccional. Para ello debemos analizar críticamente cómo interpretamos la feminidad y la masculinidad en relación con la violencia; descolonizar el pensamiento para desactivar las opresiones interiorizadas; y emplear el feminismo como herramienta discursiva que nos permita ampliar las perspectivas de nuestras sociedades. Estos pasos son fundamentales para implementar políticas verdaderamente inclusivas y respetuosas en los organismos y estructuras tanto nacionales como internacionales.

La promoción de la participación política de las mujeres en todos los ámbitos de la sociedad, junto con el reconocimiento y valoración de su diversidad, constituyen pasos cruciales para construir un orden glocal más justo y equitativo. Estas recomendaciones se destacan como fundamentales para asegurar la plena participación de todas las personas, independientemente de su género, en la sociedad.

En el contexto específico de las operaciones de paz de la ONU, se presentan recomendaciones adicionales para hacerlas más sensibles al género. Reconocer el género como una construcción social es esencial, ya que impulsa a las operaciones de paz a comprender que no es una característica biológica inmutable, sino un conjunto de roles aprendidos y socialmente reproducidos. La aplicabilidad de estas recomendaciones se puede materializar a través de acciones concretas, como proporcionar formación en teorías de género a todo el personal de las operaciones de paz, establecer cuotas para la participación de mujeres y desarrollar políticas y programas específicos para desactivar la masculinidad hegemónica. La clave reside en el reconocimiento y abordaje activo de las construcciones sociales de género y las relaciones coloniales de opresión, lo que establece las bases para una transformación genuina en las dinámicas de poder y relaciones sociales.

8. REFERENCIAS BIBLIOGRÁFICAS

AGENCIA ESTATAL DE INVESTIGACIÓN, *La Agencia Estatal de Investigación destina más de 6 millones de euros a 57 proyectos que investigan mecanismos para combatir la desinformación.* Ministerio de Ciencia e Innovación, 26 de junio de 2023. https://www.aei.gob.es/noticias/agencia-estatal-investigacion-destina-6-millones-euros-57-proyectos-investigan-mecanismos

ARBOLEDA, Z., "Más allá de la categoría 'mujer' rural: provocaciones desde el transfeminismo y la teoría queer/cuir a la teoría rural y agraria". *Revista Controversia,* (219), 2022, pp. 247-278.

BAAZ, M.E. y STERN, M., *Sexual violence as a weapon of war? Perceptions, prescriptions, problems in the Congo and Beyond.* Zed Books, 2013.

BELEGUER, M., *El feminismo del siglo XXI. Del #Metoo al movimiento queer,* Ediciones Huso, 2021.

BLEIKER, R. y PREMARATNA, N., "Art and Peacebuilding: How theatre transforms Conflict in Sri Lanka" en RICHMOND, O. (ed.), *Advances in Peacebuilding: Critical Developments and Approaches,* Palgrave Macmillan, 2010.

BUTLER, J., *Gender Trouble: Tenth Anniversary Edition,* Routledge, 1999.

CÉSAIRE, A.,"Carta a Maurice Thorez" en *Discurso sobre el colonialismo,* Akal, 2006.

COHN, C., *Women and Wars.* Polity Press, 2013.

CORRALES AZNAR, J.M., *Bulos y estrategias de comunicación de la ultraderecha española sobre la agenda 2030 y los objetivos de desarrollo sostenible.* XIV Congreso Internacional Latina de Comunicación Social, 22-24 de noviembre de 2023.

ESTÉVEZ, J., MATO, M., RUBIO, L., "Feminismos en las Relaciones Internacionales, 30 años después", en ESTÉVEZ, J., MATO, M., RUBIO, L. (coord) *Revista Relaciones Internacionales,* Número 27., 2015.

EUVSDISINFO. *Faces of western women,* European External Action Service (EEAS), 8 de marzo de 2019. https://euvsdisinfo.eu/faces-of-western-women/

FONSECA, M. y JERREMS, A., "Pensamiento decolonial: ¿una "nueva" apuesta en las Relaciones Internacionales?", *Relaciones Internacionales,* núm. 19, febrero de 2012 GERI – UAM International Studies.

HERNÁNDEZ, R. y SUÁREZ, L. "Introducción" en HERNÁNDEZ, R. y SUÁREZ, L. (eds.) *Descolonizando el feminismo. Teorías y prácticas desde los márgenes,* Ediciones Cátedra, 2018.

HIGATE, P., "Foregrounding the In/Visibility of Military and Militarised Masculinities" en Maria ERIKSSON Baaz y M. Utas (eds.), *Beyond 'Gender and Stir': Reflections on gender and SSR in the aftermath of African conflicts*. The Nordic Africa Institute, 2012.

JEFFRIES, F. (2001), "Roots of the Postmodern Rebellion in Chiapas" en BURBACH, Roger (ed.), *Globalization and Postmodern Politics: From Zapatistas to High-Tech Robber Barons*. Pluto Press. 2001.

MENDOZA, B., "La epistemología del Sur, la colonialidad del género y el feminismo latinoamericano", en ESPINOSA, Yuderkis (coord.), *Aproximaciones críticas a las prácticas teórico-políticas del feminismo latinoamericano*, Vol. 1. En la frontera, 2010.

OLONISAKIN, F., BARNES, K. y IKPE, E., *Women, Peace and Security: Translating Policy Into Practice*. Routledge. 2011.

PAREDES, J., "Hilando fino. Desde el feminismo comunitario", Deutscher Entwicklungsdienst, 2010.

PÉREZ NAVARRO, P., "Transfeminismo y activismos queer: emergencia y cohabitación en las fronteras de la coalición", *Recerca, Revista de pensament i anàlisi*, Nº24(2), 2019.

RUBIO GRUNDELL, L., *¿Un futuro transfeminista para las Relaciones Internacionales? El papel de la red transnacional de defensa de las personas trabajadoras del sexo en la rearticulación del concepto de ciudadanía en Europa*. XII Congreso de la Asociación Española de Ciencia Política y de la Administración. Euskal Herriko Unibertsitatea–Universidad del País Vasco, 13-15 de julio de 2015.

SABARATNAM, M., "IR in dialogue... But can we change the subjects? A typology of Decolonising Strategies for the study of World Politics", *Millenium: Journal of International Studies*, Vol. 39, nº3, 2011.

SANDOVAL, C., "Nuevas ciencias. Feminismo cyborg y metodología de los oprimidos", en VVAA. *Otras inapropiables: Feminismo desde las fronteras*, Traficantes de Sueño, 2004. p. 93.

SHILLIAM, R., "Decolonising the grounds of Ethical Enquiry: A dialogue between Kant, Foucault and Glissant" en *Millenium: Journal of International Studies*, vol. 39, nº 3., 2011, pp. 649-665.

SOLHJELL, R., "Countering 'Malestreaming' Integrating the Gender, Peace and Security Agenda in Peace Operations in Africa" en *NUPI Policy Brief*, 22-2013. Norwegian Institute of International Affairs, 2013.

SOREANU, R., "Feminist Creativities and the Disciplinary Imaginary of International Relations", *International Political Sociology*, Vol. 4-4, December, 2013, pp. 380–400.

TICKNER, A., "*Gender in International Relations: Feminist Perspectives on Achieving International Security*", Columbia University Press, 1992.

TRUJILLO, G. y PÉREZ, M., "Feminismos excluyentes: avance internacional y algunas respuestas posibles", *Revista Pikara Magazine*, 2020.

WALKER, R.B.J., *One World, Many Worlds: Struggles for a just World peace.* Lynne Reinner Publishers, 1988.

ZIRIÓN, I. y IDARRAGA, L., "Los feminismos africanos. las mujeres africanas "en sus propios términos", *Revista Relaciones Internacionales*, Número 27, 2015

La importancia de la integración de la perspectiva de género en los derechos humanos

The importance of integrating gender perspective in human rights

ALEJANDRO MANZORRO REYES[1]

Resumen

El Derecho, influenciado por el patriarcado, necesita ser revisado desde una perspectiva de género para intentar conseguir esa ansiada igualdad jurídica real y material. Pero ello no sólo a nivel del ordenamiento jurídico nacional, sino que la integración de la perspectiva de género en clave de derechos humanos se convierte en un punto crucial para eliminar la discriminación y promover la equidad. La historia muestra la exclusión de las mujeres y una justicia patriarcal que debe evolucionar hacia una que respete esa igualdad real.

Palabras clave: discriminación, feminismo, patriarcado, igualdad, estructuras androcéntricas.

Abstract

Law, often influenced by patriarchal norms, requires critical examination through a feminist lens to address inherent gender biases and achieve genuine equality. Denial of patriarchy's existence perpetuates systemic inequality, undermining efforts for gender justice. Integrating a gender perspective into human rights frameworks is essential to combat discrimination and foster equitable societies. Historical exclusion of women underscores the imperative to acknowledge and address gender disparities. Transitioning from patriarchal justice systems to inclusive

---

1 Juez de los Juzgados de Ibiza, Doctorando en Derecho en la Universidad de Sevilla y en Estudios Interdisciplinarios de Género en la Universidad de las Islas Baleares (alejandro.manzorro@justicia.es).

ones is pivotal for upholding fundamental human rights principles and realizing substantive equality.

Keywords: Gender law, feminist perspective, patriarchy, equality, androcentric structures.

SUMARIO

1. SITUACIÓN Y CONTEXTO

En el marco de la Constitución española, en base precisamente al principio de igualdad jurídica, el Estado puede dar vida a desigualdades normativas con el fin de alcanzar igualdad de hecho. Es decir, partiendo del artículo 14 CE, cabe defender un derecho fundamental a un tratamiento desigual[2], por tanto, y sumado a los razonamientos expuestos en las Sentencias del Tribunal Constitucional 14/1983 y 98/1985, y al contenido del precepto 9.2 de la Constitución[3], debe admitirse como constitucional el trato distinto que recaiga sobre supuestos de hecho que fueran desiguales

---

2 PRIETO SANCHÍS, L. "Los derechos sociales y el principio de igualdad sustancial", en *Revista del centro de estudios constitucionales*, núm. 22, 1995, p. 22

3 Como señala el artículo 9.1 de la Constitución, este principio vincula tanto a los ciudadanos y ciudadanas como a los poderes públicos, si bien de forma distinta. Así, ha manifestado el Tribunal Constitucional en su STC 101/1983, mientras que la ciudadanía tiene un deber general negativo de abstenerse de cualquier actuación que vulnere la Constitución, los poderes públicos tienen además un deber general positivo de realizar sus funciones de acuerdo con la Constitución.

en su propia naturaleza, cuando su función contribuya al restablecimiento de la igualdad real a través de su diferente régimen jurídico. En efecto, la configuración del Estado como social exige la intervención de los poderes públicos para que la igualdad de los individuos sea real y efectiva. De esta forma, el Estado social de Derecho reinterpreta la igualdad formal propia del Estado liberal de Derecho e incorpora el principio de igualdad material[4] con la finalidad de conseguir una equiparación real y efectiva de los derechos sociales de los ciudadanos. Pues bien, junto con el principio de igualdad formal proclamado en el artículo 14, la Constitución española recoge esta concepción del principio de igualdad material en el artículo 9.2. A modo de síntesis, la interpretación del Tribunal Constitucional sobre el principio de igualdad material contenido en el artículo 9.2, es que éste es un precepto que compromete la acción de los poderes públicos, a fin de que pueda alcanzarse la igualdad sustancial entre los individuos, con independencia de su situación social[5].

Además, este artículo 9.2 puede imponer, como consideración de principio, la adopción de normas especiales que tiendan a corregir los efectos dispares que, en orden al disfrute de bienes garantizados por la Constitución, se sigan de la aplicación de disposiciones generales en una sociedad cuyas desigualdades radicales han sido negativamente valoradas por la propia norma fundamental[6]. Y no debemos olvidar, la incidencia del mandato contenido en el artículo 9.2 sobre el que, en cuanto se dirige a los poderes públicos, encierra el artículo 14 supone una modulación de este último, en el sentido, por ejemplo, de que no podrá reputarse de discriminatoria y constitucionalmente prohibida -antes al contrario- la acción de favorecimiento, siquiera temporal, que aquellos poderes emprenden en beneficio de determinados colectivos, históricamente preteridos y marginados, a fin de que, mediante

---

4 La igualdad material, o sustancial, "es el elemento definidor de la noción de ciudadanía", STC 12/2008, de 29 de enero, FJ 5.

5 STC 39/1986, de 31 de marzo [ECLI:ES:TC:1986:39]

6 STC 19/1988, de 16 de febrero [ECLI:ES:TC:1988:19]

un trato especial más favorable, vean suavizada o compensada su situación de desigualdad sustancial[7].

2. EL GÉNERO COMO FACTOR DE DISCRIMINACIÓN CONTRA LAS MUJERES

La violencia basada en el género tiene naturaleza de especificidad, y, por tanto, no puede quedar reducida al desenfreno individual producto de energía incontenible que implican otras violencias o delincuencias. Podríamos afirmar que el Derecho se asienta en un marco de referencia sostenido por costumbres y creencias que perpetúan microculturas, siendo una de las más visibles la relacionada con el género.

En efecto, la violencia basada en el género es entendida como una violencia que tiene fuertes componentes estructurales en función de cómo se han ido tejiendo las relaciones de género. Por tanto, los actos de violencia sobre la mujer, en un contexto de *viogen*, no son únicamente actos individuales. Son actos que inciden, que sobrevienen por enlace de la desigualdad de género, creando subordinación femenina sistémica. Y los esfuerzos por descubrir los factores asociados a esta violencia se han de ubicar en el contexto social más amplio de las relaciones que crean este poder. Son necesarios cambios catárticos de género y esfuerzos epistemológico-jurídicos, que indudablemente encajan en el marco del presente trabajo de investigación.

La delimitación del concepto de género no es una tarea exenta de dificultades. El género se constituye en el resultado de un proceso de construcción social en el que se adjudican simbólicamente las expectativas y valores que cada cultura atribuye a sus varones y mujeres[8]. Sin embargo, el género no es sólo un constructo que aporta

---

7 STC 216/1991, de 14 de noviembre [ECLI:ES:TC:1991:216]

8 Así podemos atrevernos a conceptualizarlo teniendo en cuenta el concepto de género recogido en el artículo 3 del Convenio del Consejo

representaciones culturales sobre lo femenino y lo masculino, sino que también es una forma primaria a través de la que se articula el poder como instrumento de dominación sobre las mujeres[9]. Fruto de ese aprendizaje cultural de signo machista, unos y otras exhiben los roles e identidades que les han sido asignados bajo la etiqueta o el estereotipo de género, pero que son articulados a través de estructuras jerárquicas y de subordinación que generan desigualdad[10]. En este contexto general de discriminación sistémica, el género adquiere una importancia clave como causa que explica las diferentes manifestaciones de violencia contra las mujeres, aunque no es la única[11]. Resultan especialmente importantes, como coeficientes multiplicadores que generan *discriminación múltiple o doble discriminación*[12], la pertenencia de la mujer a una minoría étnica o

---

de Europa para prevenir y combatir la violencia contra la mujer y la violencia doméstica (Convenio de Estambul), de 2011, firmado por España en 2014, al establecer que por *género* se entenderán los papeles, comportamientos, actividades y atribuciones socialmente construidos que una sociedad concreta considera propios de mujeres o de hombres.

9 ERICE MARTÍNEZ, E. "Perspectiva de género y derecho penal", *Boletín Penal Juezas y Jueces para la Democracia,* 10 de enero de 2018, p. 23.

10 MAQUEDA ABREU, M.L. "La violencia de género: entre el concepto jurídico y la realidad social", en *Revista electrónica de ciencia penal y criminología,* núm. 8, 2006 p. 11.

11 ASAMBLEA GENERAL DE NACIONES UNIDAS. "Estudio a fondo sobre todas las formas de violencia sobre la mujer de 2006"; en este estudio se concluye que no hay una causa única que explique adecuadamente la violencia contra las mujeres, sino que es producto de la convergencia de varios factores en un contexto general de desigualdad; LAURENZO COPELLO, P. "La violencia de género en el Derecho Penal: un ejemplo de paternalismo primitivo", en *Género, Violencia y Derecho,* Tirant Lo Blanch, Valencia, 2008, p. 30 – 33. MAQUEDA ABREU, M.L. "¿Es la estrategia penal una solución a la violencia contra las mujeres? Algunas respuestas desde un discurso feminista crítico", en *Género, Violencia y Derecho,* Tirant Lo Blanch, Valencia, 2008, pp. 390 y ss.

12 LEY Orgánica 3/2007, de 22 de marzo, para la igualdad efectiva de hombres y mujeres, publicado en BOE núm. 71 de 23 de marzo de 2007.

religiosa, ser inmigrante o discapacitada, tener diversa orientación sexual, ser víctima de violencia de género o de explotación sexual o estar interna en un centro penitenciario[13].

Han transcurrido casi tres décadas desde que LARRAURI PIJOAN planteara el interrogante de si el Derecho penal crea, reproduce o combate la desigualdad por razón de género[14]. Después de todo este tiempo (y a pesar de reconocer que algo se ha avanzado, aunque quizás no siempre en la dirección correcta) podemos afirmar que el Derecho Penal sigue recreando esta desigualdad en ámbitos como el de la creación de la norma, su interpretación (particularmente interesante por lo que respecta a la permeabilidad de los estereotipos en la respuesta penal y procedimental frente a la violencia sexual), pero también en la esfera de la ejecución penal, a tenor de los obstáculos a los que se enfrenta la mujer presa para su reinserción. Todo ello supone un refuerzo normativo de los estereotipos de género y de su efecto discriminatorio. Así, frente a la pretendida neutralidad que el legislador confiere a la redacción de los tipos penales, en principio creados para ser aplicados con independencia del género, lo cierto es que hay instituciones como la legítima defensa, tipos delictivos o circunstancias modificativas de la responsabilidad criminal en los que el género influye. Así, por lo que respecta a la legítima defensa, pone de manifiesto la dificultad de apreciar esta eximente cuando la autora es víctima de violencia de género, atendiendo a los requisitos de la actualidad de la agresión y de la necesidad racional del medio empleado.

---

13 SERRA CRISTOBAL, R. "Mujer y doble discriminación", en *Mujer y Derecho, Jornadas de Igualdad de la Facultad de Derecho, Universitat de Valencia,* Tirant Lo Blanch, Valencia, 2011, pp. 88 y ss.

14 LARRAURI PIJOAN, E. "La mujer ante el Derecho Penal", en *Revista de Derecho Penal y Criminología,* núm. 2, 1992, pp. 294 – 302.

De este modo, también hemos de considerar que la propia violencia institucional se convierte en una cuestión clave para entender los mecanismos de la violencia contra las mujeres[15]. La violencia institucional, prohibida expresamente en el artículo 5 del Convenio de Estambul[16], incluye no sólo las manifestaciones de violencia contra las mujeres en las que el Estado es directamente responsable, sino también actuaciones que evidencian una pauta de discriminación en el ejercicio de sus derechos[17], particularmente cuando es víctima de un delito. Al daño que genera a la víctima el delito se le añaden indirectamente otra serie de perjuicios, provocando que en ocasiones el sistema se vuelva contra ella, revictimizándola[18].

3. PERSPECTIVA DE GÉNERO Y DERECHO PENAL

La idea de que el Derecho tiene género (evidentemente masculino)[19] permite concluir que el Derecho no es neutro, que las mismas prácticas significan cosas diferentes para hombres y para mujeres y que lo que se presenta como neutral esconde, en la mayoría de las ocasiones, un mecanismo de dominación masculina. Dado que el Derecho está atravesado por estructuras

---

15 BODELÓN, E. "La violencia contra las mujeres y el derecho no androcéntrico: perdidas en la traducción jurídica del feminismo", en *Género, Violencia y Derecho,* Tirant Lo Blanch, Valencia, 2008, p. 295.

16 CONVENIO del Consejo de Europa sobre prevención y lucha contra la violencia contra las mujeres y la violencia doméstica firmado por España en el año 2014.

17 BODELÓN, E. "Violencia institucional y violencia de género", en *Anales de la Cátedra Francisco Suárez,* 48, 2014, p.133.

18 COOK, R., y CUSAK, S. *Estereotipos de género. Perspectivas legales transnacionales, Profamilia, Bogotá,* 2010, p. 25.

19 Apuntando al concepto de *sexuación del derecho* o *derecho sexuado,* véase BERGALLI, R., BODELÓN, E. "La cuestión de las mujeres y el derecho penal simbólico", en *Anuario de Filosofía del Derecho,* núm.9, 1992, pp. 47 y ss.

androcéntricas, resulta obligado que el ámbito jurídico sea analizado críticamente desde una perspectiva feminista[20].

La perspectiva de género parte de la idea de que la realidad no se puede analizar de forma aparentemente neutra sin que esa neutralidad, ante situaciones de desigualdad, derive en consolidar y perpetuar esa inequidad[21]. Porque lo que no se puede negar es que siempre se mira desde algún lado, siempre hay una óptica o una perspectiva desde la que se analiza todo el conflicto. Será necesario, por lo tanto, adoptar una nueva perspectiva que se aleja de la propia, generalmente contaminada por la sociedad prejuiciosa[22] y que busque un enfoque nuevo tendente a la consecución de la igualdad material. El cambio de paradigma de una justicia patriarcal hacia una justicia que incorpore los ojos de género es, por lo tanto, una exigencia que viene legitimada en clave del respeto a los derechos humanos. Porque de lo que se trata no es de reconocer como antaño el papel de la mujer como principal artífice de la paz familiar[23], sino de reivindicar la importancia del principio de igualdad real y efectiva entre las personas.

El Derecho penal, como parte integrante del ordenamiento jurídico, tampoco es neutro en cuanto al género y si así fuera, nos encontraríamos ante el único grupo normativo que no se ve afectado por las discriminaciones que la sociedad ha generado y sigue generando con relación a las mujeres[24]. Dado que el

---

20 BARONA VILLAR, S. *Análisis de la Justicia desde la perspectiva de género*, Tirant Lo Blanch, Valencia, 2018, pp. 62 y ss.

21 VARELA CASTEJÓN, X., FERNÁNDEZ SUÁREZ, N. "Algunas reflexiones sobre la perspectiva de género", *Boletín Penal Juezas y Jueces para la Democracia,* 10 de enero de 2018, p. 9.

22 ORTEGA LORENTE, J.M. "Breves reflexiones sobre necesidades formativas de juezas y jueces", *Boletín Penal Juezas y Jueces para la Democracia,* 10 de enero de 2018, pp. 3 y ss.

23 Generalmente, desde el reconocimiento de su abnegación y de sus derechos conforme al rol asignado.

24 ERICE MARTÍNEZ, E., *ob.cit.*, p.25.

machismo sigue imperando en todos los ámbitos de la sociedad, será necesario que el enfoque de género se aplique también de forma transversal a todos los sectores del Derecho[25], incluido el ámbito penal.

Uno de los objetivos principales que he perseguido en la elaboración de este trabajo en cuanto a la perspectiva de género en el ámbito penal se refiere, ha sido, primeramente, descubrir las reglas de derecho que crean, legitiman y perpetúan la discriminación[26], desmontando con ello la falaz neutralidad del Estado. La perspectiva de género supone también reconocer herencias culturales sobre la base de la inferioridad y sometimiento de la mujer respecto del varón. Resulta insuficiente invocar el principio de igualdad formal[27] (que, por cierto, ya se alcanzó hace tiempo) propio de corrientes feministas de claro tinte liberal, puesto que esto no es útil para deconstruir los esquemas patriarcales sobre los que se asienta la sociedad de hoy en día. La perspectiva de género debe poner el foco en la búsqueda del desarrollo de una igualdad material o real entre mujeres y hombres[28] presentando estrategias que eliminen las situaciones de injusticia para lograr una equiparación final de lo que en el punto inicial es desigual[29]. Se pretende con ello superar argumentaciones que no van más allá de expresiones como "me da igual que sea un hombre o una mujer, lo que importa es la persona o yo no soy feminista ni machista, yo creo en la igualdad", para convertirse en un auténtico mandato de anti-subordiscriminación, entendida esta como discriminación estructural de carácter grupal.

---

25 GISBERT GRIFO, S. *Balanza de género,* Lo que no existe, Madrid, 2018, p. 191.

26 RAMÍREZ ORTIZ, J.L. "El testimonio único de quien afirma ser víctima desde la perspectiva de género", *Boletín Penal Juezas y Jueces para la Democracia,* 10 de febrero de 2018, p. 9.

27 BARONA VILLAR, S. *Análisis de la Justicia desde la perspectiva de género,* Tirant Lo Blanch, Valencia, 2018, p. 61.

28 GISBERT GRIFO, S., *ob.cit,* p. 26.

29 STC 31/2018, de 10 de abril [BOE-A-2018-6823]

La inclusión de la perspectiva de género no solo es una realidad en el plano normativo, sino que podemos afirmar que, paulatinamente, también el TS está adoptando este enfoque en múltiples resoluciones. El TS incorporó por primera vez el concepto de perspectiva de género en la STS 247/2018, de 24 de mayo[30], en un delito de asesinato en grado de tentativa. Frente a la condena inicial por delito de homicidio, el TS aplicó la agravante de alevosía al entender que la indefensión de la víctima mujer (no podía escapar del intento de asesinato) y su especial situación frente al agresor (en el domicilio conyugal y ante la presencia de la hija menor de edad) la colocaron en una posición de inferioridad en un *escenario del miedo* que aprovechó el agresor para cometer el ilícito penal. Aclara el TS que la agravante de alevosía no debe operar de forma automática, sino que se deberán ponderarse las circunstancias concurrentes en cada caso[31].

No es poco frecuente encontrar por parte de la doctrina, el rechazo a la existencia del patriarcado, bajo el argumento de que la CE garantiza el derecho a la igualdad en su artículo 14 o que la inclusión de la perspectiva de género sería contraproducente puesto que intentaría compensar un desequilibrio que es inexistente. Estas corrientes neomachistas se caracterizan, entre otras cosas, porque minimizan los efectos del patriarcado y de la desigualdad *(también debería existir un día del hombre),* se oponen a leyes como la Ley de Igualdad, pretender arrasar e invisibilizar cualquier tipo de referencia a la violencia de género, incluso nominalmente sustituyéndola por violencia doméstica o intrafamiliar, victimizan a los hombres *(también hay violencia de género contra los hombres* o *existen muchas denuncias falsas*) y culpabilizan a las mujeres a quienes les reprochan su falso victimismo. Todo ello, como acertadamente apunta Vallejo Torres, habla muy bien

---

30 STS Sala Segunda, 247/2018, de 24 de mayo [ECLI: ES:TS:2018:2003]

31 Por lo que respecta a la progresiva adopción de la perspectiva de género en la jurisprudencia, véase ampliamente MAGRO SERVET, V. "La perspectiva de género en los delitos cometidos sobre la víctima mujer", *Revista de Jurisprudencia Le Febvre-El Derecho,* 2018, pp. 1 y ss.

de la eficacia que durante siglos ha tenido el patriarcado inoculando sus premisas que son aceptadas de forma natural por una gran masa social[32].

En efecto, entender las diferencias socioculturales entre los géneros para la aplicación de los derechos humanos contribuye a mejorar su protección y vigencia, pues permite avanzar hacia el logro de la igualdad y la equidad y fortalece los sistemas democráticos mediante una aplicación diferenciada que permite satisfacer las necesidades de cada persona según su condición de género.

Los derechos de las mujeres fueron pensados como un particular del universal masculino y bajo una concepción de las mujeres como minoría. Hay que recordar, por ejemplo, que durante mucho tiempo las mujeres se beneficiaron de algunos derechos por extensión; al ser cónyuges de un ciudadano hombre, o les fueron negados derechos (como el sufragio, reconocido hasta inicios del siglo XX). Ello provocó la exclusión histórica de las mujeres, la invisibilización de las diferencias, la diversidad, las especificidades y las necesidades de esta población.

La doctrina de los derechos humanos no se escapa del estatuto lógico que ha ordenado históricamente nuestra sociedad: la razón patriarcal, entendida como un saber particular, como un conocimiento que interpreta las relaciones socioculturales y el entorno, a partir de un razonamiento o una lógica en la cual prevalece el mundo valorativo de lo masculino, establece el "deber ser/hacer" diferenciado para los hombres y las mujeres.

La incorporación de la perspectiva de género en el análisis de los derechos humanos constituye un instrumento de cambio de las relaciones sociales entre mujeres y hombres, al convertirse en un mecanismo que contribuye a la transformación de la subordinación y discriminación en igualdad de derechos, equidad en las oportunidades y respeto de las diferencias. Es por esta

32 VALLEJO TORRES, C., *ob.cit.*, p. 44.

razón que cada vez cobra más importancia la necesidad de incorporar la perspectiva de género en la conceptualización, análisis y tutela de los derechos humanos.

Así, con la finalidad de dar cumplimiento a las obligaciones internacionales de derechos humanos y una demanda histórica del movimiento feminista y de su marco teórico, la Delegación del Gobierno contra la Violencia de Género, en España ha procedido a ampliar, desde el 1 de enero de 2022, los datos estadísticos sobre feminicidios a todas las formas de violencia contra las mujeres, más allá de los datos en pareja o expareja. De este modo, España se convierte en el primer país de Europa en publicar este tipo de datos estadísticos. Adoptando así, la definición general de feminicidio utilizada por la Relatora Especial de Violencia contra las mujeres de Naciones Unidas, en los términos de consenso con el glosario del EIGE e incorporando una nueva categoría (feminicidio vicario) para documentar y sistematizar este tipo de casos.

4. EL ANÁLISIS DE GÉNERO Y EL DERECHO INTERNACIONAL DE LOS DERECHOS HUMANOS

Un campo donde la falta de una perspectiva de género se evidencia es en el ámbito internacional de los Derechos Humanos. Por ejemplo, si se revisan los primeros documentos internacionales –tales como la Declaración Universal de Derechos Humanos (1948) o el Pacto Internacional de Derechos Civiles y Políticos (1966)– comprobaremos que sólo se incluye una referencia general al principio de no discriminación y un lenguaje aparentemente neutral que no hace distinciones entre hombres y mujeres pero que en el fondo refleja la exclusión de éstas.

Va a ser a raíz de las luchas de los movimientos de mujeres y de las Conferencias Internacionales de Naciones Unidas que se desarrolla una serie de discusiones y debates internacionales que permiten constatar que el Derecho Internacional de los Derechos Humanos no sólo no había sido diseñado desde una perspectiva de los derechos de las mujeres, sino que además sus estándares y normativas se habían consolidado dejándolas de lado.

En este contexto de debate internacional, la situación generalizada de discriminación y violencia contra las mujeres era uno de los puntos cruciales. En el caso concreto de la violencia, ésta había sido identificada tradicionalmente como una conducta del ámbito privado, no había sido concebida como una violación de Derechos Humanos y por tanto, la respuesta estatal había sido muy limitada.

Fue gracias a los movimientos de las mujeres, que se empieza a considerar la violencia contra las mujeres como una conducta que debía prevenirse, sancionarse y erradicarse. Las primeras iniciativas en la década de los setenta estuvieron centradas principalmente en la violencia que ocurría en la familia, pero en los ochenta –en las Estrategias de Nairobi– se reconocieron diversas manifestaciones de violencia, incluyendo la trata, la prostitución involuntaria, la situación de las mujeres privadas de libertad y en los conflictos armados. Efectivamente, al ser un hecho no denunciado, la violencia contra las mujeres no era considerada una violación de Derechos Humanos ni un delito que ameritaba contar con la normatividad adecuada, permitir el acceso a la justicia a las mujeres víctimas y lograr el cumplimiento y la aplicación efectiva de las leyes a nivel nacional.

Por ello, la respuesta del Derecho Internacional de los Derechos Humanos será la elaboración de tratados específicos y, en 1979, se aprueba la Convención sobre la Eliminación de Todas las Formas de Discriminación contra la Mujer, la cual establece la obligación de los Estados parte de tomar todas las medidas apropiadas, incluyendo las de carácter legislativo, para asegurar el pleno desarrollo y adelanto de la mujer, con el objeto de garantizarle el ejercicio y el goce de los Derechos Humanos y las libertades fundamentales en igualdad de condiciones con el hombre, en particular en las esferas política, social, económica y cultural. En 1992, el Comité de la Convención sobre la Eliminación de Todas las Formas de Discriminación contra la Mujer elaboró la Recomendación General 1927, donde se establece que la violencia contra la mujer es una forma de discriminación que le inhibe gravemente de la capacidad de gozar de derechos y libertades en pie de igualdad con el hombre.

Será en la década de los 90 en que se dé el paso adicional que permitirá el reconocimiento de la violencia contra la mujer como una forma de discriminación y una cuestión de Derechos Humanos, al aprobarse la Convención Interamericana para Prevenir, Sancionar y Erradicar la Violencia contra la Mujer de 1994 que da una definición de violencia contra la mujer como cualquier acción o conducta, basada en su género, que cause muerte, daño o sufrimiento físico, sexual o psicológico a la mujer, tanto en el ámbito público como en el privado.

Asimismo, señala que la violencia contra la mujer incluye la violencia física, sexual y psicológica (i) que tenga lugar dentro de la familia o unidad doméstica o en cualquier otra relación interpersonal, ya sea que el agresor comparta o haya compartido el mismo domicilio que la mujer, y que comprende, entre otros, violación, maltrato y abuso sexual; (ii) que tenga lugar en la comunidad y sea perpetrada por cualquier persona y que comprende, entre otros, violación, abuso sexual, tortura, trata de personas, prostitución forzada, secuestro y acoso sexual en el lugar de trabajo, así como en instituciones educativas, establecimientos de salud o cualquier otro lugar, y (iii) que sea perpetrada o tolerada por el Estado o sus agentes, donde quiera que ocurra. Finalmente, la Convención consagra el derecho de todas las mujeres a una vida libre de violencia, tanto en el ámbito público cuanto en el privado.

Es muy importante resaltar que la consideración de la violencia contra la mujer como una violación de los Derechos Humanos permite hablar de obligaciones reforzadas de los Estados cuando no previenen, investigan, sancionan y reparan estos actos. Hay, además, un deber de "debida diligencia" que debe primar en las actuaciones del Estado, no sólo cuando el perpetrador es un agente público sino, además, en los casos en que los agentes sean particulares o no se los haya identificado. En este tema, se puede hablar a nivel internacional de una norma del Derecho Internacional consuetudinario que obliga a los Estados a prevenir y responder con la debida diligencia a los actos de violencia contra la mujer. Pero además, el estándar internacional permite reconsiderar la norma de debida diligencia para enfatizar la obligación del Estado de transformar los valores e instituciones sociales que sostienen la desigualdad de género, al tiempo que se responde efectivamente a la violencia contra la mujer cuando se produce.

En este marco, se ubica la obligación de prevenir las violaciones de Derechos Humanos y, en el caso concreto de las mujeres, esto debe traducirse en potenciar su rol en la vida social, mediante actividades en el campo de la educación, la formación y el acceso a recursos productivos, con el objetivo de aumentar la autosuficiencia de las mujeres a fin de que se logre entender que la violencia y la subordinación no son su destino insoslayable.

Hay una gran brecha entre las normas y la práctica, entre la igualdad *de iure* (jurídica) y la igualdad *de facto* (de hecho). Las reglas del ordenamiento social responden a patrones socioculturales, por ello la concepción y la aplicación de los derechos humanos se concibió desde sus inicios en clave masculina: el hombre como centro del pensamiento humano, del desarrollo histórico, protagonista único y parámetro de la humanidad.

La doctrina jurídica mayoritaria no reconoce las relaciones de género como una categoría de análisis fundamental y no contempla las diferencias de poder entre mujeres y hombres y como éstas se manifiestan a lo interno del sistema jurídico, siendo necesario considerar estas diferencias ya que es precisamente en este campo –el jurídico- en donde se regulan las relaciones de poder.

Los derechos de las mujeres fueron pensados como un particular del universal masculino y bajo una concepción de las mujeres como minoría. Hay que recordar, por ejemplo, que durante mucho tiempo las mujeres se beneficiaron de algunos derechos por extensión; al ser cónyuges de un ciudadano hombre, o les fueron negados derechos (como el sufragio, reconocido hasta inicios del siglo XX). Ello provocó la exclusión histórica de las mujeres, la invisibilización de las diferencias, la diversidad, las especificidades y las necesidades de esta población.

Como se afirmó anteriormente, la perspectiva de género nos remite a las características de mujeres y de hombres, definidas socialmente y moldeadas por factores culturales, por lo que son susceptibles de transformación. La discriminación hacia las mujeres ha sido parte de la historia de la humanidad y el utilizar la perspectiva de género, permite entender por qué la doctrina de los derechos humanos –en constante evolución y desarrollo– ha contemplado ampliaciones conceptuales y reconocimientos explícitos de los derechos de las mujeres.

Es por ello que la Declaración y el Plan de Acción de la Conferencia Mundial sobre Derechos Humanos[33] señala expresamente que *"los derechos humanos de la mujer y la niña son parte inalienable e indivisible de los derechos humanos universales"* y que la plena participación de la mujer en condiciones de igualdad (en la vida política, económica, social y cultural) y la erradicación de todas formas de discriminación basadas en el sexo, son objetivos prioritarios de la comunidad internacional. Este reconocimiento constituye un hito histórico, pues para nombrar los derechos humanos de las mujeres, es fundamental reconocerlos internacionalmente y con ello reclamar su respeto y aplicación.

---

33 CONFERENCIA MUNDIAL DE DERECHOS HUMANOS. *Declaración y programa de acción de Viena*, aprobado el 25 de junio de 1993, pp. 20 – 21.

De manera progresiva y creciente, la perspectiva de género ha ido permeando la protección nacional e internacional de los derechos humanos y ha permitido el reconocimiento internacional de la discriminación que enfrenta la mayoría de las mujeres en el mundo. También ha puesto de manifiesto las limitaciones que afectan el goce y ejercicio pleno de sus derechos humanos y que les impide mejorar las condiciones en las que viven.

Existen instrumentos internacionales de derechos humanos que toman como punto de partida esa desigualdad histórica, reconociendo y protegiendo específicamente los derechos de las mujeres; éstos se suman a los instrumentos jurídicos internacionales que conforman el Derecho Internacional de los Derechos Humanos. Destacan la Convención sobre la eliminación de todas las formas de discriminación contra la mujer (Convención CEDAW) y su Protocolo Facultativo, así como la Convención interamericana para prevenir, sancionar y erradicar la violencia contra la mujer (Convención de *Belém do Pará*).

La violación de los derechos de las mujeres no se deriva únicamente del texto de la ley, sino también de la interpretación, los contenidos y valoraciones que les atribuyen las personas que aplican el derecho en las instituciones públicas y privadas. Por ello, aunque sabemos que las mujeres y los hombres tienen tareas y responsabilidades diferentes en la sociedad, no existe conciencia de que ello tiene implicaciones en la forma de ver el mundo de unos y otras, así como en la definición de sus necesidades y de sus intereses". Sin embargo, en la medida en que la realidad se nos ha presentado como 'neutral' en términos de género; mujeres y hombres, tenemos a menudo dificultades para identificar y comprender cuándo la violación de un derecho ocurre porque se es mujer.

Estas diferencias en los intereses y necesidades determinan diferencias también en el acceso, aplicación y tutela de los derechos humanos. Por ello, adoptar una perspectiva de género significa tener presente que las mujeres y hombres tienen poderes distintos; que en esas relaciones las primeras viven una situación de subordinación y dominación con implicaciones para su acceso a las oportunidades. Significa adoptar las relaciones de género como una categoría de análisis importante, valiosa, indispensable y fundamental para un análisis más objetivo y científico de la realidad. Implica reconocer que nadie mira la realidad 'desde ninguna parte' y sin 'perspectiva', es decir, que nunca se mira e interpreta la realidad de manera 'neutral.

La incorporación de la perspectiva de género en el análisis de los derechos humanos constituye un instrumento de cambio de las relaciones sociales entre mujeres y hombres, al convertirse en un mecanismo que contribuye a la transformación de la subordinación y discriminación en igualdad de derechos, equidad en las oportunidades y respeto de las diferencias. Es por esta razón que cada vez cobra más importancia la necesidad de incorporar la perspectiva de género en la conceptualización, análisis y tutela de los derechos humanos.

Incorporar la perspectiva de género en los derechos humanos, implica tomar en cuenta las diferencias socioculturales entre mujeres y hombres y las diferencias que éstas conllevan en el reconocimiento y disfrute de sus derechos. La aplicación de la perspectiva de género enriquece la manera de mirar la realidad y de actuar sobre ella. En materia de derechos humanos, permite, entre otras cosas, visualizar inequidades construidas de manera artificial, socioculturalmente; y detectar mejor la especificidad en la protección que precisan quienes sufren desigualdad o discriminación. Ofrece pues grandes ventajas y posibilidades para la efectiva tutela de las personas y concretamente, de las mujeres.

Puede afirmarse que la aplicación de la perspectiva de género enriquece la manera de mirar la realidad y de actuar sobre ella. Ofrece grandes ventajas y posibilidades para la efectiva tutela de las personas y concretamente de las mujeres, como se podrá apreciar más adelante cuando se presenten ejemplos de herramientas y estrategias para su aplicación.

5. REFLEXIONES FINALES Y CONCLUSIONES

En los últimos años se ha producido un repunte de las posturas conservadoras y de extrema derecha tanto en España como en muchos otros países europeos. Históricamente, frente a los avances en derechos tienden a aumentar las posturas más conservadoras que intentan volver a la situación anterior y evitar que se produzcan aún más progresos sociales que beneficien a las personas más vulnerables de las sociedades. Por este motivo, no es exagerado decir que nos encontramos en un momento clave, no solo para conseguir nuevos avances y derechos, sino también para defender aquellos que ya se han reconocido.

Estas situaciones, en las que se trata de eliminar los derechos que han tardado décadas en conseguirse, generan sentimientos de impotencia, enfado y resignación en aquellos colectivos que constantemente se ven obligados a luchar de manera reiterada para conseguir algo tan básico como son los Derechos Humanos. Este cansancio social se ve acrecentado por la lentitud con la que se consiguen los cambios sociales y la rapidez o facilidad con la que se pueden volver a perder, produciéndose un retroceso social que conlleve la pérdida de derechos para varios colectivos vulnerables. Se piensa que la igualdad ya se ha conseguido, pero la realidad de muchos colectivos es que sus derechos más básicos son cuestionados cada día. En sociedades cada vez más individualistas, donde se valora por encima de todo la independencia y se condena el necesitar ayuda de otros para solventar las diversas situaciones de la vida, el término "vulnerable" genera rechazo, considerándose como algo negativo. Hay muchas formas de ser vulnerable: desde serlo emocionalmente hasta necesitar de tutores y cuidadores.

Las convicciones culturales y sociológicas de otros pueblos no pueden ser tuteladas por nuestro sistema cuando para su vigencia resulte indispensable un sacrificio de otros valores axiológicamente superiores. El papel secundario y subordinado que algunas sociedades otorgan a la mujer nunca podrá aspirar a convertirse en un valor susceptible de protección. Ni siquiera podrá ser tenido como un principio ponderable ante una hipotética convergencia de intereses enfrentados"[34].

Según esto, la igualdad de género es el objetivo de desarrollo general y a largo plazo, mientras que la incorporación de una perspectiva de género es un conjunto de enfoques específicos y estratégicos, así como procesos técnicos e institucionales que se adoptan para alcanzar este objetivo. La incorporación de una perspectiva de género integra la igualdad de género en las organizaciones públicas y privadas de un país, en políticas centrales o locales, y en programas de servicios y sectoriales. Con la vista puesta en el futuro, se propone transformar instituciones sociales, leyes, normas culturales y prácticas comunitarias que son discriminatorias, por ejemplo, aquellas que limitan el acceso de las mujeres a los derechos sobre la propiedad o restringen su acceso a los espacios públicos.

En este contexto, considero que las instituciones y los poderes públicos internacionales en todos sus niveles competenciales tienen el deber de asumir y avanzar una agenda política institucional en materia de igualdad y derechos humanos que garantice y aproxime las demandas de la agenda feminista a la realidad material de las mujeres, facilitando los retos presentes y futuros feministas en un feroz contexto neoliberal y de reacción patriarcal. Pensar y desplegar la acción pública desde los ejes rectores de la igualdad, la interseccionalidad y la defensa de los derechos humanos es condición de posibilidad y elemento transformador de la elaboración normativa, de la contratación pública o de la actividad subvencional de las administraciones. También de sus relaciones institucionales, de sus procesos de participación, cooperación y coordinación y de la siempre necesaria evaluación de sus resultados. Para ello es esencial contar con la perspectiva de género que identifica problemáticas, transforma procesos y disputa recursos y espacios de poder, así como es fundamental trabajar no olvidando nunca de dónde venimos y quienes somos,

---

34 STS, Sala Segunda, 602/2015 de 13 de octubre [ECLI:ES:TS:2015:4151]

el mandato de la sociedad civil, de la ciudadanía, y también de aquellas voces en la vulnerabilidad y los márgenes internacionales, pues para ellas es también, y sobre todo, el servicio público.

Entendidas correctamente, las diferencias de género otorgan sentido a nuestra meta de lograr la paridad entre seres humanos diferentes. Asimismo, posibilitan comprender que el ejercicio pleno de los derechos humanos no se alcanza solamente por cambios cuantitativos, que muchas veces no trascienden lo formal. Estos cambios solamente son pasos necesarios, pero no suficientes para alcanzar la igualdad y no discriminación entre mujeres y hombres. Una igualdad que garantice una posición social para acceder a oportunidades reales de ejercer y disfrutar de los derechos, lo que requiere es la transformación de patrones y estereotipos profundamente arraigados en la cultura y en las personas.

La incorporación de la perspectiva de género en las instituciones de derechos humanos tiene a mi juicio un efecto inmediato en la vida cotidiana, expresada en todas las formas concretas que asumen las relaciones sociales y las diferencias entre hombres y mujeres. No basta la apropiación de principios, filosofía, historia y normas que regulan los derechos humanos a nivel internacional, regional y nacional; es preciso caracterizar esas diferencias y determinar en el día a día, la dimensión y el impacto de las desigualdades para poder realizar acciones encaminadas a la transformación.

6. REFERENCIAS BIBLIOGRÁFICAS

ASAMBLEA GENERAL DE NACIONES UNIDAS. "Estudio a fondo sobre todas las formas de violencia sobre la mujer de 2006"

BARONA VILLAR, S. *Análisis de la Justicia desde la perspectiva de género,* Tirant Lo Blanch, Valencia, 2018, pp. 62 y ss.

BERGALLI, R., BODELÓN, E. "La cuestión de las mujeres y el derecho penal simbólico", en *Anuario de Filosofía del Derecho,* núm. 9, 1992, pp. 47 y ss.

BODELÓN, E. "La violencia contra las mujeres y el derecho no androcéntrico: perdidas en la traducción jurídica del feminismo", en *Género, Violencia y Derecho,* Tirant Lo Blanch, Valencia, 2008, p. 295.

BODELÓN, E. "Violencia institucional y violencia de género", en *Anales de la Cátedra Francisco Suárez*, 48, 2014, p.133.

CONFERENCIA MUNDIAL DE DERECHOS HUMANOS. *Declaración y programa de acción de Viena*, aprobado el 25 de junio de 1993, pp. 20 – 21.

CONVENIO del Consejo de Europa sobre prevención y lucha contra la violencia contra las mujeres y la violencia doméstica firmado por España en el año 2014.

COOK, R., y CUSAK, S. *Estereotipos de género. Perspectivas legales transnacionales, Profamilia, Bogotá*, 2010, p. 25.

ERICE MARTÍNEZ, E. "Perspectiva de género y derecho penal", *Boletín Penal Juezas y Jueces para la Democracia*, 10 de enero de 2018, p. 23.

GISBERT GRIFO, S. *Balanza de género*, Lo que no existe, Madrid, 2018, p. 191.

LARRAURI PIJOAN, E. "La mujer ante el Derecho Penal", en *Revista de Derecho Penal y Criminología*, núm. 2, 1992, pp. 294 – 302.

LAURENZO COPELLO, P. "La violencia de género en el Derecho Penal: un ejemplo de paternalismo primitivo", en *Género, Violencia y Derecho*, Tirant Lo Blanch, Valencia, 2008, p. 30 – 33.

MAGRO SERVET, V. "La perspectiva de género en los delitos cometidos sobre la víctima mujer", *Revista de Jurisprudencia Le Febvre-El Derecho*, 2018, pp. 1 y ss.

MAQUEDA ABREU, M.L. "La violencia de género: entre el concepto jurídico y la realidad social", en *Revista electrónica de ciencia penal y criminología*, núm. 8, 2006 p. 11.

MAQUEDA ABREU, M.L. "¿Es la estrategia penal una solución a la violencia contra las mujeres? Algunas respuestas desde un discurso feminista crítico", en *Género, Violencia y Derecho*, Tirant Lo Blanch, Valencia, 2008, pp. 390 y ss.

ORTEGA LORENTE, J.M. "Breves reflexiones sobre necesidades formativas de juezas y jueces", *Boletín Penal Juezas y Jueces para la Democracia*, 10 de enero de 2018, pp. 3 y ss.

RAMÍREZ ORTIZ, J.L. "El testimonio único de quien afirma ser víctima desde la perspectiva de género", *Boletín Penal Juezas y Jueces para la Democracia*, 10 de febrero de 2018, p. 9.

SERRA CRISTOBAL, R. "Mujer y doble discriminación", en *Mujer y Derecho, Jornadas de Igualdad de la Facultad de Derecho, Universitat de Valencia*, Tirant Lo Blanch, Valencia, 2011, pp. 88 y ss.

VARELA CASTEJÓN, X., FERNÁNDEZ SUÁREZ, N. "Algunas reflexiones sobre la perspectiva de género", *Boletín Penal Juezas y Jueces para la Democracia*, 10 de enero de 2018, p. 9.

Jurisprudencia de órganos estatales

STC 31/2018, de 10 de abril [BOE-A-2018-6823]

STC 39/1986, de 31 de marzo [ECLI:ES:TC:1986:39]

STC 19/1988, de 16 de febrero [ECLI:ES:TC:1988:19]

STC 216/1991, de 14 de noviembre [ECLI:ES:TC:1991:216]

STC 12/2008, de 29 de enero, FJ 5

STS Sala Segunda, 247/2018, de 24 de mayo de 2018 [ECLI: ES:TS:2018:2003]

STS, Sala Segunda, 602/2015 de 13 de octubre [ECLI:ES:TS:2015:4151]

Derecho internacional público y género: propuesta para la enseñanza universitaria

International public law and gender: a proposal for higher education

MAGDALENA BAS VILIZZIO[1]

Resumen

El Derecho Internacional Público no escapa a la construcción histórica desde perspectivas masculinas del Derecho. Esta pieza parte de una mirada feminista interseccional y de aprendizaje situado en el Sur Global, haciéndose las siguientes preguntas ¿cómo incorporar las "gafas moradas" en la enseñanza del Derecho Internacional Público? ¿qué prácticas pedagógicas pueden realizarse para que perduren y generen reflexiones más allá del aula universitaria? Desde la experiencia docente de la autora, en Uruguay y México, se proponen cuatro ámbitos pedagógicos de decisión/acción: los contenidos programáticos de la asignatura; la metodología de enseñanza; la bibliografía; y el análisis de la coyuntura internacional.

Palabras clave: Gafas moradas, Derecho Internacional Público, Enseñanza universitaria, Mujeres, Género

Abstract

Public International Law is not immune to a historical construction from male law perspectives. This piece stems from an intersectional feminist perspective and situated

---

[1] Profesora Agregada de Derecho Internacional Público de la Universidad de la República e Investigadora Nivel 1 del Sistema Nacional de Investigadores, Uruguay. Profesora de Retos y Dinámicas Globales de la Universidad de Monterrey, México (magdalenabas@gmail.com). Todas las páginas web mencionadas en este trabajo han sido consultadas el 22 de febrero de 2024.

learning in the Global South, posing the following questions: How do we incorporate the "purple lenses" in Public International Law teaching? What pedagogical practices can be implemented to ensure their endurance and foster reflections beyond the classroom? Drawing from the author's teaching experience in Uruguay and Mexico, this piece proposes four pedagogical areas of decision/action: the syllabus; teaching methodology; bibliography; and analysis of the international context.

Keywords: Purple glasses, Public International Law, Higher education, Women, Gender

SUMARIO

1. PUNTO DE PARTIDA

Enseñar Derecho Internacional Público es una actividad constantemente desafiada por las vicisitudes de su objeto de estudio: las normas internacionales que regulan las relaciones externas entre Estados y otros sujetos en el marco de un sistema de coordinación. Pero también, la enseñanza de la disciplina es moldeada conforme a los cambios y avances en torno a las herramientas y las estrategias didácticas, así como la manera en que se construcción del conocimiento -por ende, la o las perspectivas desde las que se construye el conocimiento-. Si como indican Amitav Acharya y Diana Tussie, en las Relaciones Internacionales la construcción del conocimiento está íntimamente ligada a las transformaciones que tienen lugar en el orden internacional[2], necesariamente lo estará la construcción y enseñanza del Derecho Internacional Público.

---

2 ACHARYA, A. Y TUSSIE, D. "Latin America and the Caribbean in Global International Relations", en ACHARYA, A., DECIANCIO, M. y TUS-

Siendo una construcción social históricamente creada desde voces masculinas, el Derecho es prioritariamente androcéntrico y como tal contiene "sus propias reglas de legitimación, las que consolidan el poder de quienes son, en definitiva, los sujetos creadores del derecho, los hombres", como indican Alda Facio y Lorena Fries[3]. Esta idea se refuerza en las palabras de Martti Koskenniemi quien afirma que "todo Derecho es cómplice en el mantenimiento de las jerarquías sociales. Y el Derecho Internacional no lo es menos"[4]. En este sentido, el autor finés explica que "la manera en la que está organizado el mundo y cómo están distribuidos los recursos en él depende en gran medida de cómo operan las normas jurídicas", entre ellas normas que regulan los derechos entre mujeres y varones[5].

Las transformaciones en el orden internacional -en los hechos y el Derecho- pueden tener diferentes raíces conforme a la temática o abordaje, puntualmente en el área de trabajo de este capítulo se destacan los avances que surgen en el marco de profundas luchas que han procurado la igualdad entre mujeres y varones en cuanto a derechos fundamentales consagrados en instrumentos jurídicos como la Carta de Derechos Humanos, así como una regulación especial de la situación de mujeres que se encuentran en una situación de especial vulnerabilidad. Ejemplo de lo anterior es la Convención sobre nacionalidad de la mujer casada (1957) que buscar evitar casos de apatridia por el solo hecho de que una mujer se divorcie. En dichos textos jurídicos, los feminismos seguramente hayan planteado las preguntas

---

SIE, D. (edit.) *Latin America in global international relations*, Routledge, Nueva York, 2021, p. 1.

3 FACIO, A. Y FRIES, L. "Feminismo, género y patriarcado", en *Academia. Revista sobre enseñanza del Derecho.* 3 (5). Facultad de Derecho, Universidad de Buenos Aires, Buenos Aires, 2005, p. 291. *http://www.derecho.uba.ar/publicaciones/rev_academia/revistas/06/feminismo-genero-y-patriarcado.pdf*

4 KOSKENNIEMI, M. *La política del Derecho Internacional.* Trotta, Madrid, 2020, p. 31.

5 KOSKENNIEMI, M., obra citada, p. 31.

"impertinentes", en palabras de Nuria Varela,[6] que dieron lugar a desarrollos sustanciales cuando el orden establecido comenzó a ser cuestionado desde una mirada con "gafas violetas"[7].

Los mencionados avances también pueden verse en la jurisprudencia, por ejemplo, en el reconocimiento de la discriminación estructural de las mujeres afrodescendientes en condición de pobreza en el caso Empleados de la Fábrica de Fuegos en Santo Antonio de Jesús y sus familiares[8], en la Corte Interamericana de Derechos Humanos. Este caso es una demostración de que se ha evolucionado en materia de derechos "en función de la capacidad de las mujeres para articularse como un sujeto colectivo y para persuadir a la sociedad de la justicia de sus vindicaciones políticas" como afirma Rosa Cobo Bedia[9]. Sin embargo, aún la desigualdad de género, sus mecanismos de reproducción y la profundización de la vulnerabilidad ante la interseccionalidad[10] persisten. Así, los avances muestran camino recorrido, pero también camino por recorrer para que la mirada hacia los derechos de las mujeres siempre sea interseccional.

Con estas ideas en mente, y desde una mirada feminista interseccional y de aprendizaje situado en el Sur Global -en diálogo con el Norte Global-, esta pieza parte de la siguiente pregunta: ¿cómo incorporar las "gafas violetas" en la enseñanza del Derecho Internacional Público? ¿qué prácticas pedagógicas pueden reali-

---

6 VARELA, N. *Feminismo para principiantes.* Ediciones B, S. A., 2008, p. 9.

7 El término "gafas violetas" es recuperado por Nuria Varela del libro de Gemma Lienas. VARELA, N. obra citada, p. 13. LIENAS, G. *El diario violeta de Carlota.* Destino, Barcelona, 2019.

8 Sentencia del 15 de julio de 2020 disponible en: https://www.corteidh.or.cr/docs/casos/articulos/seriec_407_esp.pdf

9 COBO BEDIA, R. El género en las ciencias sociales, en *Cuadernos de Trabajo Social.* 18. Universidad Complutense de Madrid, Madrid, 2005, p. 254. *https://revistas.ucm.es/index.php/CUTS/article/view/CUTS0505110249A*

10 La idea de interseccionalidad es introducida por Kimberlé Crenshow (1991) al analizar la situación de vulnerabilidad y violencia múltiple de las mujeres afroamericanas ante tribunales estadounidenses.

zarse para que perduren y generen reflexiones más allá del aula universitaria?

Con base a la experiencia docente de la autora, en Uruguay y México, este trabajo se nutre de los dos ejes anteriormente indicados: 1) el eje jurídico que determina las normas jurídicas, así como los conceptos y teorías que cimientan el Derecho Internacional Público como disciplina; 2) el eje de las perspectivas feministas e interseccionalidad. Desde el punto de vista didáctico, este trabajo incorpora un tercer eje que es el del aprendizaje significativo introducido por David Ausubel, Joseph Novak y Helen Hanesian[11]. En esta teoría el docente el encargado de tender puentes cognitivos entre los conocimientos previos del estudiantado ("ideas previas" en términos de los autores) y los nuevos conocimientos.

2. LAS CUATRO ÁREAS DE DECISIÓN/ ACCIÓN DESDE LAS GAFAS VIOLETAS

Siguiendo los aportes de Ausubel, Novak y Hanesian, el docente es un articulador de saberes en el aula: las ideas previas del estudiante y el nuevo conocimiento a ser adquirido. Así, adquirir nuevos conocimientos "produce una modificación tanto de la información recién adquirida como del aspecto específicamente pertinente de la estructura cognoscitiva con el que aquélla está vinculada"[12]. En vistas de lo anterior, enseñar una disciplina con "gafas violetas" implica trabajar con lo que el estudiantado ya conoce e introducir, debatir, contrastar nuevas perspectivas desde diferentes ámbitos de acción y decisión.

---

11 AUSUBEL, D. NOVAK, J. Y HANESIAN, H. H. (edit.). "Significado y aprendizaje significativo", en *Psicología Educativa. Un punto de vista cognoscitivo.* Segunda edición. Trillas, Ciudad de México, 1976, pp. 46-85.

12 AUSUBEL, D. NOVAK, J. Y HANESIAN, H. H. (edit.), obra citada, p. 62.

Para abordar la enseñanza universitaria del Derecho Internacional Público con "gafas violetas", este trabajo propone cuatro ámbitos a trabajar: los contenidos programáticos de la asignatura; la metodología de la enseñanza; la bibliografía; el análisis de la coyuntura internacional. Este apartado se estructura en cuatro partes, cada una de ellas dedicada al análisis de los diferentes ámbitos. Se proponen actividades y se plantean decisiones en forma sintética, sin incluir la ficha didáctica de cada una, generando un espacio para continuar profundizando en la temática.

2.1. Contenidos de la asignatura.

Los contenidos de ninguna asignatura son estáticos. Siendo los fenómenos internacionales dinámicos, el Derecho Internacional Público será moldeado en función de este dinamismo. Con el objetivo de procurar el necesario grado de actualización y mantener el interés y la motivación de los estudiantes, es pertinente la revisión constante de los contenidos programáticos. La incorporación de nuevos desarrollos en Relaciones Internacionales Globales[13] y su consecuente regulación internacional es un elemento central en el ejercicio de la docencia. Adicionalmente, existen tópicos o perspectivas escasamente incluidas en los programas de los cursos, que replican los "silencios" del Derecho Internacional ante la importancia de las mujeres, como señalaran ya hace dos décadas

---

13 Sobre este punto también puede verse BAS VILIZZIO, M. y NIEVES, M. "Tejiendo las Relaciones Internacionales: desafíos de la enseñanza de la disciplina", en *Memorias de ponencias de las X Jornadas sobre Enseñanza del Derecho.* Centro para el Desarrollo Docente, Facultad de Derecho, Universidad de Buenos Aires, Buenos Aires, 2020, pp. 266-272. *www.derecho.uba.ar/academica/centro-desarrollo-docente/jornadas.php*

Rosa Brooks[14] retomando y ejemplificando los aportes de Hilary Charlesworth y Christine Chinkin[15].

Entonces, ¿qué nuevos abordajes y temas pueden incluirse en los de Derecho Internacional Público? En primer lugar, puede señalarse que en relación a la Organización de Naciones Unidas existen áreas nuevas a estudiar, siendo la creación de ONU Mujeres en 2010 un ejemplo claro. Así, su análisis permite "prestar tanta atención al marco legal destinado a las mujeres, como a la consecución de la coherencia institucional, abriendo así la posibilidad de vincular el cambio normativo con la movilización", como señalan Charlesworth y Chinkin[16]. Asimismo, otra estrategia a destacar es el uso de jurisprudencia que presente diferentes aristas de la desigualdad entre mujeres y varones. El análisis del ya mencionado caso Fábrica de Fuegos contra Brasil[17] representa una oportunidad para discutir desde las gafas violetas jurisprudencia actual que involucra a un Estado Latinaomericano.

La sentencia se enfoca en la violación de los derechos a la vida, la integridad personal, al trabajo y sus condiciones equitativas y satisfactorias, a la salud y a la seguridad social, derechos de la niña y del niño, igualdad y no discriminación (grupos en situación de vulnerabilidad), protección judicial y garantías judiciales, en el marco de la explosión de una fábrica de fuegos

---

14 BROOKS, R. "Feminism and International Law: An Opportunity for Transformation", en *Yale Journal of Law and Feminism*, 2002, p. 347. *https://scholarship.law.georgetown.edu/facpub/1132/*

15 CHARLESWORTH, H. Y CHINKIN, C. *The boundaries of International Law; A feminist analysis*, Manchester University Press, Manchester, 2000.

16 CHARLESWORTH, H. Y CHINKIN, C. "La nueva "arquitectura de género" de las Naciones Unidas. La creación de ONU mujeres", en *Revista Latinoamericana de Derecho Internacional (LADI)*. 5, 2016, p. 123.

17 CORTE INTERAMERICANA DE DERECHOS HUMANOS. *Caso Empleados de la Fábrica de Fuegos en Santo Antônio de Jesus y sus Familiares vs. Brasil*, Sentecia del 15 de julio de 2020 (Excepciones Preliminares, Fondo, Reparaciones y Costas). *https://www.corteidh.or.cr/docs/casos/articulos/seriec_407_esp.pdf*

artificiales en Bahía. Las víctimas, empleados de la fábrica, eran mayoritariamente mujeres y niños afrodescendientes y en situación de pobreza, cobrando relevancia la interseccionalidad de las vulnerabilidades además de la desigualdad socioeconómica. Esta situación de discriminación interseccional y estructural los compelía a trabajar, aún sin estar dadas las condiciones adecuadas.

La discriminación estructural e interseccional es un aspecto para destacar de la sentencia, siendo la primera vez que la Corte Interamericana realiza un análisis interseccional y estructural de manera conjunta[18]. Como explica Dias Oliveira, el fallo es un avance al usar ambos términos y ayuda a examinar "con un mayor grado de especificidad frente a las violaciones de derechos humanos y la comprensión de las marginaciones que se ubican en el contexto sociocultural"[19].

Asimismo el caso Maria Da Penha[20] sobre violencia de género también es un ejemplo jurisprudencial adecuado para analizar la responsabilidad internacional del Estado -Brasil- frente a tratados internacionales y cómo las resoluciones del sistema interamericano pueden determinar cambios sustanciales en la normativa interna de los Estados -sanción de la Ley 11.340 mediante la cual se establecen mecanismos para erradicar la violencia contra las mujeres y se crea un sistema de tribunales domésticos especializados-. Independientemente del fondo de los casos, es pertinente señalar necesidad de balance de genero de los tribunales internacionales,

---

18 DIAS OLIVEIRA, S. L. "Interseccionalidad y el caso de los Empleados de la fábrica de fuegos de Santo Antônio de Jesus y sus familiares vs. Brasil: un análisis jurisprudencial", en Revista de Derecho, 28, 2023, p. 8. *https://doi.org/10.22235/rd28.3107*

19 DIAS OLIVEIRA, S. L., obra citada, p. 19.

20 COMISIÓN INTERAMERICANA DE DERECHOS HUMANOS. *Caso 12.051. Maria Da Penha Maia Fernandes.* Informe 54/01 del 16 de abril de 2001. *https://www.cidh.oas.org/annualrep/2000sp/CapituloIII/Fondo/Brasil12.051.htm*

ya que como señala Andrea Samardzija[21], la legitimidad de los tribunales internacionales también incluye la representatividad.

Finalmente, también es pertinente incorporar nuevas miradas a temas ya tradicionales, como por ejemplo realizar un análisis desde la teoría de la vulnerabilidad de Martha Fineman[22] de los efectos sobre las mujeres de las migraciones forzadas (feminización migratoria), la pérdida de nacionalidad de la mujer casada (apatridia) o los conflictos armados (Resolución del Consejo de Seguridad 1325 del año 2000, relativa a las mujeres, la paz y la seguridad).

2.2. Metodología de la enseñanza.

Desde los aspectos metodológicos también es imprescindible plantear la construcción de lo que Jerome Bruner denomina "andamiaje"[23]. Esto es, el acompañamiento, mediación y apoyo del docente a los estudiantes para la asimilación de conocimientos y desarrollo de habilidades. Esta idea, que tiene como base a los aportes de Lev Vygotskii[24] sobre la zona de desarrollo próximo, surge originalmente en torno al estudio de la comunicación y desarrollo del lenguaje -y su rol en el aprendizaje-, puede ampliarse a la enseñanza de cualquier disciplina y a diferentes niveles.

---

[21] SAMARDZIJA, A. "The future is female: Gender representation in international courts and tribunals". Leiden Law Blog, 10 de diciembre de 2019. *https://www.leidenlawblog.nl/articles/the-future-is-female-gender-representation-in-international-courts-and-tribunals*

[22] FINEMAN, M. "The Vulnerable Subject and the Responsive State", en *Emory Law Journal*, 60, 2010, pp. 251-275. https://scholarlycommons.law.emory.edu/elj/vol60/iss2/1

[23] BRUNER, J. "The role of dialogue in language acquisition", en SINCLAIR, A. ET AL. (edit.) *The Child's Concept of Language*. Springer-Verlag, Berlin, 1978, p. 254.

[24] En este sentido, puede verse: POZO, J. I. *Teorías cognitivas del aprendizaje*, Ediciones Morata, Madrid, 1989, pp. 191-206.

La construcción de andamiaje puede hacerse mediante la elaboración de preguntas por parte del docente o la invitación a los estudiantes a hacerse sus propias preguntas sobre el Derecho Internacional Público y los hechos que este regula -o en los que existen lagunas en la regulación-, apostando a una perspectiva de género. La pregunta más típica, que no por ello deja de ser pertinente, es parafraseando a Cintya Enloe[25]: ¿dónde están las mujeres en el Derecho Internacional Público? Esta pregunta puede acompañarse de tres imágenes: un cuadro y dos fotografías de tres momentos clave en la historia de la disciplina. Estos son: el famoso cuadro de Gerard ter Borch que ilustra la celebración del Tratado de Münster en la Paz de Westfalia (1648), una fotografía en blanco y negro de la firma de la Carta de San Francsico que da nacimiento a la Organización de las Naciones Unidas (1945), y una fotografía de la Tercera Cumbre de la Unión Europea y la Comunidad de Estados Latinoamericanos y Caribeños (2023) o de cualquier otro evento diplomático reciente.

Emplear imágenes para describir palabras escritas o verbales probablemente sea el uso de las imágenes que ha sido más difundido en los procesos de enseñanza-aprendizaje. En Derecho Internacional Público, una fotografía periodística o un cuadro permite contextualizar o brindar información sobre, por ejemplo, la cantidad de mujeres en cargos de liderazgo en negociaciones internacionales (uso descriptivo de las imágenes conforme a Bas Vilizzio[26]). En los ejemplos indicados, el docente puede trabajar con algunas preguntas disparadoras como las siguientes: ¿Cuántas mujeres vemos en la imagen? ¿Qué roles cumplen? ¿Hay equidad?

---

25 ENLOE, C. *Bananas, Beaches and Bases: Making Feminist Sense of International Politics.* Segunda edición. University of California Press, Bekerley, 2014.

26 BAS VILIZZIO, M. "Arte y Relaciones Internacionales: uso de las imágenes como estrategia didáctica. Resumen", en *Libro de Actas del XI CIDU Congreso Iberoamericano de Docencia Universitaria: La transformación digital de la universidad.* Universidad de La Laguna y Asociación Iberoamericana de Didáctica Universitaria, Tenerife, 2021, pp. 1501-1503.

¿Cuántas mujeres imaginan que hay detrás de la imagen (fotógrafas, periodistas, personal de limpieza, asesoras, secretarias, administrativas)? La discusión puede guiarse hacia el comercio internacional e incorporar como insumo el video "Liderando el comercio mundial: tres mujeres, tres organizaciones" de la Organización Mundial del Comercio[27].

Por último, el abordaje metodológico en la disciplina también apunta a cuestionarse la pertinencia y la suficiencia de las normas jurídicas en vigor. En este sentido, el ejemplo manejado por Brooks respecto a la Convención sobre la eliminación de todas las formas de discriminación contra la mujer (1979) es ilustrativo: en su artículo 10 literal a la convención busca otorgar igualdad de condiciones de orientación a varones y mujeres "en materia de carreras y capacitación profesional, acceso a los estudios y obtención de diplomas en las instituciones de enseñanza de todas las categorías". No obstante, "las mujeres enfrentan diferentes elecciones reproductivas y diferentes condicionamientos sociales que los hombres. ¿Es el standard masculino el standard correcto para las mujeres?", ya se preguntaba Brooks[28] en el año 2002. Hoy la pregunta sigue vigente, incluso para plantearla desde una perspectiva interseccional.

2.3. Bibliografía.

Un aspecto destacado y en el que se viene trabajando a nivel general es la inclusión de mujeres en las bibliografías de los cursos -y de las publicaciones académicas-. A modo de ejemplo, "mujeres en la bibliografía" es un proyecto estudiantil de la costarricense Valeria Rodríguez Quesada[29]. Una explicación sintética y contundente fue

---

27 ORGANIZACIÓN MUNDIAL DEL COMERCIO (2021). *Liderando el comercio mundial: tres mujeres, tres organizaciones.* Youtube, 10 de marzo de 2021. *https://youtu.be/lUz4A_aFasE*

28 BROOKS, R, 2002, p. 351.

29 RODRÍGUEZ QUESADA, V. *Mujeres en la bibliografía. TEDxGrecia.* Youtube, 7 de octubre de 2021. *https://youtu.be/tEfPhHth_cg*

llevada al formato de conferencia TEDx, poniendo de manifiesto la necesidad de plantear seriamente el problema de la ausencia de mujeres en las bibliografías de programas y trabajos académicos, aunque puedan ser mayoría en el aula o en los equipos de docentes. Este es un punto en el que desde el ejercicio de la docencia se tiene menos control y puede resultar más complejo de aplicar si existen políticas institucionales que determinen cuál es la bibliografía a seguirse en cada curso. Sin perjuicio de lo anterior, apelando a la libertad de cátedra, pueden incorporarse lecturas específicas de autoras mujeres y sugerir otros textos complementarios.

Aquí es donde el trabajo académico puede condicionar con las estructuras institucionales y el "colegio invisible" que determina quienes son las voces válidas o autorizadas en torno a las cuales se aprenden y discuten los saberes. En este sentido, cabe recordar la idea de Roland Bleiker[30] de que existen "porteros" que se ocupan de que los límites discursivos de la disciplina no se modifiquen. El esfuerzo de incluir mujeres en la bibliografía tiene una dificultad adicional si se deja de lado el "*worlding beyond the West*" en términos de Ann Tickner y Ole Weaver[31]. La construcción de pensamiento situado en el Derecho Internacional incluye la lectura de voces desde Oriente y el Sur Global, en diálogo con las tradicionales sedes de creación y circulación de conocimiento.

En el estudio de Liliana Ronconi, Andrea Schuster y Ágatha Ciancaglini[32] sobre qué feminismos se enseñan en los cursos de Derecho de la Universidad de Buenos Aires, las autoras afirman que "la transversalización de la perspectiva de género no se re-

---

30 BLEIKER, R. "Forget IR Theory", en *Alternatives: Global, Local, Political,* 22 (1), p. 63, 1997. *http://www.jstor.org/stable/40644880*

31 TICKNER, A. y WEAVER, O. (edit.) *International Relations scholarship around the world (Worlding beyond the West).* Routledge, Nueva York, 2009.

32 RONCONI, L., SCHUSTER, A. y CIANCAGLINI, A. "Los feminismos en la enseñanza del Derecho: Presencia y pertinencia de los contenidos de género en la Facultad de Derecho de la Universidad de Buenos Aires", en *Cálamo. Revista de Estudios Jurídicos,* 19, 2023, pp. 96-112. *https://ri.conicet.gov.ar/handle/11336/221433*

duce únicamente a la incorporación de temas de género, de la designación de profesoras mujeres y la inclusión de bibliografía escrita por mujeres en los programas de estudio" sino también la pertinencia del enfoque teórico y las pedagogías. Dentro de los principales hallazgos, las autoras señalan la importancia de los enfoques interseccionales y desde el Sur Global, aunque estos no están ampliamente integrados en los cursos bajo estudio[33].

2.4. Análisis de la coyuntura internacional.

Partiendo de una de las premisas iniciales de este capítulo, las transformaciones que se dan en el orden internacional están íntimamente ligadas a la forma en cómo se construye el conocimiento[34]. Por consiguiente, las perspectivas feministas en el aula coadyuvarán a una comprensión más holística de los hechos internacionales y de la aplicación del Derecho Internacional Público a los casos concretos. Llevar al aula el examen del conflicto armado entre Rusia y Ucrania abre la puerta para analizar la faceta humanitaria de la guerra y su especial efecto en las migraciones internacionales y desplazamientos internos de mujeres y niños, pero también la situación de la comunidad LGTBIQ+ en Rusia en términos de derechos humanos y garantías fundamentales. El conflicto en la Franja de Gaza también trae al tapete la discusión del impacto de la guerra en mujeres y niños.

En este apartado es pertinente reforzar la idea de que el análisis de la coyuntura internacional y las normas jurídicas aplicables puede hacerse desde el giro estético de las Relaciones Internacionales[35], mediante el trabajo con obras de fotoperiodistas así como

---

33 Los hallazgos resultan de interés para este trabajo, si bien el universo de análisis no incluye cursos de Derecho Internacional Público.

34 ACHARYA, A. Y TUSSIE, D., obra citada, p. 1.

35 En particular los aportes de Roland Bleiker a la disciplina. BLEIKER, R. "Mapping visual global politics", en BLEIKER, R. (edit). (2018). *Visual Global Politics*, Routledge, Nueva York, 2018, pp. 1-29. BLEIKER, R. "The aesthetic turn in international political theory", en *Millennium: Journal*

otras imágenes que se viralizan por canales informales, como las fotografías y videos difundidos por los propios combatientes o población civil en redes sociales. En el giro estético se parte de la base que existe un espacio entre la representación y el objeto presentado, por tanto, se procura romper con la mímesis que las Ciencias Sociales suelen pregonar.

A modo de ejemplo, es posible trabajar con algunos fragmentos del libro de Gervasio Sánchez titulado "Violencias. Mujeres. Guerras" presenta imágenes y narraciones vinculadas a diferentes conflictos armados durante el período 1984-2021. El uso de narraciones como material didáctico no convencional también muestra la forma en "cómo las personas viven el Derecho"[36] y resulta una buena práctica en el aula. Por tanto, esta publicación puede constituir un disparador para el trabajo en el aula donde se destaque el rol fundamental de las mujeres en la construcción de la paz, como subraya la Resolución del Consejo de Seguridad 1325 al indicar la pertinencia de la participación igualitaria y plena en "todas las iniciativas encaminadas al mantenimiento y el fomento de la paz y la seguridad, y la necesidad de aumentar su participación en los procesos de adopción de decisiones en materia de prevención y solución de conflictos".

En este marco, el profesor tiene como rol fomentar el intercambio y "dar lugar a la propia voz de los estudiantes, interpelarlos para lograr un análisis crítico, trascendiendo y aceptando ideas diferentes a sus propias convicciones"[37].

---

of International Studies. 30 (3), 2001, pp. 509-533. *https://doi.org/10.1177/03058298010300031001*

36 RAMALLO, M. A. Y RONCONI, L. "Pedagogía y didáctica con perspectiva de género: ¿Cómo enseñan las feministas en la Facultad de Derecho de la Universidad de Buenos Aires?", en *Revista Pedagogía Universitaria y Didáctica del Derecho*, 10 (1), 2023, pp. 230-232. *https://doi.org/10.5354/0719-5885.2023.69368*

37 BAS VILIZZIO, M. "Enseñar relaciones internacionales en tiempos de covid-19: desafíos didácticos desde la enseñanza virtual". *Análisis*

3. REFLEXIONES FINALES: HACIA DÓNDE VAMOS

A lo largo de este capítulo se procuró brindar algunas ideas sobre cómo enseñar Derecho Internacional Público portando "gafas violetas". Las ideas aquí vertidas tienen origen en la experiencia docente de la autora, pero no son ni pretender ser recetas mágicas, su aplicación a un caso concreto requiere adaptación a cada curso y a cada coyuntura -internacional, nacional, institucional, personal-. En definitiva, este trabajo es una invitación a ampliar la mirada, a ver el mundo desde otra perspectiva y compartirlo en el aula, generando un "entorno para el aprendizaje crítico natural" en palabras de Ken Bain[38], dónde se motive a los estudiantes a hacerse preguntas sin tomar a equivocarse.

Las "gafas violetas" con las que miramos cotidianamente implican un compromiso. Un compromiso de no olvidar a las mujeres en la bibliografía, ni en las aproximaciones metodológicas, ni en los contenidos de las asignaturas o el análisis de la coyuntura internacional, también desde nuestro contexto a la hora de construir y circular conocimiento y hacer dialogar saberes entre Sur y Norte. En un área disciplinar y de ejercicio profesional prioritariamente masculinizadas, las propuestas realizadas en esta pieza pueden ser vistas como incómodas, impertinentes o incluso inútiles. El aporte justamente está en la incomodidad e impertinencia de cuestionar el orden establecido y la utilidad de transformar una disciplina construida por caballeros, en una más cercana a la vida diaria de mujeres y varones que día a día reflexionan, cuestionan y construyen conocimiento en las aulas universitarias.

Carolina 35/2020. Fundación Carolina, Madrid, 2020, p. 8. *https://doi.org/10.33960/AC_35.2020*

38 BAIN, K. *Lo que hacen los mejores profesores universitarios*. Universidad de Valencia, Valencia, 2007.

4. REFERENCIAS BIBLIOGRÁFICAS

ACHARYA, A. Y TUSSIE, D. "Latin America and the Caribbean in Global International Relations", en ACHARYA, A., DECIANCIO, M. Y TUSSIE, D. (edit.) *Latin America in global international relations*, Routledge, Nueva York, 2021, pp. 1-10.

AUSUBEL, D. NOVAK, J. Y HANESIAN, H. H. (edit.). "Significado y aprendizaje significativo", en Psicología *Educativa. Un punto de vista cognoscitivo.* Segunda edición. Trillas, Ciudad de México, 1976, pp. 46-85.

BAIN, K. *Lo que hacen los mejores profesores universitarios.* Universidad de Valencia, Valencia, 2007.

BAS VILIZZIO, M. "Arte y Relaciones Internacionales: uso de las imágenes como estrategia didáctica. Resumen", en *Libro de Actas del XI CIDU Congreso Iberoamericano de Docencia Universitaria: La transformación digital de la universidad.* Universidad de La Laguna y Asociación Iberoamericana de Didáctica Universitaria, Tenerife, 2021, pp. 1501-1503.

BAS VILIZZIO, M. "Enseñar relaciones internacionales en tiempos de covid-19: desafíos didácticos desde la enseñanza virtual". *Análisis Carolina 35/2020.* Fundación Carolina, Madrid, 2020.

BAS VILIZZIO, M. Y NIEVES, M. "Tejiendo las Relaciones Internacionales: desafíos de la enseñanza de la disciplina", en *Memorias de ponencias de las X Jornadas sobre Enseñanza del Derecho.* Centro para el Desarrollo Docente, Facultad de Derecho, Universidad de Buenos Aires, Buenos Aires, 2020, pp. 266-272.

BLEIKER, R. "Mapping visual global politics", en BLEIKER, R. (edit). (2018). *Visual Global Politics*, Routledge, Nueva York, 2018, pp. 1-29.

BLEIKER, R. "The aesthetic turn in international political theory", en *Millennium: Journal of International Studies.* 30 (3), 2001, pp. 509-533.

BLEIKER, R. "Forget IR Theory", en *Alternatives: Global, Local, Political*, 22 (1), 1997, pp. 57-85.

BROOKS, R. "Feminism and International Law: An Opportunity for Transformation", en *Yale Journal of Law and Feminism*, 2002, pp. 345-361.

BRUNER, J. "The role of dialogue in language acquisition", en SINCLAIR, A. ET AL. (edit.) *The Child's Concept of Language.* Springer-Verlag, Berlin, 1978, pp. 241-256.

CHANEL, A. "How "gendered" is international law? Feminist critiques of the international legal system". *Gender in Geopolitics Institute*, 23 de diciembre de 2022.

CHARLESWORTH, H. y CHINKIN, C. "La nueva "arquitectura de género" de las Naciones Unidas. La creación de ONU mujeres", en *Revista Latinoamericana de Derecho Internacional (LADI)*. 5, 2016, pp. 67-123.

CHARLESWORTH, H. y CHINKIN, C. *The boundaries of International Law; A feminist analysis*, Manchester University Press, Manchester, 2000.

COBO BEDIA, R. El género en las ciencias sociales, en *Cuadernos de Trabajo Social*. 18. Universidad Complutense de Madrid, Madrid, 2005, pp. 249-258.

COMISIÓN INTERAMERICANA DE DERECHOS HUMANOS. *Caso 12.051. Maria Da Penha Maia Fernandes*. Informe 54/01 del 16 de abril de 2001.

CORTE INTERAMERICANA DE DERECHOS HUMANOS. *Caso Empleados de la Fábrica de Fuegos en Santo Antônio de Jesus y sus Familiares vs. Brasil*, Sentecia del 15 de julio de 2020 (Excepciones Preliminares, Fondo, Reparaciones y Costas).

CRENSHOW, K. "Mapping the Margins: Intersectionality, Identity Politics, and Violence against Women of Color". *Stanford Law Review*. 43 (6), 1991, pp. 1241-1299.

DIAS OLIVEIRA, S. L. "Interseccionalidad y el caso de los Empleados de la fábrica de fuegosde Santo Antônio de Jesus y sus familiares vs. Brasil: un análisis jurisprudencial", en Revista de Derecho, 28, 2023, pp. 1-23.

ENLOE, C. *Bananas, Beaches and Bases: Making Feminist Sense of International Politics*. Segunda edición. University of California Press, Bekerley, 2014.

FACIO, A. Y FRIES, L. "Feminismo, género y patriarcado", en *Academia. Revista sobre enseñanza del Derecho*. 3 (5). Facultad de Derecho, Universidad de Buenos Aires, Buenos Aires, 2005, pp. 259-294.

KOSKENNIEMI, M. *La política del Derecho Internacional*. Trotta, Madrid, 2020.

FINEMAN, M. "The Vulnerable Subject and the Responsive State", en *Emory Law Journal*, 60, 2010, pp. 251-275.

LIENAS, G. *El diario violeta de Carlota*. Destino, Barcelona, 2019.

ORGANIZACIÓN MUNDIAL DEL COMERCIO (2021). *Liderando el comercio mundial: tres mujeres, tres organizaciones*. Youtube, 10 de marzo de 2021.

POZO, J. I. *Teorías cognitivas del aprendizaje*, Ediciones Morata, Madrid, 1989.

RAMALLO, M. A. Y RONCONI, L. "Pedagogía y didáctica con perspectiva de género: ¿Cómo enseñan las feministas en la Facultad de Derecho de la Universidad de Buenos Aires?", en *Revista Pedagogía Universitaria y Didáctica del Derecho*, 10 (1), 2023, pp. 215–248.

RODRÍGUEZ QUESADA, V. *Mujeres en la bibliografía. TEDxGrecia*. Youtube, 7 de octubre de 2021.

RONCONI, L., SCHUSTER, A. Y CIANCAGLINI, A. "Los feminismos en la enseñanza del Derecho: Presencia y pertinencia de los contenidos de género en la Facultad de Derecho de la Universidad de Buenos Aires", en *Cálamo. Revista de Estudios Jurídicos*, 19, 2023, pp. 96-112.

SAMARDZIJA, A. "The future is female: Gender representation in international courts and tribunals". Leiden Law Blog, 10 de diciembre de 2019.

TICKNER, A. Y WEAVER, O. (edit.) *International Relations scholarship around the world (Worlding beyond the West)*. Routledge, Nueva York, 2009.

VARELA, N. *Feminismo para principiantes*. Ediciones B, S. A., 2008.

Las mujeres secretarias de estado y su influencia en la política exterior de los Estados Unidos

Women secretaries of state and their influence on United States foreign policy

ADRIÁN ORTIZ CLIMENT[1]

Resumen

El presente articulo pretende poner el foco en el papel de las relaciones internacionales desde la perspectiva de la secretaria de estado de los Estados Unidos. Hacerlo a través de la visión de las tres únicas mujeres que han ocupado dicho cargo. Nuestra aproximación es cualitativa, con una síntesis de la información contenida en diversas fuentes bibliográficas. Para ello, se lleva a cabo una aproximación mediante la correspondiente introducción, para a continuación, llevar a cabo un análisis de las diferentes etapas en la secretaria de estado. Tras este análisis, procedemos a analizar e investigar como su papel como mujeres influyo en las relaciones internacionales. Tras este análisis obtendremos toda una serie de conclusiones derivada de toda la investigación.

Palabras clave: Estados Unidos; política exterior; mujer; secretaria de estado; relaciones internacionales.

Abstract

This article aims to focus on the role of international relations from the perspective of the Secretary of State of the United States. Do it through the vision of the only three women who have held that position. Our approach is qualitative, with a synthesis of the information contained in various bibliographic sources. To do this, an approach is carried out through the corresponding introduction, and then an analysis of the different stages is carried out in the secretary of state. After this analysis, we proceed to analyze and investigate

1 Profesor de derecho y relaciones internacionales en la Universidad Europea de Valencia adrian.ortiz@universidadeuropea.es

how their role as women influenced international relations. After this analysis we will obtain a whole series of conclusions derived from the entire investigation.

Key words: United States; foreign policy; woman; secretary of state; international relations.

SUMARIO

I. INTRODUCCIÓN

El presente artículo aborda la cuestión esencial del papel de la mujer en las relaciones internacionales; concretamente desde el punto de vista de los Estados Unidos, donde la conclusión es clara: no se pueden entender dichas relaciones sin la intervención de la primera potencia mundial en los ámbitos económico, militar y diplomático. Y en ese aspecto el cargo de secretario o secretaria de Estado es clave, puesto que se trata del jefe de la diplomacia, y no solo en el mundo global de nuestro siglo, sino también del pasado siglo. Y es que la política exterior de los Estados Unidos siempre marca el devenir de las relaciones internacionales.

Pero queremos ir un paso más allá y centrarnos en el papel de las mujeres. Para vincular ambos puntos debemos centrarnos en el papel de la Secretaría de Estado en las relaciones internacionales cuando su principal cargo ha sido ocupado por mujeres, cosa que ha sucedido en tres ocasiones. Ellas han influido enormemente en sus respectivos mandatos, y no solo en la política exterior de su país, sino también en los acontecimientos más fundamentales de la historia de las relaciones internacionales y en los de su propio tiempo. Las tres mujeres que han desempeñado dicho cargo son: Madeleine Albright, Condoleezza Rice y Hillary Clinton. Ellas marcan el desarrollo de este artículo y, por ello, su paso por las relaciones internacionales. Analizaremos tres mandatos que fueron diferentes tanto por el carácter de cada mujer como por su capacidad de influencia y su manera de entender la política exterior de los Estados Unidos, además del hecho de que proceden de ambos partidos políticos.

Hablaremos de la primera secretaria de Estado norteamericana, Madeleine Albright, como de la «mujer de hierro al otro lado del Atlántico», con un fuerte carácter y de procedencia demócrata. Ella ocupó este cargo con el presidente Bill Clinton y en un momento muy particular de la política exterior de su país. A continuación, abordaremos la etapa de Condoleezza Rice, primera mujer afroamericana en ser designada secretaria de Estado, y de procedencia republicana; en este caso bajo la polémica presidencia de Bush hijo y con los atentados del 11 de septiembre como punto de inflexión para las relaciones internacionales. A ello hay que sumar la posterior guerra contra el terrorismo, que marcó dichas relaciones y cuyas consecuencias aún hoy en día se sienten en la política exterior norteamericana.

Por último, analizaremos el papel jugado por Hillary Clinton, excandidata presidencial y ex primera dama, además de exsenadora de los Estados Unidos. Su designación causó sorpresa en el propio Partido Demócrata, tras haber sido derrotada en las primarias a la Casa Blanca. Ella fue secretaria de Estado durante el mandato de Barack Obama y en ese tiempo tuvo lugar un nuevo periodo de lucha contra el terrorismo. Ha sido hasta el momento la última mujer en ostentar el cargo de jefa de la diplomacia norteamericana y su etapa estuvo marcada por el ataque a la embajada de Estados Unidos en Libia.

Veremos, pues, que el paso de estas tres mujeres por la Secretaría de Estado es fundamental para entender las relaciones internacionales y la contribución a ellas de los Estados Unidos en las últimas décadas.

2. LA SECRETARÍA DE ESTADO DE MADELEINE ALBRIGHT

La etapa de la primera mujer secretaria de Estado de ese país norteamericano, durante el segundo mandato del presidente Clinton, no se puede entender sin analizar sus pasos previos. Albright fue ayudante del senador del estado de Maine Edmund Muskie de 1976 a 1978. Vemos, pues, que inició su carrera política en el Senado. Precisamente es esta institución la encargada del comité de política exterior, que supervisa la acción internacional del Gobierno. Pero en realidad la futura secretaria de Estado dio el salto a las relaciones internacionales con el presidente Jimmy Carter, trabajando para el Consejo de Seguridad Nacional entre 1978 y 1981. Al mismo tiempo, y también en los siguientes años, impartió clases de relaciones internacionales en la Universidad de Georgetown, en Washington. Albright fue la principal asesora, en materia de política exterior, de los candidatos presidenciales demócratas Walter Mondole, Michael Dukakis y Bill Clinton.

Precisamente con Clinton ostentó su primer cargo relevante en política exterior: el de embajadora en Naciones Unidas desde febrero de 1993. Este puesto marcó un punto de inflexión para su posterior ascenso a la Secretaría de Estado. Durante su desempeño como embajadora de los Estados Unidos ante la ONU, la política exterior del país se centró en las críticas y el marcaje internacional a la dictadura de Fidel Castro en Cuba, y también en la crisis de los Balcanes, con una posición a favor de la intervención directa de la comunidad internacional en Bosnia.

Fue tras la reelección de Clinton en 1996 cuando la primera mujer secretaria de Estado accedió al cargo[2]. El presidente designó a Albright en enero de 1997. La personalidad de la nueva inquilina de la Secretaría dejó su impronta en las relaciones internacionales. Hay que recordar que estamos ante una mujer de orígenes no norteamericanos y que siempre tuvo que abrirse paso para lograr sus metas vitales. Por ello, accedió al puesto como persona de carácter y férreas convicciones. Bajo su mandato, la nula intervención de su país contra el genocidio de Ruanda fue, en sus palabras, uno de sus mayores errores, al no ser capaz de convencer al presidente Clinton de terciar para frenar la masacre en el país africano.

En cambio, la política exterior estadounidense siguió centrada en Oriente Próximo, en especial en el conflicto palestino-israelí. En este punto la influencia y determinación de la secretaria Albright desembocaron en un desbloqueo del proceso de negociación entre el presidente de la Autoridad Nacional Palestina, Yasir Arafat, y el primer ministro israelí, Benjamín Netanyahu. Ambos fueron convocados a una reunión para desatascar la paralización del proceso de paz en octubre de 1998.

La personalidad de la secretaria de Estado y también el viraje en las relaciones internacionales —o, dicho de otro modo, el ligero cambio en la perspectiva de la política exterior, según el presidente sea demócrata o republicano— llevaron a asumir a los Estados Unidos que no habían favorecido unas relaciones internacionales cordiales o amistosas en Latinoamérica. Un ejemplo de ello, en palabras de la secretaria de Estado, fue el respaldo de su país al golpe de Estado del general Pinochet en Chile en 1973. Eso sí, lo justificó en el marco de la Guerra Fría y la lucha por la supremacía entre Estados Unidos y la URSS.

---

2 Para conocer en mayor profundidad el mandato de la secretaria de estados podemos consultar a: Kramer, Barbara, (2000).

El mandato de la primera mujer secretaria de Estado se vio influenciado por la época que le tocó vivir: a finales de los años noventa del siglo XX, el fin de la Guerra Fría y la hegemonía norteamericana marcaron el punto de inflexión[3]. La fuerte personalidad de la primera jefa de la diplomacia estadounidense ayudó sin duda a que las Naciones Unidas llamaran a la puerta de su país buscando su intervención en los conflictos internacionales.

Otra de las pruebas de fuego de Albright como secretaria de Estado fue el «avispero balcánico»; la guerra en los Balcanes y la antigua Yugoslavia marcaron su mandato por la autorización —con el permiso de su presidente— para efectuar bombardeos en el marco de dicho conflicto y en territorio europeo. Clinton, tras los acontecimientos en Somalia y las torturas a militares norteamericanos, era reacio a intervenir en los Balcanes. No obstante, las atrocidades que se estaban cometiendo en dicha guerra y el impulso y la perseverancia de Madeleine Albright llevaron al presidente a autorizar la intervención de su país en Yugoslavia, si bien bajo el paraguas o amparo de la OTAN. Precisamente este es otro de los campos en los que el mandato de la secretaria de Estado destacó de nuevo.

En cuanto al multilateralismo, el papel de la OTAN fue fundamental en esta etapa. Originaria de Europa del Este y central, Albright estuvo entre los más fervientes defensores de la incorporación de estos países (exsoviéticos muchos de ellos) a la Alianza Atlántica.

Vemos, por tanto, que la personalidad — y, lógicamente, las tendencias demócratas o republicanas — de quien ostenta este cargo y el de presidente de los Estados Unidos influyen en las relaciones internacionales. Tras este análisis observamos que uno de los hitos del mandato de Madeleine Albright fue que su carácter tuvo mucho que ver en sus posiciones en política exterior.

---

3 Para poder conocer cómo se desarrolló su paso por el cargo, es necesario realizar una consulta en Woodward, Bill, (2022).

Un buen ejemplo de ello fue la llamada «diplomacia del broche»: la secretaria de Estado norteamericana solía lucir unos famosos broches en los que se podía observar qué posición ocupaba en el tablero internacional o en las negociaciones más relevantes: desde una avispa como señal de fuerza a incluso una serpiente para recibir a una delegación con la que la relación fuese poco amistosa en aquel momento.

3. LA SECRETARÍA DE ESTADO DE CONDOLEEZZA RICE

La segunda mujer en ocupar el cargo de secretaria de Estado era, además, afroamericana. Si bien su desempeño no tuvo nada que ver con el de su primera referencia femenina. El caso de Condoleezza Rice es, en otras palabras, opuesto al de Madeleine Albright. Su primera aproximación a las relaciones internacionales — lógicamente, formación y docencia aparte — tuvo lugar con el presidente Bush hijo, quien precisamente la auparía luego al cargo.

Pero antes de llegar a él fue nombrada asesora de seguridad nacional bajo el primer mandato de este presidente. Antes había sido profesora en la Universidad de Stanford y también formó parte del Consejo de Seguridad Nacional, como asesora en asuntos soviéticos y para la Europa del Este, bajo el mandato de otro presidente republicano, el progenitor de Bush.

Por tanto, la futura secretaria de Estado contaba con una experiencia amplia en el campo de la diplomacia y las relaciones internacionales, además de con un carácter más amable y disciplinado que el de Albright; esta era una mujer de fuerte personalidad que incluso llegó a cuestionar las decisiones de su presidente en determinados temas. En cambio, como veremos más adelante, el caso de Condoleezza Rice es el contrario.

Una vez que Bush hijo fue reelegido en las presidenciales de 2004 y juró como presidente, Condoleezza Rice fue nombrada secretaria de Estado[4]. Se convertía así en la segunda mujer y la primera afroamericana en ostentar el cargo. Sustituyó a Colin Powell, quien con su forma de gestionar la diplomacia de su país dejó una importante huella y una senda trazada para su sucesora.

Pero ¿cómo influyó la personalidad de Rice en su nuevo puesto y en las relaciones exteriores de los Estados Unidos[5]? Hemos de centrarnos en este segundo mandato de Bush hijo. Recordemos que el primero estuvo marcado por los atentados del 11-S y la «lucha contra el terror». De ahí partió la invasión de Afganistán; esa primera guerra, «capitaneada» por Colin Powell, suscitó un apoyo internacional mucho mayor que el que tendría que gestionar su sucesora, la secretaria Rice. Y es que la invasión de Irak, a partir de 2003, y la falsa creencia de que el motivo para ello eran las armas de destrucción masiva, junto con la revelación de torturas en la prisión de Guantánamo, hicieron que la nueva secretaria de Estado se limitase a seguir con la política que el presidente le marcaba en las relaciones internacionales.

La influencia de Rice en estos «campos de minas» fue, por tanto, de poco cambio, si bien es cierto que lo normal es que el presidente elija para el cargo a alguien con experiencia internacional que pueda plasmar sus inquietudes, visiones o prioridades en este ámbito. Vemos, pues, que la línea en estos aspectos fue de continuidad con el mandato de Bush y de su antecesor en el cargo.

---

4 Podemos consultar en lo relativo a su paso por la secretaria de estado Cunnigham, Kevin. (2023) para una mayor profundización en la etapa de Rice como secretaria de estado de la administración Bush.

5 Para poder comprender mejor la etapa de Rice al frente de la diplomacia de Estados Unidos podemos consultar a Mabry, Marcus, (2008).

A nivel internacional la etapa de Rice[6] no tuvo nada que ver con la de Albright, como hemos señalado. Nos encontrábamos en un momento de pujanza de China en el Pacífico; las relaciones con Rusia empezaban a cambiar y el unilateralismo de los Estados Unidos marcó este periodo de ocho años de la administración de Bush hijo. El unilateralismo de Clinton fue consentido por el final de la Guerra Fría y el hecho de que el país norteamericano era una superpotencia dominante. En cambio, durante el mandato de Rice dicho unilateralismo fue impuesto por su nación sin tener en cuenta a nuevos actores del panorama internacional, como la Unión Europea o una serie de potencias emergentes. Todo ello provocó que el periodo de esta secretaria se caracterizase por la «supremacía» de la voluntad a nivel internacional de los Estados Unidos.

4. LA SECRETARÍA DE ESTADO DE HILLARY CLINTON

La tercera mujer en ocupar el cargo, última hasta la fecha, fue Hillary Clinton. Hoy en día su figura es más que conocida por haber sido la primera dama del presidente Clinton, senadora en dos mandatos por el estado de Nueva York y aspirante a candidata a la presidencia en dos ocasiones —en la última fue finalmente la candidata de su partido a las elecciones presidenciales—. Pero lo más relevante para este artículo es que fue secretaria de Estado durante la presidencia de Barack Obama.

Como ya hemos mencionado, antes de llegar a este cargo la ex primera dama pasó por dos periodos como senadora. Esta experiencia en comités del Senado estadounidense le fue de gran ayuda para desempeñar el cargo de jefa de la diplomacia de los Estados Unidos. Un ejemplo de ello es que pasó por la

---

6 Para comprender mejor el alcance y la intensidad del mandato de Rice como secretaria de estado podemos consultar a Rice, Condoleezza, (2011).

Comisión de Seguridad y Cooperación en Europa en su primer periodo como senadora. Al igual que para otros senadores de su época, los atentados del 11-S y sus consecuencias marcaron muchas de sus decisiones en política internacional. Fue precisamente el apoyo de ciertos demócratas al presidente republicano Bush hijo lo que algunos de sus detractores señalaron para hacer ver que no era la persona más adecuada para el cargo que ocuparía en la administración Obama.

En su segundo mandato en el Senado se acabó de forjar como senadora veterana; por ejemplo, con asuntos como la financiación a la guerra de Irak por parte de la administración republicana o la reforma migratoria impulsada por el presidente Bush. A ello se sumó la crisis financiera y bancaria en los últimos años de mandato de este presidente y la necesaria colaboración demócrata para estabilizar el país y, por qué no decirlo, evitar un colapso mundial económico y financiero.

Con la derrota en sus primeras primarias demócratas frente a un joven senador afroamericano, la exsenadora y ex primera dama vio como su acenso a la cima del partido quedaba de momento aparcada. Más tarde, tras la victoria de Obama en las presidenciales, ambos negociaron su incorporación al gabinete; acordaron que Hillary Clinton se convertiría en la tercera mujer secretaria de Estado de este país, tras la preceptiva confirmación por parte del Senado.

Así, desde el 21 de enero de 2009 la exsenadora Clinton fue la nueva jefa de la diplomacia de los Estados Unidos[7]. En este punto es necesario detenerse, pues estamos hablando de una mujer que influiría en gran medida en la política exterior de su país. No fue una nueva Rice, pero tampoco una nueva Albright; Clinton tendría su propia agenda, alineada con la nueva forma de entender las relaciones internacionales de la administración

---

7 Para consultar como se desarrolla el polémico mandato y la política exterior de Clinton como secretaria de estado podemos consultar a Carosella, Melissa, (2015).

Obama y, en concreto, con el multilateralismo impulsado por el presidente. Por ello, volvemos a la idea de que las actitudes y la personalidad de quien ostenta este cargo marcan el devenir de su mandato.

La nueva secretaria de Estado heredó de su antecesor (y de la administración Bush) una imagen internacional de los Estados Unidos dañada por el unilateralismo, por lo que tuvo que centrarse en este primer momento en la reconstrucción de las relaciones con la OTAN, la Unión Europea, los países árabes y de Asia. Una de sus acciones principales fue dar continuidad a las guerras de Afganistán e Irak: la nueva secretaria de Estado consideraba que un abandono precipitado de ambos conflictos enquistados podía provocar el surgimiento de estados protectores de los terroristas y movimientos radicales que solo buscaban atentar contra ciudadanos estadounidenses y en suelo norteamericano. Por ello, prevaleció —en una de las decisiones más relevantes de estos momentos iniciales, desde el punto de vista internacional— el incremento de tropas para la guerra de Irak, en contra del criterio del vicepresidente Biden, que lo consideraba una decisión de continuidad con la anterior administración.

Otro de los puntos a destacar en el mandato de Clinton como secretaria de Estado fueron las revoluciones por la llamada Primavera Árabe y las consecuencias que tuvieron para la política internacional y la acción exterior[8]; incluso hoy en día continúan sintiéndose tales consecuencias. El inicio de las protestas en Túnez, Libia, Siria o Egipto marcaron el final de su mandato. Y la influencia de la personalidad y las posiciones de la secretaria Clinton se notó en el desempeño de sus funciones y atribuciones.

---

8 Como aproximación del momento internacional y las decisiones a nivel de política exterior y diplomacia que tomo la secretaria de estado Clinton, podemos consultar a Clinton, Hillary, (2014).

Así, por ejemplo, fue una ferviente defensora de la intervención en Libia, en contra de posiciones más conservadoras en el seno de la administración Obama. Estas posiciones derivan de las consecuencias de las invasiones de Afganistán e Irak, dos guerras no finalizadas y con efectos no solo a nivel regional o incluso global, sino también para la conciencia de la ciudadanía estadounidense. Por ello, en la intervención en Libia se creó la zona de exclusión área junto con aliados de la OTAN, para evitar que la guerra civil desembocara en un estado fallido, como ocurrió en Somalia. Las consecuencias son en la actualidad similares, con dos facciones enfrentadas en Libia y un estado poco operativo, por no decir prácticamente inexistente.

Precisamente este apoyo a intervenciones no terrestres —bombardeos para facilitar a las tropas locales rebeldes el derrocamiento de los regímenes en la región— provocó otro de los acontecimientos que marcarían el final de su mandato como secretaria de Estado: el ataque, el 11 de septiembre de 2012, a la misión diplomática en Bengasi, Libia. Este se saldó con la muerte del embajador, y marcó sin duda la carrera diplomática de la secretaria Clinton. Su forma de manejar los correos no oficiales y el modo en que gestionó esta crisis fueron de los asuntos que más influyeron en su carrera hacia la nominación demócrata en las elecciones presidenciales de 2016.

La capacidad y la personalidad de la secretaria de Estado difiere, por todo lo expuesto, de la de sus dos predecesoras. En este caso, abogaba por defender el poder y los intereses de los Estados Unidos en cualquier parte del mundo, favoreciendo la intervención, pero a la vez desarrollando el multilateralismo que la presidencia de Obama siempre defendió. En ese primer mandato del presidente fue Clinton la encargada de dirigir la acción exterior de su país. En cambio, tras la reelección ella misma mostró su disposición a no continuar en el cargo, lo que se materializó en la nominación y confirmación del senador John Kerry para el segundo mandato de Obama.

5. LA INFLUENCIA DE LAS MUJERES EN LAS RELACIONES INTERNACIONALES DE LOS ESTADOS UNIDOS

Llegados a este punto, es necesario analizar cómo estas tres mujeres han ejercido su particular estilo para llevar a cabo la misión que se les encomendó: la de gestionar, dirigir y ejecutar la política exterior de los Estados Unidos[9]. Cada una ha influido de una manera diferente en este ámbito. En sus respectivos mandatos han demostrado tener sello propio y, sobre todo, personalidad para coordinar la Secretaría de Estado. No obstante, hemos de señalar que siempre ha sido bajo la autorización de y con el beneplácito del presidente de los Estados Unidos, aunque lógicamente su influencia sobre este es de suma importancia.

Vemos, pues, que la influencia de las mujeres en las relaciones internacionales es patente en la primera potencia mundial. Las tres secretarias de Estado han dejado huella, en tiempo y forma, en la acción exterior y la diplomacia norteamericana; eso sí, cada una de una forma distinta. Para entenderlo es necesario analizar las circunstancias de cada una, pero también, y sobre todo, como ya hemos mencionado, sus caracteres y su procedencia ideológica: no es lo mismo una secretaria de Estado republicana que demócrata, ni del siglo XX o el XXI. Cada etapa analizada conlleva una serie de particularidades históricas e internacionales que deben tenerse en cuenta para observar el papel de cada una de estas tres mujeres que marcaron el camino de la diplomacia de los Estados Unidos.

---

9 Podemos entender la política exterior y las relaciones internacionales de la primera potencia mundial a través de diversos autores, para tener una mayor comprensión de esta extensión acudimos a Farrow, Ronan, (2018).

En el primer caso analizado, el de Albright, se trata de la primera secretaria de Estado, y en un momento crucial de la historia de los Estados Unidos, con el fin de la Guerra Fría y la hegemonía estadounidense como superpotencia que la ha vencido o ha sobrevivido a ella. Un momento este, el de los años noventa, en el que la victoria de Bill Clinton y su reelección (sobreviviendo al escándalo de la becaria y al proceso de *impeachment*) marcaron el devenir de la presidencia del demócrata. En este proceso, la personalidad fuerte y, sobre todo, las firmes convicciones de la secretaria Albright acerca de que Estados Unidos no podía abandonar su posición de faro de la democracia y las libertades mundiales provocaron, como hemos dicho, que su país se involucrase en la guerra de Bosnia. En cambio, pese a su influencia, la secretaria de Estado no consiguió convencer al presidente para intervenir en el genocidio de Ruanda. Bien es verdad que la experiencia previa en Somalia los había marcado a él y a la opinión pública de su país.

Otros de los campos de influencia de esta secretaria de Estado que aún hoy en día se tienen presentes es la ampliación de la Alianza Atlántica hacia el este. La influencia de Albright fue fundamental para atraer a los países de Europa oriental y central hacia la OTAN, en detrimento de sus anteriores vínculos con el Pacto de Varsovia y la URSS. Su procedencia y sus convicciones influyeron en la posición de los Estados Unidos en este campo; como también en las relaciones con Oriente Medio y el impulso que logró en el proceso de paz entre Israel y Palestina. Aquí fueron su capacidad de gestión y su firmeza para tratar a ambos bandos los factores que posibilitaron la reapertura de las negociaciones, si bien el resultado hoy en día no es de paz entre ambas partes. Por último, otro de los campos donde quedaron patentes la firmeza y el carácter dialogante de la secretaria de Estado fueron las relaciones con Corea del Norte y el régimen comunista que gobierna dicho país.

Continuando con la siguiente secretaria de Estado, Condoleezza Rice, primera mujer afroamericana en ocupar el cargo se caracterizó por ser el polo opuesto de su antecesora, Albright.

Rice accedió al puesto después de su compañero de partido Colin Powell, en un momento en el que la posición internacional de los Estados Unidos estaba siendo cuestionada. Esto y su personalidad, poco dada a marcar agenda propia respecto del presidente republicano Bush, constituyeron el eje fundamental de su mandato.

Estamos ante una secretaria de Estado que actuaba como polea de transmisión de las directrices del presidente más «presidencialista» de las recientes décadas en los Estados Unidos. Se trataba de una política exterior dictada desde el despacho del máximo mandatario y en la que la secretaria de Estado debía justificar, promocionar y dirigir sus esfuerzos para que la lucha contra el terror y las invasiones de Irak y Afganistán no manchasen la reputación de los Estados Unidos. Para ella, ambos conflictos eran necesarios y estaban justificados; también la existencia de la prisión de Guantánamo y las torturas, para ser capaces de llevar a cabo una política internacional contundente de lucha contra el terrorismo. Esta lucha se convirtió en el eje de la acción exterior de los Estados Unidos; prueba de ello son los denominados países del «eje del mal». Así, los Estados Unidos ejercieron el unilateralismo y la secretaria de Estado lo fomentó desde su posición de no discutir las directrices de su presidente, cosa que el propio Bush buscó. En definitiva, un caso opuesto al de Albright.

La última mujer en ocupar el cargo de secretaria de Estado hasta la fecha ha sido Hillary Clinton. Su perfil fue bastante diferente al de Rice, pero tampoco supuso un antagonismo radical respecto a ella, que implicara solo hacer las cosas desde su punto de vista. En el caso de Clinton nos encontramos con una personalidad fuerte y una influencia destacable, no solo en las relaciones internacionales, sino también en la acción exterior de los Estados Unidos. La demócrata ha sido siempre una política con ideas claras, del ala centrista de su partido y que en muchas ocasiones compartía predicamento con la política exterior de los republicanos. En resumen, una mujer con influencia destacable en la acción exterior del presidente Obama y que numerosas veces, con el beneplácito del presidente, actuó con autonomía suficiente. Se trata, pues, del caso opuesto al de Rice, pero las diferencias también son visibles con la forma de ejercer el cargo por parte de Albright.

La etapa Clinton en la Secretaría de Estado estuvo marcada por la Primavera Árabe y las revoluciones y cambios en las regiones del norte de África y Oriente Próximo que la caracterizaron. No obstante, su influencia se notó en especial en el mantenimiento de las guerras abiertas o los conflictos enquistados de la administración predecesora, la de Bush hijo. La determinación de Clinton fue más que suficiente para imponer su criterio: aumentar la presencia militar en Irak y Afganistán, y reforzar estas guerras para evitar males mayores en la posición internacional de los Estados Unidos. La secretaria de Estado se empleó a fondo para restablecer la confianza con la nueva administración Obama, que había quedado muy tocada tras la presidencia de Bush.

Vemos, por tanto, que su pericia y también su perseverancia sirvieron para relanzar el multilateralismo al que los Estados Unidos pretendían volver. No obstante, su refuerzo al unilateralismo cuando era necesario quedó patente en la intervención de los aliados en la guerra de Libia y el derrocamiento del dictador Gadafi. En esta ocasión, la secretaria de Estado Clinton prefirió emplear la fuerza, si bien el paradigma cambió: no hubo intervenciones terrestres, es decir, despliegue de fuerzas militares sobre el terreno; la nueva «visión» de la intervención armada consistió en ataques aéreos o navales, mientras que en tierra los rebeldes o las coaliciones opositoras hacían el trabajo de avanzar posiciones.

En definitiva, la personalidad y el manejo de las relaciones internacionales en este caso tuvieron una notable influencia no solo en la acción exterior de los Estados Unidos, sino (y esto es algo de lo que carecía la secretaria republicana Rice) en imponer su criterio al presidente de los Estados Unidos. Las posiciones más centristas y tradicionales en la política exterior demócrata quedaron patentes con Clinton, y su criterio fue tenido en cuenta. Todo ello marcó su mandato y la convirtió en una secretaria de Estado más independiente en según qué asuntos de carácter internacional.

6. CONCLUSIONES

Llegados a este punto, abordaremos las conclusiones de nuestro proceso de análisis, expuesto en los apartados anteriores. Se trata de ordenar y completar dicho análisis y de comprender cómo funciona la influencia no solo del cargo de secretario de Estado, sino de los casos concretos en que ha sido ocupado por mujeres; en otras palabras, cómo afecta el papel de la mujer a las relaciones internacionales al ostentar la jefatura de la diplomacia norteamericana.

Como primera conclusión, observamos que la influencia del cargo depende en gran medida del carácter y la personalidad de quien lo ostenta; tanto de hombres como de mujeres, al igual que sucede con el superior directo del secretario o la secretaria de Estado, que es el presidente de los Estados Unidos. Estamos hablando de tres mujeres que ejercieron de manera diferente y con unas características particulares.

En el primer caso analizado observamos una influencia notable de Madeleine Albright en las relaciones internacionales de su país. La primera secretaria de Estado dejó su impronta en el modo en que el poder de negociación y la firmeza marcan el camino en este tipo de crisis. En este sentido, su predicamento fue evidente para la intervención de los Estados Unidos en la antigua Yugoslavia. Sin embargo, ese carácter fuerte y su independencia en la toma de decisiones no han de obviar la supervisión del presidente Clinton; sin ir más lejos, este hizo valer su autoridad y su opinión para no intervenir en el genocidio de Ruanda. Sin embargo, la perseverancia de la secretaria de Estado y los acontecimientos en los Balcanes marcaron al final la intervención de los aliados en la guerra de Yugoslavia.

Otro poderoso ejemplo de esta capacidad de persuasión de la secretaria de Estado Albright fue su determinación para fomentar la ampliación de la OTAN hacia el este. La Alianza Atlántica se impulsó precisamente porque ella alentó a los países del este de Europa a buscar esa esfera de libertad y democracia que para ella representaban los valores occidentales. Lógicamente, la voluntad de la secretaria de Estado nunca prevalecerá sobre la del presidente, pero su ascendencia sobre él sí puede marcar el camino en las relaciones internacionales de su país.

Como segunda conclusión tenemos el caso de Condoleezza Rice, cuya personalidad representa el caso contrario al de Madeleine Albright. Rice heredó una reputación internacional de los Estados Unidos quebrada con sus aliados, pero también con la comunidad internacional. Su carácter poco independiente y falto de autonomía eran perfectos para el encaje que el presidente Bush hijo dio a su gabinete y su manera de ejercer el cargo de jefe de Estado, de una manera presidencialista absoluta. Lógicamente, en este caso la ascendencia de la secretaria de Estado sobre el presidente se invirtió: Rice actuó como polea de transmisión de las directrices presidenciales en la acción exterior.

Como tercera conclusión, abordaremos el caso de Hillary Clinton. Aquí no solo fueron fundamentales su personalidad independiente y su fuerte carácter político —por lo que representaba para el Partido Demócrata—: resultó crucial su influencia sobre el presidente Obama. No solo importan, pues, una personalidad y un carácter fuertes; también los pasos políticos previos de la titular del cargo. Hablamos de una ex primera dama, exsenadora y excandidata a la nominación demócrata a la presidencia. A ello se une su tradicional postura demócrata en el ámbito internacional, donde el unilateralismo puede ser ejercido siempre y cuando sea un mal necesario para defender los intereses de los Estados Unidos.

Esta secretaria de Estado intentó recuperar el peso internacional de su país, mientras que su presidente pensaba que el multilateralismo era la fórmula necesaria para superar las crisis internacionales que se planteaban. En cualquier caso, la independencia, la ascendencia y la posición que como representante del ala tradicional y centrista del Partido Demócrata tenía Hillary Clinton marcaron también el rumbo en las relaciones internacionales de los Estados Unidos. Su postura de intervención quedó clara, por ejemplo, en la imposición de su criterio sobre el del vicepresidente Biden en el asunto del envío de tropas adicionales a Irak. En muchos aspectos, este tipo de intervención unilateral en situaciones de crisis no se aleja, en esencia, de la postura de los republicanos, que la consideran necesaria para defender los intereses de los Estados Unidos en el mundo.

Por tanto, y como conclusión general, podemos afirmar que la personalidad, el grado de autonomía y la experiencia política, pero también las convicciones personales y vitales han sido aspectos fundamentales en la influencia que las tres mujeres protagonistas del presente artículo han tenido en las relaciones internacionales y en la acción exterior de los Estados Unidos. Desde la defensa a ultranza de la unilateralidad que caracterizó a la administración de Bush hijo por parte de la secretaria de Estado Rice, pasando por el unilateralismo impuesto por el fin de la Guerra Fría en la etapa de Clinton y que siguió la secretaria Albright —aunque asumiendo como propio el papel que los Estados Unidos tenían encomendado en el mundo en ese momento—, hasta el multilateralismo de la era Obama, pero demostrando, por la acción de la secretaria de Estado Clinton, que el unilateralismo era necesario. Prueba de ello fueron la intervención en la guerra de Libia, los bombardeos para la lucha contra el terrorismo o la propia operación de liquidación de Bin Laden.

Todo ello nos reafirma en la convicción de que cada una de estas tres mujeres ha influido enormemente en su mandato como secretaria de Estado, aportando a las relaciones internacionales su punto de vista como mujeres, diplomáticas y políticas de amplia experiencia; una visión particular que, en última instancia, se había de someter a la dirección de su presidente, como decisor último de la acción exterior del país. Pero cada una ha ejercido influencia con un estilo particular en su tiempo, en el campo de las relaciones internacionales, aportando para ello su personalidad, su impronta y su manera de ejercer el papel de secretaria de Estado de la primera potencia mundial.

7. REFERENCIAS BIBLIOGRAFICAS

ALANDETE, D. (11-07-2008). «Rice: defenderemos a nuestros aliados». *El País.*

ALBRIGHT, M. K. y WOODWARD, B., *The Mighty and the Almighty. Reflections on America, God and World Affairs* (introduction by president Bill Clinton). Harper Collins, 2006.

ALBRIGHT, M. K. y WOODWARD, B., *Madam Secretary. A Memoir* (2nd edition). Harper Perennial, 2022.

AMADO, D. (05-06-2000). «Albright vuelve a intentar que israelíes y palestinos acerquen sus posiciones». *El País.*

BARBERÍA, J. L.(22-02-1999). «Albright: "Un trato a medias no es un trato"». *El País.*

CAÑO, A. (12-07-2012). «Clinton levanta la bandera de la democracia en Asia». *El País.*

CAROSELLA, M. y KULIGOWSKI, S., *Hillary Rodham Clinton: First Lady, Senator and Secretary of State.* Teacher Created Materials, 2011.

CEMBRERO, I. (21-04-2008). «Rice pide a los países árabes que hagan frente a Irán en Irak». *El País.*

CLINTON, H. R., *Decisiones difíciles.* Simon & Schuster, 2014.

CUNNIGHAM, A. C. y BURLINGAME, J., *Hillary Clinton: Former First Lady and Secretary of State.* Enslow Publishing, 2017.

CUNNIGHAM, K., «Condoleezza Rice: US Secretary of State». *The Child's World*, 2023.

DEL PINO, J. (29-05-1999). «Albright alaba la decisión de La Haya». *El País.*

FARROW, R. *War on Peace. The End of Diplomacy and the Decline of American Influence.* Harper Collins, 2018.

FAUS, J. (03-11-2016). «El caso de los correos lastra el legado de Clinton como secretaria de Estado». *El País.*

FRIZELL, M. L., *Female Force: Hillary Clinton: Road to Secretary of State.* TidalWave Productions, 2015.

GONZÁLEZ, R. (15-07-2012). «Clinton insta a la Junta militar egipcia a cooperar con el presidente Morsi». *El País.*

HUBBARD-BROWN, J., *Condoleezza Rice, Stateswoman.* Infobase Holdings, 2009.

KRAMER, B., *Madeleine Albright: First Woman Secretary of State.* Enslow Publishers, 2000.

MABRY, M., *Twice as Good: Condoleezza Rice and Her Path to Power.* Rodale Books, 2008.

MARTÍNEZ DE RITUERTO, R. (01-03-2011). «Clinton: "Ha llegado la hora de que Gadafi se vaya"». *El País.*

MUÑOZ, J.M.(20-09-2007), «Rice intenta salvar la cumbre de Washington sobre Oriente Próximo». *El País.*

PEREDA, C.F. (23-01-2013), «Clinton asume la responsabilidad por los ataques en Bengasi». *El País.*

RICE, C., *No Higher Honor: A Memoir of my Years in Washington.* Crown, 2011.

SAIZ, E. (24-05-2012). «La Primavera Árabe, principal motor de los derechos humanos, según Clinton». *El País.*

SALES, F. (08-12-1999), «Albright pone de acuerdo en sólo tres horas a Barak y El Asad». *El País.*

El poder de las mujeres en el mundo. Su impacto en la sociedad global

The power of women in the world. Their impact on global society

CARLA DE PAREDES GALLARDO[1]
RAQUEL MARTÍN-LÓPEZ[2]
LUZ MARTINEZ-MUSOLES[3]

Resumen

El derecho juega un papel crucial en la búsqueda del desarrollo sostenible, especialmente en la promoción de la igualdad de género y el empoderamiento de las mujeres y niñas a nivel global. Un marco legal que garantice la igualdad de oportunidades es esencial para crear un entorno que favorezca el desarrollo sostenible, y cuyos pilares fundamentales son: el acceso equitativo a recursos, la educación, el empleo y la participación política. La participación de las mujeres es vital en la mediación de conflictos, la paz y la creación de nuevas empresas, especialmente en países de bajos recursos. Sin embargo, a pesar los avances

---

1 Profesora del Departamento Jurídico de la Facultad de Ciencias Sociales en la Universidad Europea de Valencia (carla.deparedes@universidadeuropea.es).

2 Profesora del Departamento de Empresa de la Facultad de Ciencias Sociales, en la Universidad Europea de Valencia (raquel.martin3@universidadeuropea.es).

3 Profesora del Departamento de Empresa de la Facultad de Ciencias Sociales, en la Universidad Europea de Valencia (marialuz.martinez@universidadeuropea.es).

Todas las webs mencionadas en este trabajo han sido consultadas a última fecha el 11 de marzo de 2024.

logrados, persisten obstáculos derivados de visiones sociales tradicionales y estructuras económicas dominadas por la experiencia masculina, lo que subraya la necesidad urgente de promover la igualdad de género para asegurar el éxito de la Agenda 2030 para el Desarrollo Sostenible.

Palabras clave: Igualdad de género – Empoderamiento mujer – Sostenibilidad–Derecho

Abstract:

Law plays a crucial role in the pursuit of sustainable development, particularly in promoting gender equality and the empowerment of women and girls globally. A legal framework that ensures equal opportunities is essential for creating an environment conducive to sustainable development, whose fundamental pillars are: equitable access to resources, education, employment, and political participation. Women's participation is vital in conflict mediation, peacebuilding, and the creation of new enterprises, especially in low-income countries. However, despite the progress made, obstacles persist due to traditional social views and economic structures dominated by male experience, highlighting the urgent need to promote gender equality to ensure the success of the 2030 Agenda for Sustainable Development.

Keywords: Gender Equality–Women's Empowerment – Sustainability- Law

SUMARIO:

1. INTRODUCCIÓN

La presente contribución se enfoca en la igualdad de género y en su impacto a nivel global. La igualdad de género emerge como una de las siete dimensiones delineadas para el desarrollo nacional, en el Manual Metodológico de Indicadores de Cultura para el Desarrollo de la UNESCO[4]. Además de esta dimensión, el Manual identifica la economía, la educación, la gobernanza, la participación social, la comunicación y el patrimonio, como otras dimensiones que deben ser consideradas para el desarrollo nacional integral y sostenible.

El concepto "igualdad de género" se refiere a la existencia de una igualdad de oportunidades y derechos entre hombres y mujeres, tanto en la esfera privada como en la pública. Esta igualdad busca proporcionar y asegurar la libertad para que cada individuo pueda desarrollar su vida de manera autónoma y de acuerdo con sus propias aspiraciones. A nivel internacional, la igualdad de género se reconoce como un factor fundamental en el contexto del desarrollo sostenible, dado su impacto significativo en la promoción del bienestar humano y en la creación de sociedades más equitativas y resilientes[5].

La Agenda 2030, ratificada en 2015 por la Asamblea General de las Naciones Unidas, establece los diecisiete Objetivos de Desarrollo Sostenible (ODS), los cuales comprenden 169 metas de carácter integrado e indivisible[6]. Dentro de estos ODS, se encuentra el número cinco que persigue "lograr la igualdad entre los géneros y empoderar a todas las mujeres y niñas"[7]. La interrelación

---

4 UNESCO, "Indicadores UNESCO de la cultura para el desarrollo: Manual Metodológico". Organización de las Naciones Unidas para la Educación, la Ciencia y la Cultura. París, 2014, https://unesdoc.unesco.org/ark:/48223/pf0000229609/PDF/229609spa.pdf.multi

5 NACIONES UNIDAS, "Gente resiliente en un planeta resiliente: un futuro que vale la pena elegir", 2012, https://www.studocu.com/co/document/escuela-superior-de-administracion-publica/gestion-de-las-organizaciones-publicas/onu-2012-gente-resiliente-en-un-planeta-resilente-informe/86163552

6 NACIONES UNIDAS, "La asamblea General adopta la Agenda 2030 para el Desarrollo Sostenible", 2015, https://www.un.org/sustainabledevelopment/es/2015/09/la-asamblea-general-adopta-la-agenda-2030-para-el-desarrollo-sostenible/

7 NACIONES UNIDAS, "Objetivo 5: Lograr la igualdad entre los géneros y empoderar a todas las mujeres y las niñas", https://www.un.org/sus-

entre las metas e indicadores presentes en el ODS 5 para afrontar la igualdad de género mediante medidas públicas efectivas, presentes que se integran de manera transversal en todos los sectores, facilita la toma de decisiones gubernamentales a tiempo y orientadas a eliminar la desigualdad de género y a empoderar a las niñas y mujeres en las dimensiones social, económica y ambiental[8].

En el contexto del actual modelo de desarrollo y ayuda, se ha reconocido la necesidad de implementar reformas destinadas a intensificar los esfuerzos para asentar compromisos firmes con la igualdad de género y los derechos de las mujeres, que puedan generar un impacto sobre las causas estructurales de la discriminación. El problema, que se considera como punto de partida, es la falta de voluntad política para reformar el actual modelo de desarrollo, a pesar de las continuas manifestaciones y llamadas de atención.

La reducción de las desigualdades debe fundamentarse en la corrección de los desequilibrios de poder en las relaciones internacionales, lo que implica otorgar a los países en desarrollo un papel central en la formulación y el diseño de las políticas de desarrollo[9].

La promoción de la igualdad de género a través del empoderamiento de las mujeres se presenta como un imperativo ineludible en la búsqueda de un desarrollo sostenible a nivel global. La creación de un entorno en el cual las mujeres gocen de igualdad de oportunidades, acceso equitativo a recursos y poder de decisión en todos los ámbitos de la sociedad, no solo propicia el crecimiento económico, sino que también promueve la justicia social y la preservación del medio ambiente.

---

tainabledevelopment/es/gender-equality/

8 CHEN QUESADA, E.; HERNÁNDEZ CHAVES, C.; SEGURA BONILLA, O., "La igualdad de género en las políticas públicas en el marco de los Objetivos de Desarrollo Sostenible", *Revista de Política Económica y Desarrollo Sostenible,* 2020, https://doi.org/10.15359/peds.5-2.3

9 EL-RHORMY, I.; DOMÍNGUEZ-SERRANO, P.M., "La incorporación de la perspectiva de género en la agenda internacional de la eficacia de la ayuda y del desarrollo: limitaciones y retos", *Perspectiva Socioeconómica,* nº 5, 2017, pp. 107-126.

El reconocimiento y fortalecimiento del rol de las mujeres no solo constituye un acto de equidad social, sino también una estrategia inteligente para impulsar el progreso económico, social y ambiental de las naciones. En este contexto, el derecho juega un papel fundamental al establecer un marco legal que respalde y promueva activamente la igualdad de género, véase Gráfico 1.

Gráfico 1. El papel del derecho en la promoción de la igualdad de género

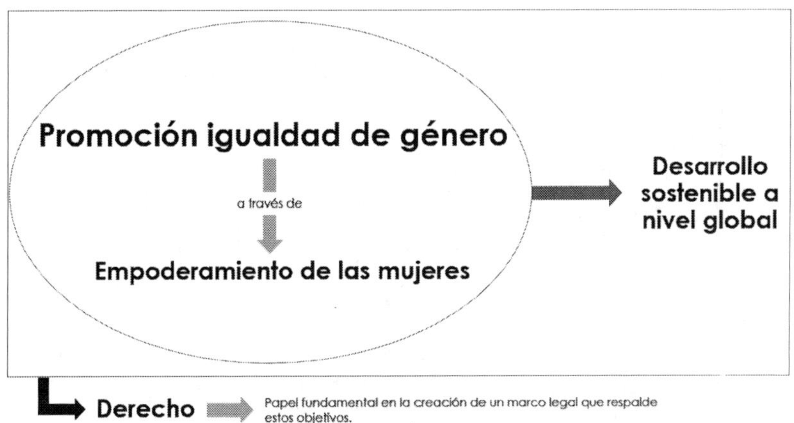

Fuente: Elaboración propia.

La igualdad de género no es simplemente un ideal ético, sino una condición sine qua non para alcanzar un desarrollo sostenible y equitativo. Las mujeres representan aproximadamente la mitad de la población mundial[10] y, por lo tanto, su plena participación en todos los aspectos de la sociedad es esencial para garantizar un progreso verdaderamente inclusivo y sostenible.

El empoderamiento de las mujeres no solo implica brindarles acceso a oportunidades educativas y económicas, sino también asegurar que tengan voz y poder de decisión en todos los ámbitos, desde el hogar hasta la esfera pública.

---

10 NACIONES UNIDAS, "Igualdad de género: por qué es importante", https://www.un.org/sustainabledevelopment/es/wp-content/uploads/sites/3/2016/10/5_Spanish_Why_it_Matters.pdf

2. EMPODERAMIENTO DE LA MUJER EN EL ÁMBITO INTERNACIONAL

El empoderamiento de la mujer en el ámbito internacional emerge como un tema de suma relevancia que se entrelaza estrechamente con la sostenibilidad y el derecho, formando un trípode fundamental para abordar las cuestiones de igualdad de género y desarrollo sostenible a nivel global.

En primer lugar, el empoderamiento de la mujer implica el fortalecimiento de su capacidad para participar plenamente en todos los aspectos de la vida, incluyendo la toma de decisiones a nivel individual, comunitario y político. Este proceso no solo conlleva una mejora significativa en la calidad de vida de las mujeres, sino que también contribuye al desarrollo sostenible al incrementar la productividad y la eficacia de las sociedades en conjunto. Cuando las mujeres tienen acceso a la educación, la atención médica, los recursos económicos y la participación política, son capaces de desempeñar un papel en la construcción de sociedades más equitativas y sostenibles.

La sostenibilidad, por otro lado, se refiere a la capacidad de satisfacer las necesidades del presente sin comprometer la capacidad de las generaciones futuras para satisfacer sus propias necesidades. En este contexto, el empoderamiento de la mujer es esencial para lograr la sostenibilidad en todos sus aspectos: social, económico y ambiental. Las mujeres desempeñan un papel crucial como guardianas de los recursos naturales y como agentes de cambio en la lucha contra el cambio climático y la degradación ambiental[11]. Además, el empoderamiento económico de las mujeres no solo promueve la estabilidad financiera de las familias, sino que también impulsa el crecimiento económico sostenible al

---

11 NACIONES UNIDAS, "Mujeres: impulsadoras del cambio", https://www.un.org/es/climate-change/climate-solutions/womens-agents-change

aumentar la participación en la fuerza laboral y fomentar la innovación y el emprendimiento[12].

El derecho, por su parte, proporciona el marco legal necesario para garantizar la igualdad de género y proteger los derechos humanos de las mujeres en todo el mundo. Esto incluye el acceso a la justicia, la eliminación de la discriminación de género y la promoción de leyes y políticas que protejan y promuevan los derechos de las mujeres en todas las esferas de la vida. Un sistema legal sólido y bien aplicado es fundamental para abordar las desigualdades de género y garantizar que todas las personas, independientemente de su género, tengan igualdad de oportunidad y acceso a recursos y servicios básicos.

En el ámbito internacional, la influencia de las mujeres en la sociedad emerge como un tema crucial que abarca una amplia gama de áreas y aspectos fundamentales del desarrollo humano. A lo largo de la historia y en todo el mundo, las mujeres han demostrado su capacidad para desempeñar roles significativos y catalizadores en la promoción del desarrollo, la paz, la igualdad de género y la justicia.

Las mujeres son agentes clave en la promoción del desarrollo económico y social en sus comunidades y países. Su participación en la fuerza laboral, en particular en sectores como la agricultura, la educación, la salud y los servicios comunitarios, es esencial para el crecimiento sostenible y la reducción de la pobreza. Además, las mujeres empresarias y emprendedoras están diseñando un papel cada vez más importante en la creación de empleo, la innovación y la promoción de la inclusión económica.

12 NACIONES UNIDAS, "Hechos y cifras: Empoderamiento económico", https://www.unwomen.org/es/que-hacemos/empoderamiento-economico/hechos-y-cifras

La participación sociopolítica permite la construcción de una cultura de paz, pero para ello, se requiere de tiempo. El tiempo es un recurso necesario para permitir a hombres y mujeres participar como miembros activos de la sociedad[13]. Las mujeres, en muchas sociedades, todavía se ocupan mayoritariamente de las tareas de atención y cuidado, lo que genera, en muchos países, el fenómeno de la "doble jornada" y, en otros, el fenómeno de la "feminización de la pobreza", véase Gráfico 2. Lo que repercute de manera directa en la disposición de tiempo para educación, política o tiempo libre. Por tanto, esta diferencia de disponibilidad de tiempo implica que muchas mujeres tengan una reducida participación activa como miembros de la sociedad civil[14].

Gráfico 2. Desigualdad de disponibilidad de tiempo

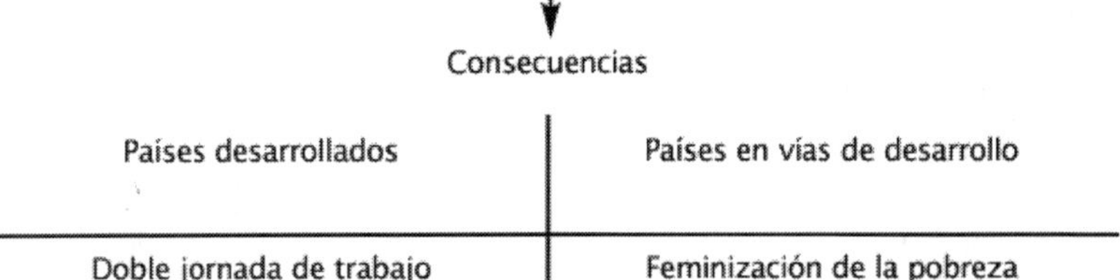

Fuente: Mingol, 2008.

[13] LISTER, R., *"Citizenship, Feminist Perspectives"*, Macmillan Press, Londres, 1997.

[14] MINGOL, I.C., *"La ética del cuidado y la construcción de la paz"*, Icara, 2008.

Haciendo alusión a las mujeres emprendedoras, el Informe GEM 2022/23 Women's Entrepreneurship Report expone que, en términos proporcionales, las mujeres llegaron a representar aproximadamente a nivel mundial cuatro de cada nueve propietarios de empresas en la etapa inicial de las mismas. En referencia a la Actividad Emprendedora Total de startups (TEA) de mujeres a nivel mundial, según se puede observar en el Gráfico 3, los países con mayor tasa de actividad temprana de mujeres son Guatemala (28,2%) y Colombia (26,1%). Mientras que, los países con una actividad femenina inicial más reducida son Polonia (1,6%), seguida de Marruecos (3,1%), Grecia (3,4%), Japón (3,5%) y Egipto (3,6%). Se puede observar que los países, en los que es mayor el número de mujeres que crean empresas, son en los que los ingresos son más bajos y donde la actividad de las pequeñas empresas tiene un gran peso en su economía[15].

Además, las mujeres son defensoras incansables de la paz y la seguridad en todo el mundo. Su participación en procesos de medición y resolución de conflictos es fundamental para alcanzar acuerdos duraderos y sostenibles. Las mujeres, desempeñan papeles activos y variados en conflictos armados, tanto como combatientes, como siendo miembros de la resistencia pacífica.

Además de ello, se puede identificar numerosas iniciativas de mujeres que promueven la paz, a lo largo de la historia[16]. La inclusión de las mujeres en la toma de decisiones en materia de paz y seguridad no solo mejora la efectividad de los procesos de paz, sino que también contribuye a la prevención de conflictos y a la construcción de sociedades más estables y

---

15 GLOBAL ENTREPRENEURSHIP MONITOR, "GEM 2022/23 Women's Entrepreneurship Report: Challeging Bias and Stereotypes", 2023, https://womensenterprisepolicygroup.com/wp-content/uploads/2023/11/open.pdf

16 DE OLIVEIRA SHUCK, E.; BRITO, L., "Mujeres, paz y seguridad internacional: el Acuerdo de la Habana para la paz en Colombia", *Relaciones Internacionales,* nº 41, 2019, pp. 73-90.

resilientes. "Es importante hacer visible esta participación de las mujeres como agentes de paz y como agentes activos de la sociedad civil"[17].

Gráfico 3. Actividad Emprendedora Total (TEA) por género y país

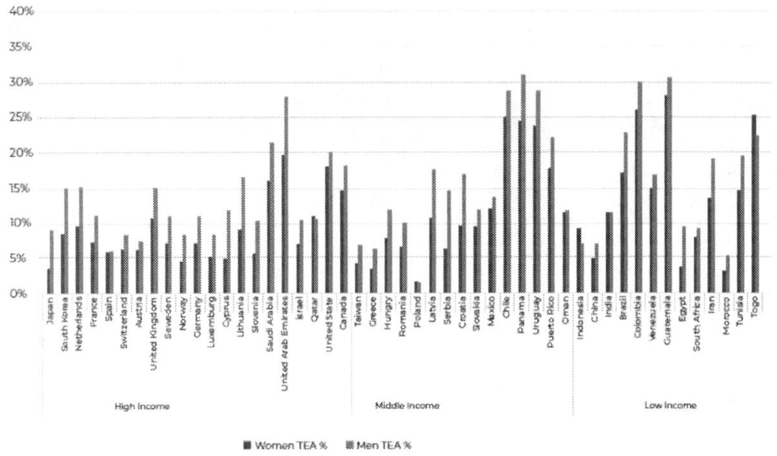

Fuente: Global Entrepreneurship Monitor, 2023.

La lucha por la igualdad de género y la justicia también cuenta con el liderazgo y la influencia de las mujeres a nivel internacional. Desde la defensa de los derechos humanos hasta la promoción de leyes y políticas que protejan contra la discriminación de género. Las mujeres están a la vanguardia de la lucha por la igualdad y la justicia en todas las partes del mundo. Su activismo y movilización son fundamentales para generar conciencia, impulsar el cambio social y político, y garantizar que se respeten y protejan los derechos de todas las personas, independientemente de su género.

---

[17] Cita encontrada en la página 10 en MINGOL, I.C., *"La ética del cuidado y la construcción de la paz"*, Icara, 2008.

A pesar de los avances logrados en materia de igualdad de género y empoderamiento de las mujeres, estas siguen enfrentando desafíos y desigualdades en diversas regiones del mundo. Desde la discriminación en el ámbito laboral hasta la violencia de género y la falta de acceso a la educación y la salud. Las mujeres se enfrentan a obstáculos que limitan su pleno desarrollo y participación en la sociedad[18].

La promoción de la igualdad de género es crucial para abordar los desafíos globales de manera efectiva. Las mujeres desempeñan roles fundamentales en la mitigación del cambio climático, la construcción de la paz, la erradicación de la pobreza y el desarrollo sostenible. Sin embargo, para que estas contribuciones sean plenamente reconocidas y aprovechadas, es necesario garantizar que las mujeres tengan igualdad de oportunidades y poder de decisión en todos los ámbitos de la vida.

3. SOSTENIBILIDAD Y MUJER

Es crucial reconocer la estrecha vinculación entre la igualdad de género y la sostenibilidad. Las desigualdades de género no solo impactan negativamente en la capacidad de las comunidades para afrontar los desafíos ambientales, económicos y sociales, sino que también socavan su eficacia en la búsqueda de soluciones sostenibles. Cuando se niega a las mujeres el acceso a recursos y oportunidades, se desperdicia su potencial para contribuir a soluciones innovadoras y sostenibles que podrían beneficiar a la sociedad en su conjunto.

La primera vez que aparecieron en un documento los conceptos "mujer" y "desarrollo" fue en 1979 en la promulgación de la Convención sobre la Eliminación de Todas las Formas

---

[18] BARBERÁ RIVERA, T.; ESTELLÉS MIGUEL, S.; DEMA PÉREZ, C.M., "Obstáculos en la promoción profesional de las mujeres: El 'techo de cristal' ", *XIII Congreso de Ingeniería de Organización*, 2009, pp. 133-142.

de Discriminación contra la Mujer. En dicha convención, se matiza que la discriminación por cuestiones de género "constituye un obstáculo para el aumento del bienestar de la sociedad y de la familia, y que entorpece el pleno desarrollo de las posibilidades de la mujer para prestar servicio a su país y a la humanidad"[19].

Posteriormente, en 1992, en la Cumbre de la Tierra de Río de Janeiro, se vinculó a la mujer con el desarrollo sostenible. En el principio 20 de la Declaración de Rio sobre el Medio Ambiente y el Desarrollo, se refleja que "las mujeres desempeñan un papel fundamental en la ordenación del medio ambiente y en el desarrollo. Es, por tanto, imprescindible contar con su plena participación para lograr el desarrollo sostenible"[20].

En 1993, durante la Declaración derivada de la Conferencia Mundial de Derechos Humanos en Viena, en el artículo 18 se pone de manifiesto que: "Los derechos humanos de la mujer y de la niña son parte inalienable, integrante e indivisible de los derechos humanos universales. La plena participación, en condiciones de igualdad, de la mujer en la vida política, civil, económica, social y cultural en los planos nacional, regional e internacional y la erradicación de todas las formas de discriminación basadas en el sexo son objetivos prioritarios de la comunidad internacional[21].

---

19 ASAMBLEA GENERAL DE LAS NACIONES UNIDAS, "Convención sobre la Eliminación de Todas las Formas de Discriminación Contra la Mujer", 1979, p.1.

20 NACIONES UNIDAS, "Declaración de Río sobre el Medio Ambiente y el Desarrollo", https://www.un.org/spanish/esa/sustdev/agenda21/riodeclaration.htm

21 NACIONES UNIDAS, "Declaración y programa de acción de Viena", 1993, p.23. https://www.ohchr.org/sites/default/files/Documents/Events/OHCHR20/VDPA_booklet_Spanish.pdf

En 1995, en la Cuarta Conferencia Mundial sobre la Mujer y Plataforma de Beijing, se promovieron acciones para combatir obstáculos y restricciones que impiden el empoderamiento de las mujeres en todo el mundo[22].

Ya más recientemente, tanto en la Declaración del Milenio, como en los ODS en la Agenda 2030, se ha incorporado la perspectiva de género. En los Objetivos de Desarrollo del Milenio (ODM, 2000-2015), con el Objetivo 3 se busca la eliminación de las desigualdades entre hombre y mujer, mediante el empoderamiento y la autonomía de la mujer. En los ODS (2015-2030), de una forma más amplia con el Objetivo 5, igualdad de género, y de forma transversal se ha incluido la perspectiva de género en diez objetivos más. En concreto, los ODS 6 (agua limpia y saneamiento), 7 (energía asequible y no contaminante), 9 (industria, innovación e infraestructura), 12 (producción y consumo responsables), 14 (vida submarina) y 15 (vida de ecosistemas terrestres) no hacen ninguna referencia a cuestiones de género; en mayor medida en los ODS 1 (fin de la pobreza), 3 (salud y bienestar), 4 (educación de calidad), 5 (igualdad de género), 8 (trabajo decente y crecimiento económico) y 16 (paz, justicia e instituciones sólidas); mientras que, en una situación intermedia nos encontramos a los ODS 2 (hambre cero), 10 (reducción de las desigualdades), 11 (ciudades y comunidades sostenibles), 13 (acción por el clima) y 17 (alianzas para lograr los objetivos). Todo ello se puede observar en el Gráfico 4[23].

La igualdad de género y la sostenibilidad son objetivos interdependientes que deben abordarse de manera integral y coordinada. Al empoderar a las mujeres y garantizar sus derechos, no solo estamos construyendo un futuro más equitativo para todos,

---

22 VERDIALES LÓPEZ, D.M., "La importancia de la mujer en el desarrollo. Análisis de los Objetivos de Desarrollo Sostenible con perspectiva de género", 2020, pp. 97-113.

23 VERDIALES LÓPEZ, D.M., "La mujer: pieza clave en el desarrollo sostenible. Estrategias contenidas en la Agenda 2030", 2021.

sino también sentando las bases para un desarrollo sostenible que beneficie a las generaciones presentes y futuras.

Gráfico 4. Relación directa con las cuestiones de género en los 17 ODS

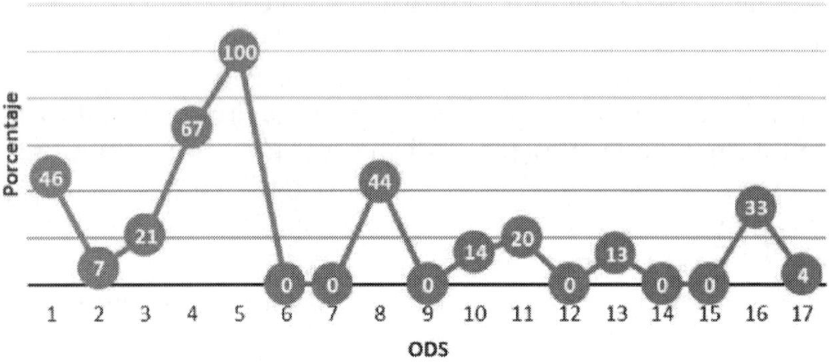

Fuente: Verdiales López, 2021.

Por lo tanto, abordar la igualdad de género y la sostenibilidad de manera conjunta es esencial para construir un mundo más justo, equitativo y sostenible. Esto requiere no solo la implementación de políticas y programas específicos destinados a promover el empoderamiento de las mujeres, sino también la necesidad de un cambio de mentalidad y cultura que cuestione las normas de género arraigadas y fomente tanto la inclusión como el respeto mutuo.

4. EL DERECHO INTERNACIONAL Y LA MUJER

La dimensión de género en la agenda internacional de paz y seguridad ya cuenta con más de cinco décadas de historia, gracias a la incorporación por parte de las Naciones Unidas, la Unión Europea y otros organismos internacionales de distintas leyes, resoluciones y directivas en el marco normativo de la mujer, conflicto y construcción de paz. Queremos destacar que las primeras propuestas datan de la década de los años setenta con la Primera

Conferencia Internacional de la Mujer (1975), seguida de la Década de la Mujer en Naciones Unidas (1975-1985).

En 1979 se aprobó la Convención para la Eliminación de Todas las formas de Discriminación contra las Mujeres (CEDAW). En 1982, se aprobó la Resolución 3763 de la Asamblea General de la ONU sobre la Participación de la Mujer en la Promoción de la Paz y la Cooperación internacionales. En 1995, la IV Conferencia Internacional de las Mujeres celebrada en Beijing[24]. En 2000, la Resolución 1325 del Consejo de Seguridad de la ONU. Y posteriormente, se han emitido resoluciones en relación con esta última.

Por tanto, el derecho internacional ha experimentado una notable evolución en lo que respecta a la igualdad de género y los derechos de las mujeres. Dos ejemplos, destacados en este sentido, son: la CEDAW, que representa la culminación de los esfuerzos realizados en la lucha por igualdad y los derechos de las mujeres[24]; y, la Resolución 1325 del Consejo de Seguridad de la ONU[25], documento importante adoptado en octubre de 2000, sobre mujeres, paz y seguridad.

La CEDAW fue promovida fundamentalmente gracias al activismo de mujeres de todo el mundo, que fueron organizadas en grupos y con movimientos en pro de sus derechos. Esta convención promueve la protección efectiva de las mujeres contra la discriminación, mediante cambios en las legislaciones nacionales en los países en la que la ratifican. Además, de comprometer a dichos países a presentar informes nacionales (al menos una vez cada cuatro años) explicando las medidas adoptadas para poder llevar a cabo esas obligaciones impuestas en el tratado[24].

---

24 MESA, M., "Mujer, paz y seguridad: la Resolución 1325 en su décimo aniversario", *Balance de una década de paz y conflictos: tensiones y retos en el sistema internacional, Anuario CEIPAZ,* 2010, pp. 43-64.

25 NACIONES UNIDAS, "Resolución 1325", 2000, https://www.un.org/womenwatch/ods/S-RES-1325(2000)-S.pdf

La Resolución 1325 fue un hito crucial en el crecimiento del papel esencial de las mujeres en la promoción de la paz y la seguridad a nivel mundial. La resolución enfatiza la necesidad de la participación de las mujeres en la toma de decisiones para abordar los desafíos relacionados con los conflictos armados y destaca la importancia de proteger a las mujeres contra el abuso de tales situaciones[26].

Además de la Resolución 1325, se han emitido varias resoluciones posteriores que refuerzan estos principios y reconocen las contribuciones significativas que las mujeres han realizado al derecho internacional y las relaciones internacionales, tanto en tiempos de paz como en situaciones de conflicto. Algunas de las resoluciones emitidas con posterioridad a la Resolución 1325 son:

- La Resolución 1820 (2008)[27], aborda específicamente la violencia sexual como una táctica de guerra y destaca la importancia de prevenir y abordar este tipo de violencia en situaciones de conflicto armado. Reconoce que la violencia sexual no solo es un crimen contra el individuo, sino también una amenaza para la paz y la seguridad internacional. Podemos observar, tanto en la Resolución 1820 como en la Resolución 1325, cláusulas sobre el empoderamiento y la protección que fomentan el reconocimiento de los múltiples papeles que desarrolla la mujer en los conflictos. Sin embargo, mientras que la Resolución 1325 se incorpora con mayor frecuencia en perspectivas de género en las reformas del sector de la seguridad, la Resolución 1820 amenaza con diluir el objetivo de aumentar la participación de las mujeres en

26 MINISTERIO DE IGUALDAD, "Resolución 1325, Paz, seguridad", https://www.inmujeres.gob.es/areasTematicas/Internacional/MujeresPazSeguridad.htm

27 NACIONES UNIDAS – CONSEJO DE SEGURIDAD, "Resolución 1820 (2008)", 2008, https://www.acnur.org/fileadmin/Documentos/BDL/2011/8217.pdf

la prevención y resolución de conflictos y procesos de paz para la consolidación de la paz, ya que no se aleja del paradigma "mujeres como víctimas"[28].

- La Resolución 1888 (2009)[29] "concreta compromisos adquiridos mediante la Resolución 1820" [30]. En particular, refuerza el enfoque en la prevención y respuesta a la violencia sexual en situaciones de conflicto. Esta resolución establece medidas concretas para mejorar la protección de las mujeres y niñas, al igual que garantizar la persecución efectiva de los responsables de dichos crímenes.
- La Resolución 1889 (2009)[31] concreta los compromisos adquiridos mediante la Resolución 1325[30] y reconoce la participación de las mujeres en los procesos de paz. Además, destaca la importancia de su papel en la toma de decisiones y la construcción de la paz después de conflictos armados. Insta a los Estados y las partes en conflicto a garantizar la plena participación de las mujeres en todos los aspectos de la resolución de conflictos y la reconstrucción postconflicto.

---

28 BARROW, A. "Las resoluciones 1325 y 1820 del Consejo de Seguridad: promover las cuestiones de género en los conflictos armados y en el derecho internacional humanitario", *International Review of the Red Cross*, nº 877, 2010.

29 NACIONES UNIDAS – CONSEJO DE SEGURIDAD, "Resolución 1888 (2009)", 2009, https://www.acnur.org/fileadmin/Documentos/BDL/2011/8237.pdf

30 MESA, M., "Mujer, paz y seguridad: la Resolución 1325 en su décimo aniversario", *Balance de una década de paz y conflictos: tensiones y retos en el sistema internacional, Anuario CEIPAZ*, 2010, pp. 43-64.

31 NACIONES UNIDAS – CONSEJO DE SEGURIDAD, "Resolución 1889 (2009)", 2009, https://www.acnur.org/fileadmin/Documentos/BDL/2011/8236.pdf

- La Resolución 1960 (2010)[32] amplía aún más el marco para abordar la violencia sexual en conflictos al establecer un mecanismo para monitorear e informar sobre estos casos. Esta resolución, también insta a una mayor cooperación internacional para prevenir y abordar la violencia sexual en situaciones de conflicto armado.

Además de dichas resoluciones emitidas con posterioridad a la Resolución 1325, se quiere citar la Plataforma de Acción de Beijing, la cual surgió como resultado de la IV Conferencia Internacional Mundial sobre la Mujer en 1995. La plataforma representa un hito significativo en la promoción de la igualdad de género y el empoderamiento de las mujeres a nivel mundial[33]. Este documento histórico sentó las bases para la implementación de políticas y programas destinados a mejorar la vida de las mujeres en todos los países.

La Plataforma de Acción de Beijing abordó una amplia gama de temas relacionados con la igualdad de género, incluyendo el acceso a la educación, la participación política, el acceso a la atención médica, la violencia de género y la igualdad en el ámbito laboral, entre otros. Se visualizó la igualdad de género en todas las dimensiones de la vida, reconociendo la importancia de abordar no solo las desigualdades estructurales, sino también las normas culturales y sociales que perpetúan la discriminación de género.

A pesar de los avances logrados desde la adopción de la Plataforma de Acción de Beijing, la realidad es que ningún país ha logrado completar con éxito todos los objetivos establecidos

---

32 NACIONES UNIDAS – CONSEJO DE SEGURIDAD, "Resolución 1960 (2010)", 2010, https://www.acnur.org/fileadmin/Documentos/BDL/2011/8324.pdf

33 VERDIALES LÓPEZ, D.M., "La importancia de la mujer en el desarrollo. Análisis de los Objetivos de Desarrollo Sostenible con perspectiva de género", 2020, pp. 97-113.

en este programa[34]. Aunque se han realizados progresos significativos en algunos aspectos, persisten desafíos importantes en la promoción de género y el empoderamiento de las mujeres.

La ONU Mujeres, en su evaluación periódica de los avances hacia la igualdad de género[35], ha destacado la necesidad de redoblar los esfuerzos y aumentar el compromiso político para lograr los objetivos establecidos en la Plataforma de Acción de Beijing. Esto incluye la implementación de políticas y programas específicos, así como la asignación de recursos adecuada para abordar las desigualdades de género en todas sus manifestaciones.

Por su parte, el informe "Panorama de género 2023" [36] resalta una preocupación crítica al anticipar que más de 340 millones de mujeres y niñas vivirán en pobreza extrema en 2030. Además, el cambio climático amenaza con empujar a la pobreza a 158,3 millones adicionales de mujeres y niñas (16 millones más que el número total de hombres y niños que se encuentran en la misma situación), lo que representa un número significativamente mayor que el de hombres y niños en la misma situación. Estas cifras son alarmantes y resaltan la urgente necesidad hacia la igualdad de género para el 2030.

Además, el informe subraya que, si no se prioriza la igualdad de género, podría ponerse en peligro toda la Agenda 2030 para el Desarrollo Sostenible. Esto se debe a que la igualdad de género es el objetivo que sustenta y apoya el logro de los ODS. Sin

---

34 VERDIALES LÓPEZ, D.M., "La importancia de la mujer en el desarrollo. Análisis de los Objetivos de Desarrollo Sostenible con perspectiva de género", 2020, pp. 97-113.

35 ONU MUJERES, "Informe anual 2021-2022", https://www.unwomen.org/es/informe-anual/2022

36 ONU MUJERES, "El progreso en el cumplimiento de los Objetivos de Desarrollo Sostenible. Panorama de Género 2023", 2023, https://unstats.un.org/sdgs/gender-snapshot/2023/GenderSnapshot_2023_SP.pdf

un enfoque integral en la igualdad de género, se corre el riesgo de socavar los esfuerzos para abordar la pobreza, la educación, la salud, la igualdad económica y otros aspectos fundamentales para el desarrollo sostenible.

5. LA ECONOMÍA DE ADAM SMITH

Es crucial destacar que, si bien el término "sostenibilidad" suele asociarse principalmente con la dimensión ecológica, su objetivo fundamental es mantener la vida en condiciones de humanidad. Esto implica no solo asegurar la viabilidad ambiental, sino también promover el bienestar humano y la equidad social[37]. Por lo tanto, la promoción de la igualdad de género es un componente esencial de la sostenibilidad en su sentido más amplio.

Además, es crucial reconocer que la sostenibilidad no puede lograrse sin eliminar la visión tradicional de la sociedad y la economía centrada en la experiencia masculina. Es necesario orientarse hacia una visión inclusiva que garantice el bienestar y la igualdad de oportunidades para mujeres y hombres por igual. Esto implica no solo abordar las desigualdades estructurales de género, sino también transformar las normas culturales y sociales que perpetúan la discriminación y la exclusión de género.

El legado de Adam Smith en la economía es significativo y profundo. Sus ideas sobre el liberalismo económico y la economía de mercado han influido en la teoría económica y en las políticas públicas durante siglos. Smith, filósofo y economista escocés del siglo XVIII, más conocido por su obra *Causas de la Riqueza de las Naciones* (1776), presenta en ella el punto de partida de la ciencia

---

37 CARRASCO, C., "Mujer, sostenibilidad y deuda social", *Revista de Educación*, número extraordinario 2009, pp. 169-191.

económica al mostrar el primer sistema general y compresivo de Economía Política[38].

En el núcleo de las ideas de Smith está la noción de los individuos, al buscar su propio interés personal en un mercado libre y competitivo, los cuales contribuyen al bienestar general de la sociedad. Esta idea, conocida como la "mano invisible", sugiere que, a través de la búsqueda del beneficio propio, se generan incentivos que fomentan la competencia y la eficiencia en la asignación de recursos, lo que a su vez conduce al crecimiento económico y al progreso[39].

Smith también enfatizó la importancia de la división del trabajo para el aumento de la productividad y la eficiencia. Argumento que, al especializarse en tareas específicas, los trabajadores pueden producir más y mejor en menos tiempo, lo que resulta en un aumento general de la producción y riqueza de la sociedad[40].

Otra contribución importante de Smith, a la teoría económica, fue su teoría del valor-trabajo, que sostiene en que el valor de un bien o servicio está determinado por la cantidad de trabajo necesario para producirlo[41]. Esta idea influyó en los economistas clásicos y se convirtió en un concepto central en la economía política.

Smith también abogó por el comercio internacional como una forma de beneficiar a todas las naciones involucradas. Argumentó que el comercio internacional permite la especialización en la

---

38 SABINO, C. "*Diccionario de economía y finanzas*", Panapo, Caracas, 1991.

39 SMITH, A., "*La teoría de los Sentimientos Morales*", Alianza Editorial, Madrid, 1997.

40 BRICEÑO, A., "La educación y su efecto en la formación de capital humano y en el desarrollo económico de los países", *Apuntes CENES N° 51,* 30, 2011.

41 SMITH, A., "*Investigación sobre la naturaleza y causa de la riqueza de las naciones*", Editorial Alianza, Madrid, 1776.

producción de bienes y servicios en los que cada país tiene una ventaja comparativa, lo que lleva a una asignación más eficiente de los recursos y un aumento de la producción y el bienestar general[42].

Por otra parte, Adam Smith teorizó sobre la actividad desarrollada por hombres y mujeres de manera distinta. Donde el hombre trabajaba en la industria y las mujeres en las tareas del hogar. Dicho autor expone la relevancia de las tareas desempeñadas en el hogar, pero no les otorga un valor económico y al quedarse en el ámbito de lo privado, lo mantiene sin valor social. De tal forma que, la actividad desarrollada en los hogares ha sido excluida del pensamiento económico clásico al no ser objeto de estudio todo lo que tenga que ver con el llamado mundo "privado-doméstico" [43] y, por tanto, se ha excluido en los modelos económicos a las mujeres, que son las que mayoritariamente han realizado las tareas de este ámbito no valorado económicamente.

6. CONCLUSIONES

La promoción de la igualdad de género y el empoderamiento de las mujeres son elementos fundamentales para superar los desafíos actuales y garantizar que las contribuciones de las mujeres sean valoradas en todos los aspectos de la vida. Esto implica eliminar barreras legales, sociales y culturales que perpetúan la discriminación de género, así como promover políticas y programas que aseguren el acceso equitativo a oportunidades y recursos para mujeres y niñas.

El fortalecimiento del marco legal y el cumplimiento efectivo de los derechos humanos son aspectos fundamentales para

---

42 RICARDO, D., "*The principles of Political Economy Taxation*", 1817.

43 CARRASCO, C., "Mujeres, sostenibilidad y deuda social", *Revista de Educación,* número extraordinario 2009, pp. 169-191.

garantizar que las mujeres puedan ejercer plenamente sus derechos y contribuir de manera significativa al desarrollo sostenible.

El derecho internacional ha evolucionado en reconocer la importancia de proteger los derechos de las mujeres como parte integral de los derechos humanos. Resoluciones y tratados internacionales han sido fundamentales en abordar cuestiones específicas como la violencia de género, la trata de personas y otras formas de discriminación, estableciendo estándares para la protección y promoción de los derechos de las mujeres en todo el mundo.

La participación de las mujeres en la promoción de la paz y la seguridad a nivel global ha sido enfatizada, especialmente a través de resoluciones del Consejo de Seguridad de las Naciones Unidas. Reconocer el papel de las mujeres en la prevención y resolución de conflictos no solo es un imperativo ético, sino que también mejora la eficacia y sostenibilidad de los esfuerzos de construcción de la paz.

Estas resoluciones y tratados internacionales reflejan un compromiso creciente de la comunidad internacional con la igualdad de género y el empoderamiento de las mujeres. Al reconocer y proteger los derechos de las mujeres, se avanza hacia un mundo más justo, equitativo y pacífico para todas las personas. Sin embargo, queda mucho trabajo por hacer para garantizar la plena implementación y cumplimiento de estos estándares en todo el mundo, y es importante continuar trabajando en conjunto para lograr avances significativos en esta área crucial.

En conclusión, para obtener una sostenibilidad multidimensional y asegurar el cumplimiento la Agenda 2030 para el Desarrollo Sostenible, es crucial para promover el acceso de las mujeres a los recursos productivos. Por lo que, la igualdad de género y el empoderamiento de las mujeres forma parte intrínseca de cada uno de los 17 ODS. El empoderamiento de las mujeres no solo es cuestión de justicia y derechos humanos, sino que también es una condición indispensable para alcanzar los ODS en su totalidad. Las mujeres desempeñan un papel crucial en la economía, la sociedad y el medio ambiente, y su plena participación es esencial para abordar desafíos globales y promover un desarrollo inclusivo y equitativo.

7. REFERENCIAS BIBLIOGRÁFICAS

ASAMBLEA GENERAL DE LAS NACIONES UNIDAS, "Convención sobre la Eliminación de Todas las Formas de Discriminación Contra la Mujer", 1979, p.1.

BARBERÁ RIVERA, T.; ESTELLÉS MIGUEL, S.; DEMA PÉREZ, C.M., "Obstáculos en la promoción profesional de las mujeres: El `techo de cristal' ", *XIII Congreso de Ingeniería de Organización*, 2009, pp. 133-142.

BARROW, A. "Las resoluciones 1325 y 1820 del Consejo de Seguridad: promover las cuestiones de género en los conflictos armados y en el derecho internacional humanitario", *International Review of the Red Cross*, nº 877, 2010.

BRICEÑO, A., "La educación y su efecto en la formación de capital humano y en el desarrollo económico de los países", *Apuntes CENES Nº 51*, 30, 2011.

CARRASCO, C., "Mujer, sostenibilidad y deuda social", *Revista de Educación*, número extraordinario 2009, pp. 169-191.

CHEN QUESADA, E.; HERNÁNDEZ CHAVES, C.; SEGURA BONILLA, O., "La igualdad de género en las políticas públicas en el marco de los Objetivos de Desarrollo Sostenible", *Revista de Política Económica y Desarrollo Sostenible*, 2020, https://doi.org/10.15359/peds.5-2.3

DE OLIVEIRA SHUCK, E.; BRITO, L., "Mujeres, paz y seguridad internacional: el Acuerdo de la Habana para la paz en Colombia", *Relaciones Internacionales*, nº 41, 2019, pp. 73-90. https://doi.org/10.15366/relacionesinternacionales2019.41.004

EL-RHORMY, I.; DOMÍNGUEZ-SERRANO, P.M., "La incorporación de la perspectiva de género en la agenda internacional de la eficacia de la ayuda y del desarrollo: limitaciones y retos", *Perspectiva Socioeconómica*, nº 5, 2017, pp. 107-126.

GLOBAL ENTREPRENEURSHIP MONITOR, "GEM 2022/23 Women's Entrepreneurship Report: Challeging Bias and Stereotypes", 2023, https://

womensenterprisepolicygroup.com/wp-content/uploads/2023/11/open.pdf

LISTER, R., *"Citizenship, Feminist Perspectives"*, Macmillan Press, Londres, 1997.

MESA, M., "Mujer, paz y seguridad: la Resolución 1325 en su décimo aniversario", *Balance de una década de paz y conflictos: tensiones y retos en el sistema internacional, Anuario CEIPAZ*, 2010, pp. 43-64.

MINGOL, I.C., *"La ética del cuidado y la construcción de la paz"*, Icara, 2008.

MINISTERIO DE IGUALDAD, "Resolución 1325, Paz, seguridad", https://www.inmujeres.gob.es/areasTematicas/Internacional/MujeresPazSeguridad.htm

NACIONES UNIDAS, "Declaración de Río sobre el Medio Ambiente y el Desarrollo", https://www.un.org/spanish/esa/sustdev/agenda21/riodeclaration.htm

NACIONES UNIDAS, "Declaración y programa de acción de Viena", 1993, p.23. https://www.ohchr.org/sites/default/files/Documents/Events/OHCHR20/VDPA_booklet_Spanish.pdf

NACIONES UNIDAS, "Gente resiliente en un planeta resiliente: un futuro que vale la pena elegir", 2012, https://www.studocu.com/co/document/escuela-superior-de-administracion-publica/gestion-de-las-organizaciones-publicas/onu-2012-gente-resiliente-en-un-planeta-resilente-informe/86163552

NACIONES UNIDAS, "Hechos y cifras: Empoderamiento económico", https://www.unwomen.org/es/que-hacemos/empoderamiento-economico/hechos-y-cifras

NACIONES UNIDAS, "Igualdad de género: por qué es importante", https://www.un.org/sustainabledevelopment/es/wp-content/uploads/sites/3/2016/10/5_Spanish_Why_it_Matters.pdf

NACIONES UNIDAS, "La asamblea General adopta la Agenda 2030 para el Desarrollo Sostenible", 2015, https://www.un.org/sustainabledevelopment/es/2015/09/la-asamblea-general-adopta-la-agenda-2030-para-el-desarrollo-sostenible/

NACIONES UNIDAS, "Mujeres: impulsadoras del cambio", https://www.un.org/es/climate-change/climate-solutions/womens-agents-change

NACIONES UNIDAS, "Objetivo 5: Lograr la igualdad entre los géneros y empoderar a todas las mujeres y las niñas", https://www.un.org/sustainabledevelopment/es/gender-equality/

NACIONES UNIDAS – CONSEJO DE SEGURIDAD, "Resolución 1325 (2000)", 2000, https://www.un.org/womenwatch/ods/S-RES-1325(2000)-S.pdf

NACIONES UNIDAS – CONSEJO DE SEGURIDAD, "Resolución 1820 (2008)", 2008, https://www.acnur.org/fileadmin/Documentos/BDL/2011/8217.pdf

NACIONES UNIDAS – CONSEJO DE SEGURIDAD, "Resolución 1888 (2009)", 2009, https://www.acnur.org/fileadmin/Documentos/BDL/2011/8237.pdf

NACIONES UNIDAS – CONSEJO DE SEGURIDAD, "Resolución 1889 (2009)", 2009, https://www.acnur.org/fileadmin/Documentos/BDL/2011/8236.pdf

NACIONES UNIDAS – CONSEJO DE SEGURIDAD, "Resolución 1960 (2010)", 2010, https://www.acnur.org/fileadmin/Documentos/BDL/2011/8324.pdf

ONU MUJERES, "El progreso en el cumplimiento de los Objetivos de Desarrollo Sostenible. Panorama de Género 2023", 2023, https://unstats.un.org/sdgs/gender-snapshot/2023/GenderSnapshot_2023_SP.pdf

ONU MUJERES, "Informe anual 2021-2022", https://www.unwomen.org/es/informe-anual/2022

RICARDO, D., "*The principles of Political Economy Taxation*", 1817.

SABINO, C. *"Diccionario de economía y finanzas"*, Panapo, Caracas, 1991.

SMITH, A., "*Investigación sobre la naturaleza y causa de la riqueza de las naciones*", Editorial Alianza, Madrid, 1776.

SMITH, A., "*La teoría de los Sentimientos Morales*", Alianza Editorial, Madrid, 1997.

UNESCO, "Indicadores UNESCO de la cultura para el desarrollo: Manual Metodológico", *Organización de las Naciones Unidas para la Educación, la Ciencia y la Cultura,* París, 2014.

VERDIALES LÓPEZ, D.M., "La importancia de la mujer en el desarrollo. Análisis de los Objetivos de Desarrollo Sostenible con perspectiva de género", 2020, pp. 97-113.

VERDIALES LÓPEZ, D.M., "La mujer: pieza clave en el desarrollo sostenible. Estrategias contenidas en la Agenda 2030", 2021.

SEGUNDA PARTE
LAS MUJERES ENTRE GUERRA Y PAZ

El genero de la guerra

The gender of war

FRÉDÉRIC MERTENS DE WILMARS[1]

Resumen

La cuestión de si la guerra tiene género es compleja y multidimensional. Puede abordarse desde diversos ángulos, como el sociológico, el histórico y el cultural. Desde un punto de vista sociológico, la guerra se ha percibido a menudo como un ámbito masculino, debido a los roles tradicionales de género que atribuyen la condición de combatiente a los hombres. Sin embargo, esta perspectiva se cuestiona cada vez más. Las mujeres han desempeñado, y siguen desempeñando, papeles importantes en los conflictos, ya sea como combatientes, trabajadoras, sostén de la familia, activistas por la paz, víctimas, etcétera. Si la guerra no está intrínsecamente marcada por el género, las percepciones y experiencias de la guerra pueden verse influidas por éste. Por lo tanto, es importante tener en cuenta el género al estudiar la guerra para obtener una comprensión más completa y matizada del conflicto.

Palabras clave: Guerra – Género – Mujer – Visibilidad–ONU

Abstract

The question of whether war is gendered is complex and multidimensional. It can be approached from various angles, such as sociological, historical and cultural. From a sociological point of view, war has often been perceived as a male domain, due to traditional gender roles that attribute combatant status to men. However, this perspective is increasingly being challenged. Women have played, and continue to play, important roles in conflict, whether as combatants, workers, breadwinners, peace activists, victims, and so on. If war is not inherently gendered, perceptions and experiences of war can be influenced by gender. It is

---

1 Profesor titular y director del departamento jurídico de la Universidad Europea de Valencia (Frederic.mertensdewilmars@universidadeuropea.es). Todas las páginas webs mencionadas en este trabajo han sido consultadas el 07 de agosto de 2024.

therefore important to take gender into account when studying war to gain a fuller and more nuanced understanding of the conflict.

Keywords: War–Gender–Women–Visibility–UN

SUMARIO

1. INTRODUCCION

Tradicionalmente, la guerra se ha considerado un acontecimiento que sólo concierne a los hombres–por lo general, los únicos que llevan armas y luchan–y la historia estudia sus aspectos militares y diplomáticos. En Europa y Norteamérica, la década de 1970 supuso una mirada crítica a esta concepción tradicional que adoptaba el punto de vista de las élites y los hombres. En efecto, esos años estuvieron marcados tanto por la aparición de una historia de las mujeres–cuyo objetivo era hacer visibles a las mujeres del pasado y dar cuenta de sus experiencias–como por la afirmación de una historia social que escudriñaba las sociedades y los grupos sociales. Ambos enfoques llevaron al replanteamiento de lo rol de la mujer en los espacios atribuidos a los hombres, como el del conflicto y la diplomacia.

Un conflicto sólo puede entenderse a través del estudio de sociedades en guerra que se han visto trastocadas por una situación sin precedentes, como la separación al menos parcial o temporal de los sexos; el descenso de los nacimientos y el aumento de los fallecimientos; la reorganización de las situaciones socioeconómicas, etc. También se toma en consideración los acontecimientos en el frente militar que dependen de las realidades sociales y políticas de la retaguardia, en particular las dos guerras mundiales del siglo XX y a fortiori en las guerras civiles y de liberación nacional en las que se produce una interpenetración del combate y la vida cotidiana.

Por ello, la cuestión de si la guerra tiene género es compleja y multidimensional. Puede abordarse desde diversos ángulos, como el sociológico, el histórico y el cultural. Desde un punto de vista sociológico, la guerra se ha percibido a menudo como un ámbito masculino, debido a los roles tradicionales de género que atribuyen la condición de combatiente a los hombres.

Sin embargo, esta perspectiva se cuestiona cada vez más. Las mujeres han desempeñado, y siguen desempeñando, papeles importantes en los conflictos, ya sea como combatientes, trabajadoras, sostén de la familia, activistas por la paz, víctimas, etcétera. Históricamente, la participación de las mujeres en la guerra ha sido a menudo minimizada o ignorada. Ahora bien, las investigaciones recientes destacan la importante contribución de las mujeres a los esfuerzos bélicos y cómo los conflictos han afectado a sus vidas[2]. Culturalmente, la representación de la guerra en los medios de comunicación, la literatura y el arte también puede estar condicionada por el género. Por ejemplo, las historias de guerra pueden reforzar o cuestionar los estereotipos de género.

La guerra no está intrínsecamente marcada por el género, pero las percepciones y experiencias de la guerra pueden verse influidas por el género. Por lo tanto, es importante tener en cuenta el género al estudiar la guerra para obtener una comprensión más completa y matizada del conflicto.

---

2 SANTIRSO RODRÍGUEZ, M. (coord.), GUERRERO MARTIN, A. (coord.), *Mujeres en la guerra y en los ejércitos*, Los Libros de la Catarata, 2019.

Esta contribución propone varios enfoques o ejes que participan en la definición – si existe – del género de la guerra. En otras palabras, se trata de ver si el conflicto armado o no es una cuestión intrínsicamente masculina. Aunque la respuesta ya está claramente negativa, los enfoques propuestos nos permiten deconstruir el (pre)supuesto de la ecuación "guerra = hombres".

2. MUJERES Y GUERRA O LA GUERRA EN FEMENINO

Dejando aparte algunos episodios históricos más o menos célebres que, aquí y allá, aparecen como paréntesis anecdóticos, las mujeres militares son un fenómeno bastante reciente, que afecta sobre todo a los ejércitos occidentales o de naturaleza afín.

La novedad reside ante todo en las cifras. A principios de los años setenta, la media de mujeres uniformadas en las fuerzas armadas era inferior al 2%, a menudo en unidades exclusivamente femeninas que habían quedado de las guerras mundiales.

Cuarenta años después, la proporción media de mujeres en los países miembros de la OTAN es del 10,5%, con máximos del 20% y el 16% en Hungría y Letonia, y mínimos del 3,8% y el 2,5% en Italia y Polonia. Francia encabeza la lista con un 15,1%, seguida de cerca por Estados Unidos, con un 14%, y el Reino Unido, con un 9,7%.

Muy pronto en este proceso, a partir de los años 70 y 80, se disolvieron las unidades puramente femeninas y las mujeres se extendieron a todas, o casi todas, las subdivisiones del ejército. Poco a poco, la discriminación legal o reglamentaria de la mujer en materia de empleo se fue erosionando, hasta desaparecer por completo (hacia el año 2000), con una excepción: la que se refería -en mayor o menor medida según los países- a la acción de combate o a ciertos aspectos de ésta.

Esta evolución obedece a dos razones. Es evidente que, en muchos aspectos, los ejércitos occidentales han aceptado y promovido su relativa feminización bajo la influencia de sus respectivas sociedades.

Numerosos e importantes estudios fueron realizados en los años setenta y principios de los ochenta sobre el papel de las mujeres durante la guerra. Entender la guerra a través de los ojos de las mujeres significa ante todo hacer visibles las figuras femeninas: la enfermera, la madrina de guerra que escribe a los soldados y los recibe de permiso, la obrera en las fábricas de guerra, la trabajadora de reemplazo en el campo o en las ciudades que hace el trabajo del hombre movilizado, la madre que cría sola a sus hijos; pero también, en las guerras de liberación nacional, la resistente o partisana que lucha contra las fuerzas de ocupación, sirviendo de auxiliar indispensable a la resistencia armada.

Mirar la guerra desde una perspectiva femenina significa también analizar el lugar de las mujeres en las sociedades en guerra, sus formas de compromiso en el frente y en la retaguardia, su vida cotidiana material y cultural, y las penurias que soportaron: soledad, duelo, escasez, sobrecarga de trabajo y responsabilidad. Algunas guerras son sobre todo una penuria para las mujeres; otras pueden significar también nuevas oportunidades de trabajo, y las situaciones pueden variar de una época a otra y de un lugar a otro, incluso dentro de un mismo país, donde algunas zonas pueden estar ocupadas o bajo el fuego de las ametralladoras, mientras que otras disfrutan de una situación más favorable.

Las investigaciones sobre las mujeres han permitido establecer comparaciones nacionales y comprender mejor los fenómenos mundiales[3]. Por ejemplo, si Alemania fue derrotada en la Primera Guerra Mundial, fue también porque fracasó en parte a

---

3 QUESADA SANZ, F. (dir.), *Mujeres y guerra: cuerpos, territorios y anexiones*, Biblioteca Nueva, Madrid, 2014.

la hora de movilizar a las mujeres como sustitutas y trabajadoras de guerra–mientras que en el Reino Unido la mano de obra femenina creció un 50% entre 1914 y 1918 y un 20% en Francia–y porque las mujeres de la clase obrera se rebelaron contra la escasez impuesta por el bloqueo naval y socavaron la autoridad del régimen imperial[4].

3. GÉNERO Y GUERRA(S): NUEVAS PERSPECTIVAS

Aunque la historia de las mujeres siempre ha estudiado éstas en sus contextos y sus relaciones con los hombres, y desde el principio ha planteado la cuestión de la construcción de identidades y categorías de género–al menos el femenino-, el género, que desnaturaliza la diferencia entre los sexos y cuestiona cualquier forma de jerarquía de género, hace que el enfoque sea más complejo. Se ha estudiado lo que la guerra hace al género, observando el género de las movilizaciones, los compromisos, las ordalías y los imaginarios sociales. También se ha preguntado qué hace el género a la guerra, examinando el género de las políticas bélicas[5].

En primer lugar, un enfoque de género plantea la cuestión de la emancipación de la mujer a través de la guerra de una manera diferente, observando la evolución de los sistemas de género, un conjunto de roles sociales diferenciados por género y un sistema de representaciones que definen la masculinidad y la feminidad[6].

---

4 BAECHLER, J., TRÉVISI, M., *La Guerre et les Femmes*, L'Harmattan, París, 2018.

5 RANDOLPH HIGONNET, M., *Behind the Lines: gender and the two world wars*, Yale University Press, 1987.

6 Sobre la emancipación de las mujeres en la guerra, ver SANCHO COMAS, S., MARTÍNEZ BONAFÉ, A., “Guerras del siglo XX y emancipación femenina”, *Iber: Didáctica de las ciencias sociales, geografía e historia*, Nº. 110, 2023, pp. 8-14.

Se trata de comparar la situación material y jurídica de mujeres y hombres antes, durante y después de la guerra, así como de prestar atención a todas las formas de expresión cultural que dan sentido a las experiencias de hombres y mujeres, y que pueden considerarse reacciones a la convulsión provocada por el acontecimiento.

Así pues, en varios países, la adquisición por las mujeres de derechos políticos a continuación de la segunda guerra mundial–el derecho de sufragio activo y pasivo–no puede presentarse únicamente como la recompensa a su participación en el esfuerzo de guerra. En efecto, la resistencia a la ciudadanía femenina seguía siendo muy fuerte, puesto que el cambio político – al oeste y este–no fue acompañado de un cambio más general en los derechos de la mujer que le hubiera dado todo su sentido.

De forma más general, un análisis de género muestra que hombres y mujeres viven la guerra de forma diferente y no sincronizada; que los papeles de las mujeres siempre permanecen subordinados a los de los hombres, a pesar de la confrontación pública sobre el significado que debe darse a las experiencias de unos y otros–por ejemplo, la movilización de las mujeres en las fábricas de guerra -; que las identidades de género se ven sacudidas pero que los imaginarios sociales permanecen anclados en la diferencia entre los sexos.

El género también implica que no existe un único sexo femenino y que la masculinidad es una construcción cultural y social que varía en el tiempo y en el espacio. Las sociedades en guerra movilizan la masculinidad, pidiendo a los hombres que sean fuertes, que protejan a las mujeres y a los niños, y que defiendan la tierra y la nación: las formas de propaganda–discursos e imágenes–utilizan estos registros sexuados.

Ahora bien, la guerra también pone a prueba a los hombres y su virilidad: los sufrimientos físicos y morales padecidos en el frente–heridas, miedo al dolor y a la muerte, enfermedades con síntomas "femeninos"–y las crisis de identidad provocadas por el desfase entre la guerra idealizada y la guerra real.

Interesarse por el género de la guerra es, en definitiva, observar la "sexuación o genderización" de las políticas de guerra. Los Estados en guerra definen y distribuyen los roles de género mediante leyes de movilización militar y civil y medidas de protección familiar y social: subsidios para las esposas de los soldados, pensiones de viudedad, etc. También controlan la sexualidad, y la forma en que se trata a las mujeres. También controlan la sexualidad, no sólo la de los soldados, sino también la de las esposas de los soldados, cuya fidelidad conyugal se eleva al nivel de necesidad patriótica, tratándose la infidelidad conyugal, en particular con un hombre del enemigo, como traición nacional.

Los Estados y las sociedades en guerra movilizan las representaciones culturales de lo masculino y lo femenino en aras del interés nacional, por ejemplo, feminizando al enemigo para subrayar su debilidad, o equiparando la conquista del territorio por parte del enemigo con la violación de la "mujer-nación", en la que el cuerpo de la mujer simboliza el cuerpo de la nación y la tierra de los antepasados[7]. Profundamente sexualizados, el discurso y la iconografía de la guerra proponen una división complementaria de la nación entre el hombre-soldado y las mujeres y los niños asimilados a la tierra que defiende. De forma más general y clara que en tiempos de paz, el género ayuda a pensar la identidad nacional; se utiliza como índice de (y para) la nacionalidad, sirviendo para incluir o excluir a mujeres y hombres de la nación, se conformen o no.

---

[7] CIFUENTES MENESES, A., "La fiera: Mujer, identidad y nación", *Revista de Antropología Visual*, Nº. 31, 2023, pp.1-21.

4. LA VISIBILIDAD DE LA CONTRIBUCIÓN DE LAS MUJERES

La última Conferencia de Seguridad de Múnich, que se celebró el 17 de febrero de 2023, fue uno de los foros más importantes para debatir las políticas de seguridad internacional, y se ha enmarcado como un foro de debate sobre la mejor manera de resolver pacíficamente los conflictos y las cuestiones de seguridad. Su objetivo era estar en el centro de la definición y el debate de las cuestiones de seguridad contemporáneas, teniendo en cuenta también los aspectos medioambientales y humanos de la seguridad.

Sin embargo, la conferencia sólo trató dos veces las cuestiones de género y la articulación del género en la geopolítica. Esta llamativa ausencia es característica del ámbito de la seguridad y de las dinámicas de poder asociadas a él. Ahora bien, como explica Foucault, "poder y saber se implican directamente; no hay relación de poder sin la constitución correlativa de un campo del saber, ni el saber que no presuponga y constituya al mismo tiempo relaciones de poder"[8]. Entonces, ¿qué implica y qué significa la ausencia de una perspectiva de género en las cuestiones de conflictos y de seguridad internacional?

5. LAS RAÍCES DE ESTA OMISIÓN

La estructura de los problemas de seguridad contemporáneos tiene su origen en el nacimiento mismo de nuestros modelos políticos occidentales. La noción de Estado se basa en el concepto clásico del yo, lo interior, por oposición al otro, lo exterior.

---

8 SAUQUILLO GONZÁLEZ, J., *Michel Foucault: poder, saber y subjetivación*, Alianza, Madrid, 2017.

Desde un punto de vista histórico, esta noción tiene su origen en la antigua Grecia, donde el *oikos* simbolizaba el interior por oposición a la *polis*, el exterior, que era defendido por los hombres a través de su papel guerrero. A lo largo del tiempo se ha establecido una analogía entre la imagen de la patria, el interior y la mujer, idealizada pero restringida a una entidad que debe protegerse del "otro".

La visión de las relaciones internacionales de los teóricos realistas se deriva de esta historia, haciendo hincapié en el punto de referencia del hombre y conduciendo así a una especie de antropomorfismo del Estado representado por el hombre que protege a la nación.

Como se describe en la obra de Kenneth Waltz, *El hombre, el Estado y la guerra*, para los realistas el sistema internacional se caracteriza por una anarquía que refleja el comportamiento masculino en su dimensión de género: "entre los hombres, como entre los Estados, no hay un ajuste automático de intereses"[9].

Así pues, las relaciones internacionales se conciben como una relación entre hombres cuyos intereses están en perpetuo conflicto. Las relaciones internacionales están marcadas por el falocentrismo, en el sentido de que el Estado es el punto de referencia central del sistema internacional y su relación con los demás se modela según el comportamiento masculino. Esto conduce a una homogeneización del pensamiento de las relaciones internacionales en torno al punto de vista y la experiencia masculinos.

Desde 1960, la disciplina de las relaciones internacionales ha sido objeto de críticas por su modelo, que propugna cierta neutralidad, al tiempo que fomenta la homogeneización de la población mundial en torno a la noción del "hombre racional" en vez de los intereses del Estado.

---

9 WALTZ, K.N., *El hombre, el Estado y la guerra*, Editorial Nova, Buenos Aires, 1959.

La noción de "igualdad de derechos entre hombres y mujeres" en el preámbulo de la Carta de San Francisco de 1945 cristaliza la necesidad de acabar con la supuesta neutralidad de esta disciplina[10]. De hecho, ésta mantiene una visión sesgada de un mundo marcado por la hegemonía masculina y occidental que invisibiliza los intereses y necesidades del resto de la población.

5.1. Una lectura minoritaria del prisma de género.

Al igual que la última Conferencia de Seguridad de Múnich, la mayoría de los organismos o entidades supranacionales implicados en la reflexión sobre la seguridad tienen un modo de pensar y de operar especialmente patriarcal.

La falta de representación de las mujeres en puestos estratégicos, como puede verse en el seno de la OTAN en 2018, donde las mujeres representaban el 25% de los altos cargos, perpetúa una falta de consideración del punto de vista femenino[11]. Sin embargo, incluso si algunas organizaciones consideran que esta paridad es necesaria, como la ONU, que tiene tasas del 43% y el 35%, respectivamente, para puestos de media carrera y altos cargos, sigue siendo insuficiente.

Además, se ha destacado la diferencia entre la representación descriptiva, es decir, el número de mujeres que actúan en el ámbito de la seguridad, y la representación sustantiva, que se refiere más a la defensa de los intereses de las mujeres en la agenda internacional.

---

10 SALDAÑA DÍAZ, M.N., "La representación de las mujeres en el sistema de las Naciones Unidas: hacia la paridad de género. Logros y retos para el siglo XXI", *Aequalitas: Revista jurídica de igualdad de oportunidades entre mujeres y hombres*, Nº.30, 2012, pp. 6-18.

11 HLATKY (VON) S., *Deploying Feminism: The Role of Gender in NATO Military Operations*, Oxford University Press, 2022.

Así pues, no existe una correlación directa entre ambas variables, y un aumento de la representación de las mujeres en papeles importantes en el ámbito de la seguridad no estará necesariamente vinculado a un aumento de las políticas que tengan en cuenta la realidad de las dinámicas de género.

También, aunque el prisma de género se tiene en cuenta en algunos textos internacionales, como la Carta de las Naciones Unidas, todavía se inscribe en un marco de análisis restringido.

La resolución 1325 de la ONU, centrada en la protección de las mujeres en los conflictos armados y su participación en la resolución de conflictos, fue revolucionaria en su defensa de un enfoque igualitario en todos los procesos de paz y dio lugar a la adopción de otras numerosas resoluciones (1820, 1888, 1889, 1325, 1960, 2106, 2242, 2493 y 2467)[12].

Conforman la agenda conocida como "Mujeres, Paz y Seguridad", que ha propiciado un aumento de la participación de las mujeres en los procesos de paz, una realidad que, según la ONU, ha conducido a resultados más sostenibles e inclusivos.

Las desigualdades de género se agravan en tiempos de conflicto, y las cifras de la Agencia de Naciones Unidas para los Refugiados (ACNUR) muestran que, en el caso de Afganistán, desde septiembre de 2020 el 87% de las mujeres habían sufrido algún tipo de violencia de género, por lo que esta nueva conciencia de las consecuencias específicas de género de los conflictos es un factor importante para trabajar en su reducción[13].

---

12 TIRADO ACERO, M., "La Resolución 1325 de 2000: su implementación en España y la OTAN", *Revista Científica General José María Córdova*, Vol. 22, N°. 45, 2024, pp. 219-236; CAVERO MARTÍNEZ, G., *Las mujeres en los conflictos y postconflictos armados la Resolución 1325 de la ONU y su vigencia hoy*, CEU Ediciones, Madrid, 2021.

13 AVELLO MARTÍNEZ, M., "Los derechos humanos y la agenda Mujeres, Paz y Seguridad en Afganistán: luces en la oscuridad", *Revista electrónica de estudios internacionales (REEI)*, N°. 46, 2023.

Sin embargo, estas resoluciones pueden ser criticadas por "esencializar" a la mujer en la posición de víctima al situarla al mismo nivel que los niños, como seres con vulnerabilidades similares que deben ser protegidos. Del mismo modo, el marco de estas resoluciones apoya de hecho la anticuada teoría del pacifismo biológico, una forma de pensar típicamente patriarcal que atribuye características "gentiles" a las mujeres, cuya participación permitiría pacificar las relaciones internacionales en términos de "facilidades naturales" para la paz.

5.2. La perpetuación de un análisis y una práctica patriarcales de la guerra.

El pensamiento de Foucault ilustra que la definición de nuestra realidad, es decir, el discurso construido en relación con ella es estructurante. Aplicado al ámbito de las relaciones internacionales, esta reflexión se logra mediante la reflexión y la repetición de un ciclo de violencia endógeno al sistema patriarcal[14].

En primer lugar, separando los asuntos privados, nacionales, de los asuntos públicos, internacionales, lo que restringe la escala de análisis de la violencia contra las mujeres como un componente de los asuntos nacionales o internacionales y no como un fenómeno global que se sostiene por sí mismo. Las particularidades locales, es decir, las realidades culturales relacionadas con la política, la religión y la situación económica, se entrelazan con las realidades internacionales neoliberales, imperialistas y patriarcales, creando un continuo de violencia.

---

14 URIBE DE HINCAPIÉ, M.T., "La guerra y la política: una mirada desde Michel Foucault", *Estudios Políticos,* Nº. 20, 2002, pp. 123-136.

Este continuo de violencia no puede abordarse en el marco de nuestro sistema de seguridad, que etiqueta y separa estas dos realidades. Esta realidad queda ilustrada en particular por el conflicto iraquí, en el que la violencia durante el conflicto se vio alimentada por la dinámica de la violencia de género previa al conflicto.

Se ha destacado el peligro de un análisis que separe estos dos fenómenos simplemente por criterios de historicidad y temporalidad entre paz y conflicto. El peligro reside en una interpretación nacional basada en particularidades etnoculturales, separando así los fenómenos de violencia de las influencias globales que realmente alimentan la violencia a nivel local.

Se ha demostrado que la violencia de género inscrita en la sociedad iraquí dentro de las familias y las bandas criminales se entrelazó después con la violencia de la guerra a través de las milicias y las fuerzas de ocupación.

Así pues, aunque hoy en día los conflictos son en un 95% intraestatales en una era especialmente globalizada, las dinámicas de opresión se mantienen a todos los niveles, y debe favorecerse una lectura holística de este fenómeno de violencia por encima de la separación de una lectura nacional o internacional de la seguridad relativa a los derechos de las mujeres.

Más allá de esta ignorancia, la mentalidad patriarcal de la seguridad se mantiene por su aplicación, en particular a través del paradigma de la violencia de Estado, que intenta reducir y resolver la mayoría de los conflictos armados mediante el uso de la violencia. Es un círculo vicioso que la ONU, a pesar de ser el principal actor en el mantenimiento de la paz, mantiene al naturalizar este paradigma como el único legítimo, que por tanto debe regular.

Esto queda especialmente ilustrado por las campañas llevadas a cabo por la Unión Africana y la Unión Europea para mantener la seguridad en África, como la campaña "Silenciar las armas" lanzada en la década de 2000. Apoyado por varias feministas y por

ONU Mujeres, este programa, que pretende actuar para prevenir los conflictos y la violencia de género, ha construido sin embargo su práctica en torno a la militarización, una realidad demostrada por su presupuesto[15].

Del mismo modo, la reciente política de la Unión Europea de establecerse como actor principal en la escena geopolítica ha conducido a una organización más militarista y a un aumento de los presupuestos de los respectivos ejércitos de varios de sus miembros, como Francia y Alemania.

Esta sobrerrepresentación de la respuesta militar a la seguridad mantiene así la realidad de la violencia del sistema patriarcal a nivel nacional e internacional, produciendo nuevas formas de inseguridad y una reducción de los presupuestos anteriormente destinados a otros sectores que trabajan para reducir la inseguridad desde una perspectiva de género.

5.3. La necesidad de tener en cuenta el género al analizar la seguridad internacional.

Marcadas por siglos de tradición militarista y patriarcal, las cuestiones de seguridad se enmarcan bajo este prisma en su pensamiento y sus prácticas. Sin embargo, ¿cómo pueden seguir analizándose las relaciones internacionales a través de la lente de un legado que se remonta a Tucídides? La naturaleza cambiante de los conflictos armados es un ejemplo contundente de la necesidad de nuevos enfoques geopolíticos.

La consideración del prisma de género en las cuestiones de seguridad internacional cuestiona la visión militarista de las relaciones internacionales. Las opiniones difieren en cuanto a la mejor manera de considerar el prisma de género, con oposiciones marcadas en particular por una presunta dicotomía entre el

---

15 DÍEZ ALCALDE, J., "Silenciar las armas en África: un desafío tan urgente como complejo", *bie3: Boletín IEEE*, Nº 17, 2020, pp. 392-411.

realismo, que sigue siendo mayoritario hoy en día, y el feminismo en la geopolítica.

Sin embargo, es posible y deseable acercar estas dos visiones, en particular restringiendo el uso de la fuerza armada únicamente a los casos necesarios, reduciendo así naturalmente el presupuesto militar y destinando al mismo tiempo un presupuesto mayor a la investigación y a políticas que tengan realmente en cuenta el prisma de género en la realidad de las dinámicas de poder y su impacto en la seguridad internacional.

6. CONCLUSIONES

Plantearse la cuestión de la guerra y el ejército desde el punto de vista del género, es decir, comparando lo masculino y lo femenino, puede parecer paradójico dado que la guerra es el campo por excelencia donde la construcción y la división de los roles sexuales se expresan de la forma más radical.

La guerra sólo pertenece a un género, el de los hombres, y hasta donde podemos remontarnos, con la excepción de algunos experimentos recientes, las mujeres siempre han estado y todavía a menudo están excluidas de las actividades militares.

Sea cual sea el tipo de sociedad elegido, tribal o familiar, patrilineal o matrilineal, la defensa del territorio siempre se confía a los hombres. Existen, por supuesto, grandes mujeres guerreras, figuras míticas como las Amazonas, o divinas como la diosa Atenea o la virgen cazadora Artemisa.

Sin embargo, la función de los mitos y los dioses es, entre otras cosas, transgredir la realidad, pensar lo inimaginable. Dicho esto, para ceñirnos a la realidad, es cierto que algunas sociedades, que solemos llamar "primitivas", tienen verdaderos ejércitos de mujeres. Pero tanto si luchaban en grupo como individualmente, con hombres o sin ellos, estas mujeres guerreras eran siempre mujeres excepcionales, aisladas del grupo social; eran personalidades extraordinarias a las que la comunidad rechazaba indefinidamente del lado de los hombres.

Las mujeres guerreras alteran el orden social sólo para recordar a las sociedades la regla común: "La guerra es cosa de hombres". La ausencia de mujeres en la organización militar no significa que nunca fueran a la guerra. Al contrario, siempre estuvieron presentes, en mayor o menor medida, junto a los soldados varones. Su papel, aunque fuera decisivo para ganar la guerra, siempre fue oficioso, minimizado y, en cualquier caso, no reconocido por las autoridades militares.

7. REFERENCIAS BIBLIOGRÁFICAS

AVELLO MARTÍNEZ, M., "Los derechos humanos y la agenda Mujeres, Paz y Seguridad en Afganistán: luces en la oscuridad", *Revista electrónica de estudios internacionales (REEI)*, Nº. 46, 2023.

BAECHLER, J., TRÉVISI, M., *La Guerre et les Femmes*, L'Harmattan, París, 2018.

BOENE, B., « Des femmes et des fonctions de combat: réalités et termes du débat », en BAECHLER, J., *La Guerre et les Femmes*, Hermann, París, 2018, pp. 215-224.

CAVERO MARTÍNEZ, G., *Las mujeres en los conflictos y postconflictos armados la Resolución 1325 de la ONU y su vigencia hoy*, CEU Ediciones, Madrid, 2021.

CIFUENTES MENESES, A., "La fiera: Mujer, identidad y nación", *Revista de Antropología Visual*, Nº. 31, 2023, pp.1-21.

DÍEZ ALCALDE, J., "Silenciar las armas en África: un desafío tan urgente como complejo", *bie3: Boletín IEEE*, Nº 17, 2020, pp. 392-411.

HLATKY (VON) S., *Deploying Feminism: The Role of Gender in NATO Military Operations*, Oxford University Press, 2022.

QUESADA SANZ, F. (dir.), *Mujeres y guerra: cuerpos, territorios y anexiones*, Biblioteca Nueva, Madrid, 2014.

RANDOLPH HIGONNET, M., *Behind the Lines: gender and the two world wars*, Yale University Press, 1987.

SALDAÑA DÍAZ, M.N., "La representación de las mujeres en el sistema de las Naciones Unidas: hacia la paridad de género. Logros y retos para el siglo XXI", *Aequalitas: Revista jurídica de igualdad de oportunidades entre mujeres y hombres*, Nº.30, 2012, pp. 6-18.

SANCHO COMAS, S., MARTÍNEZ BONAFÉ, A., "Guerras del siglo XX y emancipación femenina", *Iber: Didáctica de las ciencias sociales, geografía e historia*, Nº. 110, 2023, pp. 8-14.

SANTIRSO RODRÍGUEZ, M. (coord.), GUERRERO MARTIN, A. (coord.), *Mujeres en la guerra y en los ejércitos*, Los Libros de la Catarata, 2019.

SAUQUILLO GONZÁLEZ, J., *Michel Foucault: poder, saber y subjetivación*, Alianza, Madrid, 2017.

TIRADO ACERO, M., "La Resolución 1325 de 2000: su implementación en España y la OTAN", *Revista Científica General José María Córdova*, Vol. 22, Nº. 45, 2024, pp. 219-236.

URIBE DE HINCAPIÉ, M.T., "La guerra y la política: una mirada desde Michel Foucault", *Estudios Políticos*, Nº. 20, 2002, pp. 123-136.

WALTZ, K.N., *El hombre, el Estado y la guerra*, Editorial Nova, Buenos Aires, 1959.

Pedagogía de la gobernabilidad de la mujer para la paz

Pedagogy of women's governance for peace

MARÍA ROSA SANCHIDRIÁN PARDO[1]

Resumen

La pedagogía de la gobernabilidad de las mujeres para la paz enfatiza la relevancia del reconocimiento de las mujeres como constructoras de la paz. Este reconocimiento es crucial para empoderar a las mujeres y fomentar su participación activa en la construcción de la paz. Las "etiquetas" pueden ser un obstáculo o una ayuda, dependiendo de cómo se utilicen. Pueden limitar la percepción de las capacidades de las mujeres, pero también pueden ser utilizadas para destacar su papel en la paz. Los rasgos de la gobernabilidad femenina para la paz incluyen la colaboración, la empatía y la resolución de conflictos. La pedagogía de la gobernabilidad de la mujer para la paz busca educar y capacitar a las mujeres para que sean líderes efectivas en la construcción de la paz.

Palabras clave: Paz– Alianza – Gobernabilidad – Mujer – pedagogía

Abstract

The pedagogy of women's governance for peace emphasizes the relevance of recognizing women as peacebuilders. This recognition is crucial to empower women and encourage their active participation in peacebuilding. Labels" can be a hindrance or a help, depending on how they are used. They can limit the perception of women's capabilities, but they can also be used to highlight their role in peace. Traits of women's governance for peace include collaboration, empathy and conflict resolution. The pedagogy of women's governance for peace seeks to educate and empower women to be effective leaders in peacebuilding.

Keywords: Peace–Alliance–Governance–Women–pedagogy

---

[1] Rectora de la Universidad Europea de Valencia (mrosa.sanchidrian@universidadeuropea.es). Todas las páginas webs mencionadas en este trabajo han sido consultadas el 07 de agosto de 2024.

SUMARIO

I. INTRODUCCIÓN. 2. LA RELEVANCIA DEL RECONOCIMIENTO DE LAS MUJERES CONSTRUCTORAS DE LA PAZ. 3. EL OBSTACULO O LA AYUDA DE LAS "ETIQUETAS". 4. LOS RAZGOS DE LA GOBERNABILIDAD FEMENINA PARA LA PAZ. 5. PEDAGOGIA DE GOBERNABILIDAD DE LA MUJER PARA LA PAZ. 6. CONCLUSIONES

1. INTRODUCCION

En octubre de 2000, el Consejo de Seguridad de las Naciones Unidas aprobó la Resolución 1325 sobre Mujeres, Paz y Seguridad en el contexto de la guerra, reconociendo las distintas experiencias de violencia, victimización, supervivencia y consolidación de la paz que viven mujeres y hombres[2]. Se admitió formalmente la importancia de las mujeres en la terminación de la violencia y en la negociación y construcción de una paz duradera.

Sin embargo, a pesar de este reconocimiento y de numerosas declaraciones políticas subsiguientes, las prácticas internacionales en diplomacia, desarrollo y seguridad no han implementado efectivamente este cambio político y normativo. Por lo tanto, las mujeres que ocupan un lugar central en la agenda de Mujeres, Paz y Seguridad, especialmente aquellas involucradas en conflictos como artífices de la paz, enfrentan desafíos significativos.

---

[2] La Resolución 1325 del Consejo de Seguridad de Naciones Unidas sobre Mujeres, Paz y Seguridad (2000) insta a incrementar la participación y representación de las mujeres en la prevención, la gestión y la solución de conflictos, y a garantizar la protección y el respeto de los derechos humanos de las mujeres y las niñas, particularmente contra la violación y otras formas de abusos sexuales en situaciones de conflicto armado.

En primer lugar, persisten actitudes patriarcales y neocoloniales hacia las mujeres. Cuando se aborda la dimensión de género de una crisis o conflicto, existe una tendencia a retratar a las mujeres como meras víctimas afectadas por los acontecimientos, pero con poco o ningún poder para resistirlos o causarles daño. Incluso cuando hay apoyo retórico a la participación y autonomía de las mujeres, muchos en el mundo político todavía hablan de "capacidad" y "empoderamiento" en lugar de reconocer las habilidades y fortalezas que poseen las mujeres.

En segundo lugar, cuando se aprobó la Resolución 1325 del Consejo de Seguridad, el concepto de "construcción de la paz civil" todavía era nuevo para la comunidad internacional. El texto no habla de "mujeres de reconciliación". Más bien, habla de la necesidad de involucrar a las "mujeres" en un sentido general en la toma de decisiones sobre cuestiones de paz y seguridad[3].

La teoría y la práctica de la consolidación de la paz han crecido exponencialmente, tanto en los países afectados por guerras civiles como entre los profesionales internacionales de los campos del desarrollo, los derechos humanos y la seguridad. Sin embargo, las mujeres constructoras de la paz aún no gozan de un reconocimiento tan amplio como el de sus colegas masculino en los ámbitos de la paz, del desarrollo o los derechos humanos. Esta combinación de sexismo y desprecio por las mujeres pacificadoras sigue impregnando las culturas de muchas instituciones políticas y diplomáticas implicadas en el apoyo y la ejecución de los procesos de paz.

Por lo tanto, nuestra contribución se centra en la necesidad de reconocer la importancia de las mujeres constructoras de la paz en situaciones de conflicto, que trabajan directamente en cuestiones relacionadas con su prevención, resolución y transformación.

---

3 SÁNCHEZ MUÑOZ, C., TORRECUADRADA GARCÍA-LOZANO, S., *Mujeres, paz y seguridad: la Resolución 1325 veinte años después*, Dykinson, Madrid, 2022.

En el marco de la pedagogía de la gobernabilidad de la mujer para la paz se abordan cuatro cuestiones interrelacionadas: las razones de la necesidad del reconocimiento de las mujeres constructoras de la paz ("peacebuilding"[4]); la obstaculización o la ayuda de las etiquetas a una mayor inclusión de las mujeres en los procesos de paz; las motivaciones y acciones de gobernabilidad de la mujer para la paz; y finalmente, el modo en que estas mujeres utilizan las costumbres, las tradiciones al igual que el Derecho internacional para la paz[5].

2. LA RELEVANCIA DEL RECONOCIMIENTO DE LAS MUJERES CONSTRUCTORAS DE LA PAZ

Las mujeres que intervienen en la construcción de la paz interactúan estrechamente con la sociedad civil. En consecuencia, son el principal medio mediante el cual las poblaciones afectadas por la guerra expresan sus preocupaciones, experiencias y necesidades. Se convierten en legítimas representantes de estos grupos ante el mundo exterior. Cuando se convocan a consultas relacionadas con las conversaciones formales de paz, se canalizan estas voces y, en caso de ser posible, defienden y negocian con el fin de satisfacer las necesidades. No se trata de mediadores imparciales. Se entran en los procesos con las demandas de los conciudadanos que no están representados de otro modo. Este arraigo y su capacidad para llamar la atención sobre los impactos físicos, emocionales y psicológicos de la gue-

---

4 Sobre el concepto de peacebuilding, ver REYCHLER, L., FUNK DECKARD, J., y VILLANUEVA, K., *Building sustainable futures: enacting peace and development*, Universidad de Deusto, Servicio de Publicaciones, Deusto, 2009.

5 AUTESSERRE, S., *Peaceland: Conflict Resolution and the Everyday Politics of International Intervention*, Cambridge University Press, Cambridge, 2014; GOETZE, C., *The Distinction of Peace: A Social Analysis of Peacebuilding*, University of Michigan Press, 2017.

rra en el espacio político de las negociaciones pueden ayudar a modificar el proceso.

Ahora bien, un gran número de procesos de paz han sido suspendidos, o están en curso. A pesar de que se alcanzan acuerdos de paz, su implementación es escasa y más del 50% de los acuerdos de paz fracasan en un lapso aproximado de cinco años[6]. Por ello, en diversos estudios se ha demostrado que, en la participación significativa de las mujeres en un proceso de paz, los riesgos de fracaso de este se reducen en un 35%, y, por otra parte, la implicación de movimientos femeninos de la sociedad civil refuerza la aplicación de los acuerdos de paz durante un periodo de diez a quince años[7]. El reconocimiento de la capacidad de gobernabilidad de la mujer para la paz es, por consiguiente, una etapa crucial para la inclusión de las féminas en las primeras fases de los procedimientos de paz. Esto, a su vez, mejora la calidad de los procesos y las posibilidades de éxito de estos.

No obstante, la mujer – o el hombre–dispuesta a entablar el diálogo con el cobeligerante o la parte enemiga, corre el riesgo de perder la confianza de todas las partes, incluso en su propia comunidad o país. La integridad–en todas sus facetas–de las mujeres constructoras de paz es su mayor activo para generar la confianza entre las partes en conflicto, los oponentes al proceso de paz tratan de socavar su reputación. Por ello, estas mujeres son a menudo amenazadas y atacadas por su condición femenina y/o maternal.

---

6 GRASA, R., MATEOS, O., *Guía para trabajar en la construcción de la paz, qué es y qué supone la construcción de la paz,* Instituto Catalán Internacional para la Paz – Cámara de Comercio de Bogotá, 2014.

7 ONU MUJERES, *Participación significativa de las mujeres en los procesos de paz: Modalidades y estrategias en las distintas vías,* ONU, Ginebra, 2021.

Sufren en mayor medida que los hombres involucrados en los procesos de paz. También se enfrentan a acusaciones de violar las normas tradicionales o las leyes, así como de ser "occidentalizadas" y ajenas sus propios entornos socioculturales. Estos ataques suelen provenir de grupos políticos – a veces autoproclamados activistas de derechos humanos–que confunden los esfuerzos de diálogo y traición o simpatía por los perpetradores de violencia. En estas circunstancias, los arrestos, los bloqueos de acceso bancario, las multas o las revocaciones de visa son actuaciones de los gobernantes que no quieren interferencias en la gestión del conflicto. En el Derecho internacional, no existe ningún convenio o mecanismo internacional que garantice una protección especial para esas "mujeres de la paz". Por lo tanto, es importante comprender el alcance y la naturaleza de su trabajo, ya que este es el primer paso para brindarles apoyo material, legal, político y si es necesario.

3. EL OBSTACULO O LA AYUDA DE LAS "ETIQUETAS"

Las referencias a las mujeres en las negociaciones de paz generalmente conducen a las partes beligerantes incluir a mujeres en los equipos de negociación. Desde una perspectiva de igualdad de género, este es sin duda un objetivo deseable de la Agenda internacional sobre las mujeres, la paz y la seguridad[8].

Ahora bien, siempre se ha señalado que la mención y la implicación de mujeres no es suficiente y no es transformador del proceso. En efecto, no todas las mujeres son pacifistas ni siquiera defensoras de los derechos humanos, aunque las mujeres constructoras de la paz han entrado en la política, y mujeres políticas también se han convertido en pacificadoras. De manera similar, se

---

8 MUJIKA CHAO, I., "Veinte años de la agenda internacional sobre Mujeres, Paz y Seguridad", *Revista CIDOB d'afers internacionals*. 2021, p.2.

han incluido mujeres combatientes en delegaciones de procesos de paz[9].

En cambio, muchas mujeres políticas pueden adoptar posiciones radicales y convertirse en fervientes defensoras de la guerra y el autoritarismo (Margaret Thatcher, Golda Meir, etc.). En la mayoría de los casos, estas mujeres, al igual que los hombres, son leales a sus partidos políticos, gobiernos y países respectivos, con estrechos vínculos con élites poderosas y señores de la guerra. Como tales, carecen de cualquier referencia al movimiento por la paz. Así pues, pueden enfrentarse a la resistencia de sus propias delegaciones y verse obligadas a retirarse por falta de credibilidad en los primeros pasos del proceso de paz. Como son nombradas por el poder político según los intereses de éste y no como representantes del movimiento de mujeres por la paz, los gobernantes de sus países respectivos pueden destituirlas fácilmente.

En realidad, la incorporación de una sola persona o de un pequeño conjunto de mujeres en las delegaciones ya existentes no suele ser un factor de cambio. El verdadero motor de las impulsiones de procesos de paz como en Liberia, Guatemala o Colombia, ha sido la implicación significativa de un movimiento de paz femenino más extenso en las estructuras formales del proceso de paz[10]. Esto incluye foros de la sociedad civil, grupos de trabajo y

---

9 ZIRION LANDALUZA, I., *Desarme, desmovilización y reintegración de excombatientes: género, masculinidades y construcción de paz*, Tirant lo Blanch, Valencia, 2018; HUERTAS DÍAZ, O., RUIZ HERRERA, A.L., BOTÍA HERNÁNDEZ, N., "De mujer combatiente a mujer constructora de paz. Inclusión de la voz femenina en el escenario del posacuerdo", *Revista Ratio Juris*, vol.12, nº25, 2017, pp. 43-67.

10 En el caso de Liberia, ver SANCHEZ DIAZ, I., "Mujeres por la paz. Metodologías no violentas en movimientos pacifistas de mujeres: estudios de casos", *Revista de Paz y Conflictos*, vol.10, Nº.2, 2017, pp. 265-282. Respecto a Guatemala, ver BENDELAC GORDON, J., "El Movimiento de Mujeres como actor político en el proceso de paz de Guatemala", *Tiempo de paz*, Nº. 118, 2015, pp. 79-85. En cuanto al caso de Colombia, ver SOLANO NIVIA, S., FARFÁN PÉREZ, N.G., SALAS,

comisiones que pueden brindar apoyo a las partes negociadoras y al mismo tiempo presionar para lograr demandas críticas.

Por otra parte, el enfoque en las mujeres mediadoras se alinea con los principios que aseguran que las mujeres tengan las mismas oportunidades para desempeñar roles importantes en los procesos de paz, ya sean negociados por organizaciones internacionales o iniciados por gobiernos.

Es fundamental contar con mujeres que tengan experiencia en temas de género en los equipos de mediación y asesores sectoriales de mediación. Ellas pueden promover una inclusión más amplia en el diseño y el proceso de las negociaciones, lo que incluye expandir el espectro de los temas tratados y asegurar que se considere el género en las negociaciones de paz relacionadas con la seguridad, la economía, la justicia, la política y otros temas emergentes.

Por lo tanto, es crucial reconocer y fortalecer la necesidad de mujeres mediadoras en los procesos a nivel nacional e internacional. Sin embargo, estas mismas no reemplazan la representación, el conocimiento y la acción que las mujeres constructoras de la paz pueden aportar a nivel local, nacional e internacional.

La ONU define la mediación como un proceso en el que un tercero ayuda a dos o más partes, con su consentimiento, a prevenir, manejar o resolver conflictos ayudándoles a llegar a acuerdos mutuamente aceptables[11]. Esto implica que, en el proceso de la mediación, los agentes mediadores no introducen sus propias preocupaciones ni su visión política en las discusiones.

J., "Prácticas sociales de paz en Colombia: el caso de la Confluencia de Mujeres para la Acción Pública", *Revista crítica de ciencias sociales,* Nº. 127, 2022, pp.143-164.

11 GIL SAVASTANO, L, "La mediación de la ONU expectativas, probabilidades y riesgos", *Análisis Político,* Nº. 47, 2002, pp.77-85.

Ahora bien, en las áreas de conflicto, las mujeres constructoras de la paz a menudo desempeñan roles de mediación para promover sus valores y su visión. Pueden actuar como mediadoras informales entre partes en conflicto, como ocurrió en Irlanda del Norte[12]. También pueden negociar y mediar entre grupos armados en nombre de las comunidades para garantizar su protección.

Sin embargo, categorizar y limitar a las mujeres constructoras de la paz al papel de mediadoras les resta la voz y el poder político. Puede reforzar normas profundamente patriarcales y militaristas en las que las partes beligerantes (normalmente representadas por políticos o militares hombres) son reconocidas como los únicos negociadores legítimos, a quienes se les otorga el poder de determinar las prioridades, la agenda de las conversaciones, la naturaleza de las soluciones y, finalmente, el futuro, mientras que las mujeres están allí para facilitar el proceso de paz.

Las mujeres como mediadoras pueden ser muy efectivas para facilitar compromisos entre las partes en conflicto, pero una vez que su mediación ha concluido, si no son signatarias del acuerdo, pueden ser excluidas. Las partes tienen el poder de hacer cumplir y aplicar los acuerdos. Dado que los acuerdos de paz pueden fracasar cuando se implementan, es importante la presencia continua de agentes de paz como negociadoras, firmantes y supervisoras que puedan exigir responsabilidades a todas las partes del proceso de paz[13].

---

12 Bronagh Hinds fue fundadora de la *Plataforma Europea de Mujeres de Irlanda del Norte* durante los años setenta con el fin de integrar a las mujeres en las negociaciones de los procesos de paz y promover el acceso de mujeres a los cargos de decisión política. Sobre el papel de las mujeres en el proceso de paz en Irlanda del Norte, ver MOLINARI, V., "Putting women in the picture: The impact of the northern ireland women's coalition on northern irish politics", *Etudes irlandaises*, Nº32, 2007, pp.109-126.

13 HUGUET SANTOS, M., "Las mujeres y la paz: el legado y los procesos recientes", en PANDO BALLESTEROS, M. (coord.), *El derecho a la paz y*

Por lo tanto, hay una superposición significativa entre el trabajo de las constructoras de la paz y el de las mediadoras. Muchas personas desempeñan ambos roles. Ahora bien, es importante distinguir y respetar a las constructoras de paz locales, de los agentes internacionales, que pueden ser pacificadores o diplomáticos de profesión, pero que no provienen de colectivos directamente afectados por el conflicto.

4. LOS RAZGOS DE LA GOBERNABILIDAD FEMENINA PARA LA PAZ

El Alto Comisionado de las Naciones Unidas para los Derechos Humanos (ACNUDH) define a las mujeres defensoras de los derechos humanos como "aquellas que defienden los derechos humanos y trabajan por los derechos de las mujeres o tratan temas de género"[14]. Sin embargo, los temas tratados en el organismo "onusiano" a menudo se relegan a cuestiones socioeconómicas o a una participación política más amplia. La supervisión de las mujeres constructoras de la paz puede llevar a la exclusión de éstas de las discusiones sobre temas de seguridad, las negociaciones de alto el fuego, así como la distribución del poder político.

De hecho, esta monitorización puede limitar a las mujeres a tratar solo "temas de mujeres" tradicionalmente definidos o los derechos de las mujeres. Aunque estas cuestiones son fundamentales, este tipo de enfoque las excluye del planteamiento de las condiciones subyacentes que generan discriminación y violencia.

Las constructoras de paz también eligen participar en la formulación de soluciones integrales a los conflictos; soluciones que desbordan las cuestiones vinculadas a la condición de mu-

---

sus desarrollos en la historia, Tirant lo Blanch, Valencia, 2022, pp.148-175.

14 https://www.ohchr.org/es/women/women-human-rights-defenders

jer. Estas mujeres se enfrentan a desafíos de seguridad difíciles que van desde el monitoreo del alto el fuego, la negociación de la liberación de detenidos, el desarme y la desradicalización de las milicias, hasta la propuesta de enfoques para el diseño de negociaciones de paz, sistemas de gobernanza, justicia o reconciliación.

Las mujeres constructoras de la paz no forman un colectivo numeroso. Generalmente, son más activas a nivel local y nacional que en el escenario internacional. Su visibilidad es más discreta que la de los profesionales de la mediación y el desarrollo de los procesos de paz.

Las categorizaciones o las denominaciones pueden parecer impuestas o aleatorias. Las defensoras de los derechos humanos frecuentemente son también constructoras de la paz, y estas últimas abogan y fomentan los derechos de las mujeres e incorporan enfoques basados en derechos en sus acciones. En este marco, las defensoras de los derechos humanos y las constructoras de la paz tienen distintas perspectivas sobre la justicia y la reconciliación. En efecto, las constructoras de la paz en áreas de conflicto reconocen que la paz necesita la creación de plataformas y alianzas y, a menudo, compromisos difíciles. Además, estas mujeres, especialmente aquellas que han experimentado la violencia en la guerra, entienden la complejidad de la realidad de un proceso de paz. Solicitar a las víctimas y a los supervivientes que definan su versión de la justicia y reconozcan su sufrimiento puede exponer a las constructoras de la paz a ataques y acusaciones de todo tipo cuando no se trata de traición.

Aunque las constructoras de la paz deberían ser visibles en el entorno profesional y activista de la paz y la mediación (ONU, ONG, gobiernos, consultoras, asociaciones profesionales, medios de comunicación, etc.), continúan siendo excluidas y en gran medida ignoradas. La razón se encuentra en la persistente ausencia de perspectivas de género y del mapeo de los actores de la paz en los análisis de conflictos. Las experiencias y las acciones de estas mujeres son constantemente minimizadas, ignoradas o eclipsadas.

También existe aún una tendencia a valorar a las mujeres constructoras de la paz como únicas y excepcionales en vez de reconocerlas como miembros de la comunidad internacional de "las profesionales de la paz", muchas de las cuales están arraigadas en redes o ámbitos locales.

5. PEDAGOGIA DE GOBERNABILIDAD DE LA MUJER PARA LA PAZ

Al sociólogo noruego Johan Galtung se le atribuye haber acuñado el término "construcción de la paz" en contraposición a "mantenimiento de la paz" y "establecimiento de la paz"[15]. Según él, la paz es más que el elemento militarizado del mantenimiento de la paz o los esfuerzos diplomáticos relacionados con el establecimiento de la paz.

En realidad, se trata de una construcción social compleja que incluye facetas políticas, de seguridad, económicas y políticas y socioculturales que eliminan las causas de las guerras y brindan alternativas a la guerra. Al enfatizar la necesidad de abordar las causas profundas de los conflictos, Galtung también subraya la importancia de las capacidades locales y ascendentes para la gestión y la resolución de los conflictos y la construcción de una cultura positiva de la paz, es decir, no sólo la ausencia de violencia.

Otras definiciones amplían el alcance de actividades, sectores, acciones y tiempos para incluir eventos antes, durante y después del estallido del conflicto. Si bien todavía no existe una definición claramente acordada de la "construcción de paz" entre las diversas partes interesadas, es decir, Estados, organizaciones multilaterales, sí hay un consenso en que las actividades de construcción de paz apuntan a resolver injusticias de manera no violenta y buscan

---

15 GALTUNG, J., *Paz por medios pacíficos: paz y conflicto, desarrollo y civilización*, Bakeaz, Bilbao, 2003.

transformar las relaciones y condiciones que generan conflictos mortales o destructivos[16].

La pedagogía de la gobernabilidad de la mujer para la paz radica en cuatro ejes que son: el fin del ciclo de los sufrimientos, la confianza en la representación de las necesidades, el enfoque de los valores, la dimensión cultural.

5.1. Fin del ciclo de los sufrimientos.

La gobernabilidad de la mujer en la construcción de la paz nace del dolor y el sufrimiento que ella ha experimentado en un conflicto y cuyo trauma le ha llevado a involucrarse en el trabajo por la paz. En efecto, la participación en la gobernabilidad para la construcción de la paz es catalizada por la desaparición, pérdida o muerte de miembros de la familia de las mujeres. La necesidad de dar sentido a la pérdida de un ser querido y procurar que no sea inútil las orienta hacia el restablecimiento de la paz. Proviene del deseo de crear un legado positivo para la vida perdida. Lo que trae también a las mujeres a tratar de comprender las motivaciones de los agresores y asesinos. Esta búsqueda de comprensión es una manera de buscar también el motivo las acciones de esas mujeres. Trabajan para reproducir y generar su propio camino hacia la paz y formas de justicia restaurativa a nivel social.

5.2. Confianza y responsabilidad en la representación de las necesidades.

Las mujeres que se dedican a la construcción de la paz suelen actuar como enlaces entre los procesos políticos oficiales y las partes en conflicto. Aunque no poseen la influencia que pueden tener los líderes políticos o religiosos, estas pacificadoras comuni-

---

16 FERNÁNDEZ RODRÍGUEZ, M., PRADO RUBIO, E. (coord.), *Sociedades seguras y pacíficas: mecanismos jurídicos para la construcción de la paz*, Dykinson, Madrid, 2023.

tarias ejercen su poder no a través de la violencia o el miedo, sino a través de la confianza que han cultivado dentro de sus comunidades, una confianza que mantienen incluso en los momentos más desafiantes.

Esta confianza, que se desarrolla con el tiempo, puede estar basada en su experiencia sirviendo a sus comunidades, ya sea proporcionando alimentos y asistencia en tiempos de crisis, atendiendo quejas o ayudando a cumplir las aspiraciones de las personas. En todas las áreas de conflicto, estas mujeres trabajan para asegurar la comunicación entre los negociadores y la sociedad civil, para que la gente esté informada sobre lo que está sucediendo en las negociaciones.

Su disposición a actuar como intermediarias y portadoras de confianza entre las partes en conflicto y aquellos que no tienen voz, hace que las comunidades confíen en estas mujeres para representar sus preocupaciones, posiciones y demandas. Como miembros de la comunidad, entienden el contexto y los matices culturales de su entorno, lo que les permite adaptar sus mensajes y actividades a las necesidades locales y a las circunstancias cambiantes.

Algunas son respetadas por su educación, su conocimiento religioso o sus vínculos familiares a través de líneas tribales o étnicas, lo que les permite defender a los miembros de su comunidad y resolver disputas. La confianza que generan en el seno de sus comunidades y a través de sus interacciones con los grupos armados y los actores estatales les brinda cierta protección en su búsqueda de soluciones. Sin embargo, en contextos altamente polarizados, su disposición a cruzar las líneas del conflicto para construir la paz también puede exponerlas a ataques de todos los lados.

5.3. Enfoque de los valores.

A pesar de las variaciones en las motivaciones que llevan a las mujeres a ser constructoras de paz, existen numerosos valores compartidos que guían sus métodos. Un principio fundamental entre las constructoras de paz es la creencia de que no hay soluciones militares duraderas para los conflictos civiles actuales[17]. Incluso cuando las operaciones militares resultan en una victoria aparente a corto plazo, se requiere el diálogo y el compromiso político y social para mantener el cese al fuego y transitar de una paz negativa frágil (es decir, ausencia de violencia) a una paz positiva más duradera.

Esto se complementa con la expresión de una visión de la paz fundamentada en los derechos humanos universales y la justicia social, destacando relaciones más equitativas entre el Estado y la sociedad, las comunidades dentro de las sociedades y en términos de relaciones de género.

Persistir en la búsqueda de diálogo para generar la confianza y conectar con la humanidad de aquellos que pueden ser responsables de actos de violencia atroces es un trabajo emocionalmente desafiante. Es el núcleo del trabajo por la paz. Al buscar la humanidad y el sufrimiento de los agresores, las pacificadoras no niegan las injusticias inhumanas que han cometido. Por el contrario, están dispuestas a reconocer que no existe una única verdad absoluta. De esta manera, desafían la narrativa binaria de bien y mal, amigo o enemigo, que valida el conflicto violento. Por otro lado, la lucha contra la discriminación y la afirmación de la universalidad de los derechos humanos, en particular los derechos de las mujeres son algunos de los valores fundamentales de las mujeres constructoras de la paz.

Ahora bien, generalmente, las constructoras de paz no están conscientes de las dimensiones de género de los problemas, los marcos feministas o la discriminación a la que pueden enfrentarse al intentar acceder a espacios políticos. La intersección entre los derechos y el trabajo por la paz es fluida. Así pues, en Irlanda del Norte, abordar cuestiones de desigualdad y compartir experiencias

---

17 MADRIZ FRANCO, R., "Aportes feministas para la construcción de paz", *Revista venezolana de estudios de la mujer*, Vol. 27, N°. 59, 2022, pp. 11-21.

sobre el impacto del conflicto ha llevado a las activistas por los derechos de las mujeres protestantes y católicas a crear nuevos espacios de diálogo por la paz[18].

En otros contextos, las constructoras de paz se dan cuenta de la profundidad de la discriminación de género y racial al verse marginadas o excluidas por actores nacionales e internacionales. A medida que se familiarizan con las causas y consecuencias de los conflictos, su exposición a las desigualdades sistémicas, la magnitud de la violencia de género y los prejuicios persistentes llevan a muchas a convertirse con el tiempo en fervientes defensoras de una perspectiva basada en los derechos.

En el caso de la gobernanza de las mujeres para la paz, la conciencia sobre las dimensiones de género de los problemas políticos y de seguridad a menudo proviene de la experiencia directa, como la participación en negociaciones de alto el fuego que lleva a las mujeres a comprender los aspectos técnicos para garantizar enfoques sensibles al género en cuestiones como los sistemas y estructuras de gobernanza.

5.4. La dimensión cultural.

Al definirse y tomar posición, las constructoras de la paz reconocen la diversidad de su labor y la necesidad de estrategias que se adapten a distintos contextos y audiencias. Valoran la relevancia de las políticas nacionales e internacionales en los esfuerzos por alcanzar la justicia y la igualdad de derechos y oportunidades. Asimismo, contribuyen, desarrollan y aplican marcos legales tanto nacionales como internacionales para cumplir sus metas.

---

18 RAMOS DOS SANTOS, A., "Género, Políticas Públicas y Reconstrucción Posconflicto en Irlanda del Norte", en PANIAGUA SOTO, J.L., *Repensar la democracia: inclusión y diversidad,* Asociación Española de Ciencia Política y de la Administración Málaga, 2009, pp.72-86.

No obstante, consideran que las leyes y políticas por sí solas no son suficientes. De hecho, la violación de las normas – nacionales e internacionales–es una de las principales causas de discriminación y conflicto. Además, entienden que depender exclusivamente de marcos legales puede ser restrictivo y, en ocasiones, dañino si no se considera el contexto político y cultural del país.

En particular, la mención de términos como "igualdad de género" o "derechos de la mujer" puede hacerlos susceptibles a ataques de las partes en conflicto o de líderes religiosos y tradicionales que intentan minar su credibilidad argumentando que estos temas amenazan la cultura local, que son impuestos por Occidente y que los defensores de los derechos de la mujer no son dignos de confianza porque pueden ser agentes extranjeros[19].

Por lo tanto, en vez de basarse únicamente en los marcos legales, las mujeres constructoras de la paz deben adoptar un enfoque más pragmático, recurriendo a los sistemas culturales tradicionales para llegar a los poderosos y desafiarlos. Conscientes de las fuentes y dinámicas del poder sociopolítico y de las normas patriarcales que dominan sus propias sociedades, a menudo optan por comprometerse, reivindicar y, si es necesario, invertir estas dinámicas utilizando una variedad de enfoques que van desde los lazos familiares hasta las tradiciones indígenas, la religión e incluso la vestimenta. De esta manera, se otorgan a sí mismas la capacidad de ser pacificadoras y afirman su credibilidad.

Las tácticas pedagógicas de las mujeres constructoras de la paz son diversas. Mencionamos algunas como los vínculos de parentesco, la maternidad y su conexión con el militarismo, las tradiciones, la instrumentalización de la religión, la influencia en el patriarcado, la paz duradera.

---

19 BRECHE, P., LONG W., *War and Reconciliation, Reason and emotion in conflict resolution,* Cambridge Massachusetts, 2003.

5.4.1. Vínculos de parentesco.

En numerosas comunidades tradicionales, las mujeres suelen ser las portadoras de vínculos de parentesco, a menudo invisibles pero fundamentales para la cohesión social. En situaciones de conflicto, algunas mujeres invocan estos vínculos para contribuir a la restauración de la paz. Hacen uso de su estado matrimonial y su posición como hijas de los ancianos del clan para actuar como mediadoras entre los clanes liderados por hombres, iniciando el diálogo y abogando por la resolución de disputas a través de vías informales. En los años noventa, las mujeres pacificadoras somalíes crearon temporalmente un sexto clan–el *Clan de las Mujeres*– para obtener una voz en las negociaciones de paz y desafiar el sistema de clanes en el que las mujeres, aunque esenciales, eran invisibles[20].

5.4.2. Maternidad y Militarismo.

Frecuentemente, las mujeres han elegido ejercer la autoridad moral que les otorga su condición de madres. Esta estrategia es particularmente efectiva, dado que los sistemas fuertemente patriarcales y militarizados consideran la maternidad como el rol principal de la mujer. Implícita en esto, está la idea de que las mujeres mantienen su rol doméstico mientras apoyan y sirven al sistema[21].

No obstante, al igual que las *Madres de la Plaza de Mayo* en Argentina, en las crisis actuales, las mujeres han desafiado estas ideas al ingresar y ocupar espacios públicos y tomar el control en sus propias manos[22]. Se han movilizado como madres de desapareci-

---

20 https://storyteller.iom.int/es/stories/mujeres-de-somalia-vuelven-conectarse-tras-decadas-de-conflicto

21 CONDREN, M., "Tener hijos para la patria. Madres y militarismo", *Concilium: Revista internacional de teología*, Nº. 226, 1989, pp. 413-423.

22 NIETO, M., *¿De la casa a la plaza?: memorias, género y militancia: trayectorias de las Madres de Plaza de Mayo de La Plata*, Universidad de Málaga, Málaga, 2023.

dos, de soldados y de prisioneros para justificar la importancia de su autoridad moral y social en la demanda de cambios políticos, justicia para las víctimas, cese al fuego y el fin de la guerra.

5.4.3. Las tradiciones.

Se suele afirmar que la cultura y la tradición oprimen a las mujeres, por lo que es crucial protegerlas a través del Derecho. Sin embargo, las mujeres constructoras de paz han demostrado ser hábiles en identificar y utilizar tradiciones históricas y prácticas culturales, incluyendo supersticiones, que son beneficiosas para las mujeres y pueden ser estratégicamente empleadas para su protección, empoderamiento y pacificación.

Así pues, en Liberia en 2003, el movimiento *Women of Liberia Mass Action for Peace* jugó un papel estratégico en el uso de simbolismo religioso y cultural[23]. Estas mujeres se vistieron intencionalmente de blanco para protestar a favor de la paz. Cuando las conversaciones de paz se detuvieron y la violencia se intensificó, bloquearon las entradas y salidas de la sala de reuniones donde los líderes de las milicias estaban negociando, y comenzaron a desnudarse. En África Occidental, el acto de que las mujeres se desnuden en público frente a alguien es considerado una maldición poderosa, que simboliza mala suerte y desgracia. Así pues, la profundidad tradicional de estas acciones otorga a las mujeres pacifistas una autenticidad y legitimidad profundas en sus propias comunidades. Dado que sus creencias son autóctonas, esto también las protege de las acusaciones de ser agentes extranjeros, especialmente "occidentales".

---

[23] El movimiento "Women of Liberia Mass Action for Peace" fue iniciado conjuntamente por mujeres musulmanas y cristianas en Monrovia (https://www.un.org/africarenewal/magazine/april-2018-july-2018/women-liberia%E2%80%99s-guardians-peace).

5.4.5. La instrumentalización de la religión.

Las enseñanzas religiosas y las interpretaciones de los textos por parte de clérigos de muchas confesiones son a menudo una fuente de misoginia e impotencia para las mujeres. Desde Norteamérica y Europa hasta Oriente Medio y África, las tensiones entre el Derecho y la religión que influye en la legislación son evidentes en lo que respecta al estatuto y los derechos de las mujeres en la sociedad[24].

Ahora bien, en la gobernabilidad para la paz, las mujeres a menudo se comprometen y desafían al orden religioso para llamar la atención y poner de relieve las enseñanzas que abogan por el respeto, la igualdad, el pluralismo y la no violencia. Todas las religiones contienen imperativos morales para la paz. El judaísmo, el cristianismo y el islam transmiten una amplia comprensión de la paz como algo que abarca tanto la realidad política como la realización espiritual interior.

Las concepciones religiosas de la paz a menudo abarcan la justicia social y la reconciliación, que pueden inspirar y ayudar a dar forma a compromisos individuales y comunitarios con la paz promoviendo la hospitalidad, el respeto por otras comunidades religiosas, la justicia y los derechos humanos, la curación, el perdón y el crecimiento individual. Para impulsar la labor de consolidación de la paz, la estrategia consiste en utilizar textos, conceptos y vocabulario religiosos, así como los dichos y las prácticas para ayudar a las mujeres y a los jóvenes a deconstruir, desmitificar y desacreditar la ideología de los radicales religiosos. La estrategia de aprovechar el poder de la religión para apoyar la paz también es notable, porque llega a la gente y la afecta emocionalmente y no puede desacreditarse fácilmente.

---

24 NAVARRO PUERTO, N., "Los derechos de las mujeres en las religiones", *Crítica*, Nº. 853, 1998, pp. 48-50.

5.4.6. Influencia en el patriarcado.

Las constructoras de la paz adoptan la táctica de transformar la mentalidad de los líderes y figuras patriarcales. Su método se basa en demostrar empatía al indagar en las experiencias personales de violencia de los hombres, incentivándolos a considerar cómo se podrían sentir las mujeres y los niños al estar expuestos a la violencia. Se imparten técnicas de liderazgo y resolución de conflictos, y cuando es necesario, se apela a una combinación de leyes religiosas y normas de Derechos humanos para reforzar las razones y métodos para evitar la violencia. Este enfoque también se fundamenta en las nociones de patriarcado y masculinidad[25].

Al establecer las características de la masculinidad y la virilidad en un contexto multinacional, el término "protector" es una de las formas en que los hombres definen la masculinidad. Sin embargo, a menudo se convierte en un rol de guerrero o defensor del honor familiar o tribal, que posteriormente se utiliza para justificar la violencia contra aquellos que amenazan al grupo. Por lo tanto, la estrategia consiste en proporcionar a los hombres un medio alternativo de protección, es decir, protegiendo a sus comunidades, en particular a las mujeres y los niños, de la violencia y el temor, y brindándoles oportunidades.

5.4.7. Hacia la paz duradera.

En la búsqueda de una paz duradera, se emplean diversos medios. En el marco de la gobernanza femenina para la paz, se toman decisiones estratégicas para aprovechar los recursos sociales, políticos y legales existentes. Estas decisiones son estratégicas en

---

[25] VELASQUEZ TORO, M., "Reflexiones feministas en torno a la guerra, la paz y las mujeres, desde una perspectiva de género", en REYSOO, F., *Hommes armés, femmes aguerries*, Graduate Institute Publications, Ginebra, 2001, pp. 75-101.

función de los recursos que se utilizan en diferentes contextos y momentos, y también se tiene en cuenta la sensibilidad política de la semántica.

Así pues, las partes en conflicto pueden percibir el término "paz" como una amenaza[26]. Otros términos como "género" y "extremismo violento" también se interpretan erróneamente en muchos contextos. Estos dilemas son comunes en contextos internacionales, donde las constructoras de paz pueden referirse a su trabajo como "construcción de armonía social" en lugar del término políticamente más cargado de "prevención/combate del extremismo violento". Las mismas sensibilidades se aplican en términos de autoidentificación. En términos objetivos, muchas constructoras de la paz son inherentemente feministas en sus opiniones, valores y enfoques. Sin embargo, en muchos contextos, identificarse como "feministas" puede ponerlas en riesgo y obstaculizar su trabajo, por lo que evitan esa etiqueta.

De hecho, las constructoras de la paz abordan estos temas con habilidad y sabiduría, utilizando términos y palabras lo suficientemente generales como para abarcar sus objetivos y permitir su trabajo, sin provocar a las autoridades locales o a los grupos armados. Suelen evitar las acciones performativas y las declaraciones y posturas ideológicamente declarativas, optando por un enfoque pragmático y estratégico para alcanzar sus objetivos finales de poner fin a la violencia, promover la justicia y los derechos, y construir una paz inclusiva.

---

[26] DIEZ JORGE, M., *Mujeres y discursos de paz en la historia*, Peter Lang, Madrid, 2023.

6. CONCLUSIONES

En un mundo donde los conflictos y el extremismo identitario deshilachan la cohesión social, la mayoría tiende a refugiarse en sus propias comunidades y zonas de confort. Sin embargo, esta actitud solo debilita la capacidad de las sociedades pluralistas para reformarse y fortalecerse. Las mujeres constructoras de la paz son aquellas pocas que no solo visualizan un futuro alternativo e inclusivo, sino que también se atreven a ser el cambio que buscan instigar.

Ante la disminución del espacio cívico, el creciente autoritarismo, la expansión del extremismo y la pérdida de confianza, es imperativo reconocer y celebrar la existencia y labor de estas mujeres. Su enfoque y visión son una fuente de inspiración y un antídoto vital contra el cinismo y la apatía que pueden surgir cuando las personas han olvidado o nunca han experimentado la paz en sociedades y estados pluralistas. Hace más de dos décadas, las mujeres constructoras de paz lograron visibilizar su trabajo al abogar con éxito para que el Consejo de Seguridad de la ONU reconociera su aportación. Ahora es el momento de reconocer y valorar la combinación única de valores, características, estrategias y tácticas que definen a las mujeres pacificadoras como agentes fundamentales que trabajan en y sobre situaciones de conflicto. Ellas negocian o lideran con grupos armados y gobiernos para poner fin a la violencia en espacios formales e informales. Se enfocan en los derechos y la protección de la población civil, especialmente de los más marginados. Trabajan para mantener y construir la paz. Es una labor peligrosa, ya que están expuestas a amenazas y al ostracismo en un momento en que las personas, incluyendo a sus propias familias y comunidades, están atrincheradas en sus posiciones. Estas mujeres son el núcleo de la gobernabilidad femenina para la paz, y son un elemento ausente en la pacificación contemporánea. Merecen ocupar su lugar como agentes y delegaciones independientes en todas las etapas del proceso de paz y en todos los niveles de los esfuerzos para prevenir, mitigar y resolver conflictos.

7. REFERENCIAS BIBLIOGRÁFICAS

AUTESSERRE, S., *Peaceland: Conflict Resolution and the Everyday Politics of International Intervention,* Cambridge University Press, Cambridge, 2014.

BENDELAC GORDON, J., "El Movimiento de Mujeres como actor político en el proceso de paz de Guatemala", *Tiempo de paz,* N°. 118, 2015, pp. 79-85.

BRECHE, P., LONG W., *War and Reconciliation, Reason and emotion in conflict resolution,* Cambridge Massachusetts, 2003.

CONDREN, M., "Tener hijos para la patria. Madres y militarismo", *Concilium: Revista internacional de teología,* N°. 226, 1989, pp. 413-423.

DIEZ JORGE, M., *Mujeres y discursos de paz en la historia,* Peter Lang, Madrid, 2023.

FERNÁNDEZ RODRÍGUEZ, M., PRADO RUBIO, E. (coord.), *Sociedades seguras y pacíficas: mecanismos jurídicos para la construcción de la paz,* Dykinson, Madrid, 2023.

GALTUNG, J., *Paz por medios pacíficos: paz y conflicto, desarrollo y civilización,* Bakeaz, Bilbao, 2003.

GIL SAVASTANO, L, "La mediación de la ONU expectativas, probabilidades y riesgos", *Análisis Político,* N°. 47, 2002, pp.77-85.

GOETZE, C., *The Distinction of Peace: A Social Analysis of Peacebuilding,* University of Michigan Press, 2017.

GRASA, R., MATEOS, O., *Guía para trabajar en la construcción de la paz, qué es y qué supone la construcción de la paz,* Instituto Catalán Internacional para la Paz – Cámara de Comercio de Bogotá, 2014.

HUERTAS DÍAZ, O., RUIZ HERRERA, A.L., BOTÍA HERNÁNDEZ, N., "De mujer combatiente a mujer constructora de paz. Inclusión de la voz femenina en el escenario del postacuerdo", *Revista Ratio Juris,* vol.12, n°25, 2017, pp. 43-67.

HUGUET SANTOS, M., "Las mujeres y la paz: el legado y los procesos recientes", en PANDO BALLESTEROS, M. (coord.), *El derecho a la paz y sus desarrollos en la historia,* Tirant lo Blanch, Valencia, 2022, pp.148-175.

MADRIZ FRANCO, R., "Aportes feministas para la construcción de paz", *Revista venezolana de estudios de la mujer,* Vol. 27, N°. 59, 2022, pp. 11-21.

MOLINARI, V., "Putting women in the picture: The impact of the northern ireland women's coalition on northern irish politics", *Etudes irlandaises,* N°32, 2007, pp.109-126.

MUJIKA CHAO, I., "Veinte años de la agenda internacional sobre Mujeres, Paz y Seguridad", *Revista CIDOB d'afers internacionals.* 2021, p.2.

NAVARRO PUERTO, N., "Los derechos de las mujeres en las religiones", *Crítica,* Nº. 853, 1998, pp. 48-50.

NIETO, M., *¿De la casa a la plaza?: memorias, género y militancia: trayectorias de las Madres de Plaza de Mayo de La Plata,* Universidad de Málaga, Málaga, 2023.

ONU MUJERES, *Participación significativa de las mujeres en los procesos de paz: Modalidades y estrategias en las distintas vías,* ONU, Ginebra, 2021.

RAMOS DOS SANTOS, A., "Género, Políticas Públicas y Reconstrucción Posconflicto en Irlanda del Norte", en PANIAGUA SOTO, J.L., *Repensar la democracia: inclusión y diversidad,* Asociación Española de Ciencia Política y de la Administración Málaga, 2009, pp.72-86.

REYCHLER, L., FUNK DECKARD, J., y VILLANUEVA, K., *Building sustainable futures: enacting peace and development,* Universidad de Deusto, Servicio de Publicaciones, Deusto, 2009.

SANCHEZ DIAZ, I., "Mujeres por la paz. Metodologías no violentas en movimientos pacifistas de mujeres: estudios de casos", *Revista de Paz y Conflictos,* vol.10, Nº.2, 2017, pp. 265-282.

SÁNCHEZ MUÑOZ, C., TORRECUADRADA GARCÍA-LOZANO, S., *Mujeres, paz y seguridad: la Resolución 1325 veinte años después,* Dykinson, Madrid, 2022.

SOLANO NIVIA, S., FARFÁN PÉREZ, N.G., SALAS, J., "Prácticas sociales de paz en Colombia: el caso de la Confluencia de Mujeres para la Acción Pública", *Revista crítica de ciencias sociales,* Nº. 127, 2022, pp.143-164.

VELASQUEZ TORO, M., "Reflexiones feministas en torno a la guerra, la paz y las mujeres, desde una perspectiva de género", en REYSOO, F., *Hommes armés, femmes aguerries,* Graduate Institute Publications, Ginebra, 2001, pp. 75-101.

ZIRION LANDALUZA, I., *Desarme, desmovilización y reintegración de excombatientes: género, masculinidades y construcción de paz,* Tirant lo Blanch, Valencia, 2018.

La huelga de sexo como estrategia para la paz y lucha social: de Lisístrata al Premio Nobel

The sex strike as a strategy for peace and social struggle: from Lysistrata to The Nobel Prize.

FÁTIMA GÓMEZ SOTA[1]
GUADALUPE BOHORQUES MARCHORI[2]

Resumen

La "huelga de sexo" ha sido un instrumento al servicio de la paz, a lo largo de la historia de las mujeres, desde que el personaje de Lisístrata elaborase un plan para terminar con la guerra entre Esparta y Atenas. Este hecho, aunque ficcional, constituyó uno de los primeros actos de protesta feminista y ha sido llevado a cabo en el mundo real por parte de mujeres activistas por la paz en diferentes países y épocas.

Partiendo del mencionado personaje de ficción, este artículo presentará casos reales de diferentes mujeres que, en diversos contextos y países, utilizaron la estrategia de la huelga sexual, como método de resolución de conflictos sociales y políticos con objeto de determinar si esta estrategia ha sido, o no, válida y exitosa.

Palabras clave: Huelga sexual, procesos de paz, mujeres, Naciones Unidas, lucha social.

Abstract

---

1 Profesora Titular de Sociología de la Facultad de Ciencias Sociales de la Universidad Europea de Valencia (fatima.gomez@universidadeuropea.es).

2 Profesora Titular de Derecho Internacional y Derechos Humanos, de la Facultad de Ciencias Sociales de la Universidad Europea de Valencia (lupe.bohorques@universidadeuropea.es).

The "sex strike" has been an instrument at the service of peace, throughout the history of women, since the character of Lysistrata elaborated a plan to end the war between Sparta and Athens. This event, although fictional, constituted one of the first acts of feminist protest and has been carried out in the real world by women peace activists in different countries and times.

Based on the fictional character, this article will present real cases of women who, in different contexts and countries, used the strategy of the sex strike, as a method of resolving social and political conflicts to determine whether or not this strategy has been valid and successful.

Key words: Sex strike, peace processes, women, The Unites Nations, social struggle.

SUMARIO

1. INTRODUCCIÓN

La huelga de sexo como instrumento para la Paz ha sido una estrategia utilizada por las mujeres desde que en el siglo V A.C., Aristófanes escribiera una comedia antimilitarista llamada Lisístrata en la que su personaje principal elabora un plan para terminar con la guerra entre Esparta y Atenas. En esta obra de teatro, las mujeres utilizan la estrategia de negarse a mantener relaciones sexuales con sus maridos para poner fin a la Guerra del Peloponeso. El argumento relata un ficticio alzamiento de las mujeres ante el conflicto bélico, en el que la propia Lisístrata (cuyo nombre se traduciría por "la que disuelve los ejércitos") reúne a las mujeres de ambos bandos, comprometiéndose a iniciar una huelga de sexo, a través de la cual, ninguna de ellas consentirá tener relaciones sexuales con su esposo o amante hasta que ambas partes decidan poner fin al conflicto bélico.

Esta estrategia de lucha pacífica puede enmarcarse en el empeño que han tenido a lo largo de la historia y tienen las mujeres en la actualidad, por asumir un rol activo en los procesos de paz en los cinco continentes, y apostar por alternativas a la guerra desde una visión alejada del patriarcado imperante y del dominio de "Los señores de la guerra". A lo largo de la historia, las mujeres han sido excluidas en gran medida de las negociaciones formales de paz, a pesar de constituir el grupo social que, junto con niños, sufre más directamente las consecuencias de los conflictos bélicos.

La Organización de Naciones Unidas (ONU), desde finales del siglo XX y, especialmente, a partir de la constitución en 2010 de ~~la~~ ONU-Mujeres[3], ha puesto de relieve esta exclusión de las mujeres en las decisiones y negociaciones de paz. Así, Antonio Guterres[4] apuntó en un discurso realizado ante el Consejo de Seguridad de Naciones Unidas en 2018, como "entre 1990 y 2017, las mujeres constituyeron solo el 2% de los mediadores, el 8% de los negociadores y el 5% de los testigos y signatarios en todos los procesos de paz importantes", a pesar de que los conflictos siguen teniendo un efecto devastador entre las mujeres y las niñas.

Con la constitución de la ONU-Mujeres, comienza a admitirse y promoverse formalmente la participación de las mujeres en procesos de paz y mediación, siendo precisamente uno de los objetivos de esta organización, implicar a las mujeres en procesos de paz y seguridad, y reconocer su papel fundamental en la prevención y solución de conflictos.

El rol de las mujeres no solo es crucial en los procesos de paz, sino que también, "existen evidencias abrumadoras que demuestran que la participación de las mujeres en la consolidación de la paz y la mediación contribuyen, además, a lograr una paz duradera más allá del alto al fuego" (ONU-Mujeres, 2021). En julio de 2021, ONU-

---

3 El 2 de julio de 2010, la Asamblea General de las Naciones Unidas creó ONU Mujeres, la Entidad de la ONU para la Igualdad de Género y el Empoderamiento de la Mujer (https://www.unwomen.org/es).

4 Extracto del discurso Antonio Guterres ante el Consejo de Seguridad de la ONU durante la reunión sobre las mujeres y la paz y la seguridad en 2018. Cuando las mujeres están en la negociación, la paz dura más tiempo | Noticias ONU (un.org). Consultado en diciembre 2023.

Mujeres convocó la conferencia internacional: "Procesos de paz con perspectiva de género: el fortalecimiento de la participación significativa de las mujeres mediante la creación de grupos de apoyo". Esta conferencia reunió a más de 320 profesionales de la paz de 70 países, especialmente de Oriente Medio y el Norte de África. El eje central de la conferencia, giró en torno al análisis de las posibilidades de construir grupos de apoyo para fortalecer la participación de las mujeres en los procesos de paz, y tratar de encontrar la forma de enfrentar las dificultades que conlleva participar de manera significativa en estos procesos. Diversas investigaciones habían constatado, cómo las mujeres firmantes de acuerdos de paz, crean fuertes vínculos de solidaridad con otras mujeres de la sociedad civil, y cómo esto conduce a que los acuerdos establecidos sean más duraderos.

A lo largo del siglo XX y XXI, mujeres líderes, defensoras de derechos humanos y activistas, han abogado por la paz y han presionado para que se las incluya en las conversaciones de paz, poniendo en práctica numerosas estrategias:

- Movimientos por la paz: Las mujeres han liderado movimientos pacíficos en los diferentes continentes, a través de marchas, manifestaciones y campañas para exigir el fin de los conflictos armados y la construcción de una paz duradera, así como la reparación de las víctimas de guerras y dictaduras. Ejemplos notables de esta lucha pacífica pueden encontrarse en el movimiento de las Madres de la Plaza de Mayo en Argentina, movimiento que surge en 1977 en plena dictadura cívico-militar y que luchaban por buscar la justicia para los desaparecidos durante la dictadura militar. Otros ejemplos son: las mujeres de Sepur Zarco en Guatemala, que se organizaron y lucharon, en un caso histórico -que ganaron- contra dos militares acusados de crímenes de lesa humanidad[5].

---

5 El caso de Sepur Zarco, ocurrió en Guatemala. El país estuvo asolado durante 36 años por la guerra civil. Durante todo ese tiempo las mujeres indígenas guatemaltecas sufrieron violaciones sistemáticas y situaciones de esclavitud a manos del personal militar en una pequeña comunidad cercana al puesto de Sepur Zarco. Desde 2011 hasta 2016, un grupo de

- Promoción de la igualdad de género en los acuerdos para la paz: otro de los campos de lucha de las mujeres, es trabajar por la inclusión de cuestiones de género en los acuerdos de paz. En este sentido diferentes activistas y líderes han presionado para que se aborden temas como la violencia sexual, la igualdad de derechos y la participación política de las mujeres.

Partiendo de este contexto global, el presente artículo se centra en analizar "la huelga sexual" como una estrategia de pacificación y negociación promovida por las mujeres. Siguiendo el camino abierto en la ficción por la obra teatral Lisístrata, esta forma de rebeldía se presenta como un instrumento comunitario de lucha y reivindicación posible. Centrándonos en el siglo XXI, y a partir de un análisis de contenido de noticias en diversos medios de comunicación–con especial atención a los artículos periodísticos, y evidencias bibliográficas-, ilustraremos y analizaremos casos ocurridos entre los años 2003 y 2014. Este análisis permitirá responder a las siguientes cuestiones que se plantean en esta lucha: ¿Es la huelga de sexo un instrumento político efectivo para influir en el proceso de paz?, ¿Ha impulsado este instrumento a una mayor visibilidad de colectivos de mujeres, víctimas de contextos de violencia extremos que no han tenido protagonismo en las negociaciones y las decisiones de pacificación? ¿Tiene sentido plantear este tipo de "armas de mujer" cómo camino hacia la paz en la actualidad? Por último, se planteará la cuestión de si las mujeres y los hombres afrontan de manera distinta la resolución pacífica de conflictos entre sus comunidades.

---

15 mujeres supervivientes se organizaron y lucharon para obtener justicia en el tribunal supremo de Guatemala. Este caso, sin precedentes se cerró con la condena de 2 exmilitares por delitos de lesa humanidad. En https://www.unwomen.org/es/news/stories/2018/10/feature-sepur-zarco-case. Consultado en julio 2024.

2. LA HUELGA SEXUAL COMO ESTRATEGIA DE PACIFICACIÓN

Una huelga sexual es una forma de protesta en la que un grupo de personas, normalmente mujeres, se abstienen de participar en actividades sexuales como una forma de ejercer presión política o social para lograr un cambio específico en una situación determinada.

2.1. Una táctica.

Esta táctica puede ser utilizada en diversos contextos, desde conflictos armados, hasta cuestiones de derechos civiles o demandas laborales. La huelga sexual busca aprovechar la influencia que las relaciones íntimas tienen en las dinámicas sociales y personales, generar conciencia, presionar a las autoridades o influir en la opinión pública sobre determinadas cuestiones.

Sin embargo, la huelga de sexo puede también llegar a ser una forma controvertida de resolver conflictos, si ponemos el acento en su eficacia o en su naturaleza como verdadero instrumento de paz. Si bien puede haber casos documentados en los que la huelga sexual ha contribuido a la resolución de un conflicto específico en un lugar concreto o a la promoción de la paz, su efectividad y sus implicaciones pueden variar según el país y según el contexto cultural, social y político en el que se utilice.

Alguna de las modernas defensoras de estas prácticas (Marleen Temmerman, 2011) argumentan que la huelga de sexo puede ser una forma poderosa de llamar la atención sobre problemas sociales o políticos y ejercer presión sobre los actores involucrados en un conflicto para encontrar una solución pacífica. Además, es una forma de empoderar a las mujeres y destacar su importante rol en la construcción de la paz y la resolución de conflictos. Sin embargo, otras posturas más críticas (Hadley Heath, 2019) sostienen que la huelga de sexo puede ser problemática porque reduce la participación política de las mujeres a su papel como objetos sexuales y puede reforzar estereotipos de género.

En este sentido, se pueden plantear cuestiones de índole ética sobre el uso de la intimidad y las relaciones personales como herramientas de negociación política. Los aspectos éticos sobre los que se fundamenta el debate de la huelga de sexo son de índole social, política y cultural y generan opiniones encontradas, cuyos argumentos clave podríamos resumir en los siguientes:

En primer lugar, la eficacia de la huelga de sexo como herramienta de protesta. Si por un lado algunas defensoras sostienen que la huelga de sexo puede ser una forma poderosa de llamar la atención sobre problemas sociales o políticos y ejercer presión para buscar soluciones pacíficas, otras voces cuestionan su efectividad real para lograr cambios sostenibles, con el argumento de que puede ser una táctica efectiva a corto plazo, pero no aborda las causas subyacentes o estructurales de los conflictos o problemas.

En segundo lugar, el impacto de las relaciones de género: la huelga de sexo puede desafiar las normas de género establecidas al destacar el papel de las mujeres en la resolución de conflictos y en la promoción de la paz, aunque también puede reducir la participación política de las mujeres a su función como objetos sexuales, lo que refuerza estereotipos de género y plantea preguntas éticas sobre el uso de la intimidad como herramienta política.

Hay que tener en cuenta, además, las cuestiones culturales y contextuales, ya que, la eficacia o aceptación de la huelga de sexo puede variar según el contexto cultural y social en el que se utilice. Lo que en el continente africano puede ser visto como una forma legítima de protesta, puede ser considerado tabú o inapropiado en el continente europeo, por ejemplo.

Finalmente, es preciso considerar las cuestiones éticas y la autonomía individual, teniendo en cuenta que las cuestiones éticas referidas al uso de la intimidad y las relaciones personales como herramientas de negociación política, pueden suponer motivo de debate social (Giménez, C, 2015). El argumento principal es que la huelga de sexo puede coartar la autonomía individual y reducir las personas a meros medios para un fin político.

Por tanto, el debate en torno a la huelga de sexo es complejo y multifacético, involucrando consideraciones sobre su eficacia como táctica de protesta, sus implicaciones en las relaciones de género, su adaptabilidad a diferentes culturas y su uso intimidatorio como arma de negociación política.

2.2 Análisis de casos por continentes.

Para comprobar si realmente la "huelga sexual" ha servido como un instrumento eficaz de pacificación o de lucha social, se han recopilado diferentes casos en los que mujeres líderes en su comunidad, han puesto en marcha esta técnica pacífica de presión. Pueden encontrarse casos en países de diferentes continentes: África, Europa, Asia y Latinoamericana; en contextos sociopolíticos y momentos muy diversos en los que la huelga sexual se ha utilizado con diferentes objetivos y resultados también diversos.

Así, encontramos situaciones en las que la "huelga de sexo" se ha utilizado para alcanzar acuerdos de paz con un claro objetivo político, y casos en los que la meta a alcanzar responde a una necesidad de índole social. En esta situación, lo que se reivindica es la solución específica a problemas que afectan directamente a la comunidad: salubridad, transporte, agua, etc., y que, debido a la desidia o a conflictos internos entre instituciones y gobiernos, no se han resuelto por otros medios y afectan negativamente a las comunidades involucradas.

La revisión de los diferentes casos analizados ha puesto de manifiesto, que el objetivo final de la "huelga de sexo" y sus resultados no solo conllevan una pacificación de conflictos enquistados, sino que en muchas ocasiones lo que estos movimientos buscan es acabar con la marginación de las mujeres, la falta de acceso a los servicios de salud y educación y su empoderamiento.~~Y ello,~~ Porque como subraya ONU-mujeres, estas problemáticas "siguen siendo tanto una causa como un efecto de los conflictos".

En la tabla 1, se muestra la clasificación de diferentes casos de "Huelgas sexuales", según objetivo a conseguir: político y/o social; países y años.

Tabla 1. Huelgas de sexo por tipología de objetivos

TIPOLOGIA	OBJETIVOS	Año/País	ACCIÓN	RESULTADO
OBEJTIVOS POLITICOS	Acabar con guerras y/o Conflictos armados	**2003 LIBERIA KENIA**	- La activista liberiana Leymah Gbowee. Ante la guerra civil que vivía Libia desde 1989, pone en marcha grupo *Women of Liberia Mass Actino for Peace*. Huelga sexual promovida por las esposas del presidente y el primer ministro electo de Kenia.	1.Iniciar el acuerdo para negociar el fin a la segunda guerra civil liberiana en 2003 2.Ellen Johnson Sirelaf fue elegida la primera mujer presidente del continente africano
	Forzar al dialogo	**2012 TOGO**	Las mujeres de Togo, lideradas por la **abogada Isabelle Ameganvi** reaccionaran ante los excesos del presidente, Faure Gnassingb, a través del movimiento «Salvemos Togo**»**.	
	Presiónar al-Gobierno	**2010 Bélgica**	La senadora socialdemócrata Marleen Temmermann hace un llamado a todas las mujeres belgas a ejercer la abstinencia sexual mientras no haya nuevo Gobierno.	Visibilidad
		2014 TOKIO	Huelga de sexo, contra los votantes del que consideran un peligroso misógino**: e**l Exministro de salud y miembro del conservador Partido Liberal Democrático, Masuzoe	Cambios sociales para las mujeres
OBJETIVOS SOCIALES movimiento de resistencia social	Acabar con conflictos Violentos	**2006 COLOMBIA**	Esposas y novias de los miembros de una banda de Pereira en Colombia, iniciaron una huelga sexual denominada *Huelga de piernas* cruzadas para frenar la violencia de las pandillas,	2010 la ciudad mostró el mayor descenso de la tasa de homicidios en Colombia, al bajar un 26,5%
	Falta de recursos para la comunidad	**2009 TURQUIA**	Huelga de sexo para protestar por la escasez de agua en la región.	

Fuente: Elaboración propia, 2023

2.2.1. La huelga sexual en el continente africano.

La huelga de sexo como método de mediación pacífica en África es un fenómeno que ha sido utilizado en algunos países africanos como una forma de protesta y presión política. Una de las manifestaciones más conocidas de este tipo de acción fue en Liberia, donde las mujeres llevaron a cabo una huelga de sexo en 2003 para exigir el fin de una guerra civil que asolaba el país.

La guerra había dejado una situación de devastación en Liberia y causaba un enorme sufrimiento a la población. Ante esta situación, la activista Leyman Gbowee decidió, en el año 2002 , congregar a mujeres cristianas y musulmanas en el grupo Women of Liberia Mass Action for Peace. Las mujeres del movimiento utilizaron la huelga de sexo como instrumento de presión para terminar con la II Guerra Civil en Liberia, bajo el régimen de Taylor (procesado por crímenes de guerra y contra la Humanidad en Sierra Leona) y forzar a los hombres a deponer las armas en un país que, en poco más de una década, vivió dos terribles guerras civiles (1989-1996 y 1999-2003), y causó la muerte de 200.000 personas, además de miles de desplazados (Alaga, 2011).

Las mujeres liberianas llevaron a cabo una serie de acciones pacíficas, incluida la huelga sexual, cuyo objeto era presionar a los líderes políticos y a las partes en conflicto para que acordasen el cese de las armas y participasen en negociaciones de paz. Como explicaba Leyman Gbowee en una entrevista en 2015: "Nos dimos cuenta de que si había cambios que debían ocurrir en Liberia, tenían que ser no violentos. Así que protestamos. Hicimos sentadas. Estábamos invadiendo espacios en los que las mujeres no necesariamente estaban incluidas"[6].

---

[6] Extracto de la entrevista realizada a Leyman Gbowee en Democracy Now, 2015.https://www.democracynow.org/2015/4/27/liberian_nobel_peace_prize_laureate_leyman. Traducido del inglés. Consultado en julio 2024.

Esta acción pacífica consiguió el propósito de atraer la atención internacional y se reconoció que las mujeres de Liberia no solo jugaron un papel crucial en el proceso de mediación del conflicto y la consolidación de la paz, sino que marcaron una forma futura de actuar en la resolución de conflictos y se convirtieron en fuente de inspiración en otros lugares de África (Kenia) y fuera del Continente africano.

Otro ejemplo que podemos traer a colación, es el de Kenia, aunque no hay registros significativos de que ocurriese algo parecido a Liberia. Kenia fue testigo de varios movimientos y protestas lideradas por mujeres en diferentes contextos, incluidas las elecciones y los derechos de las mujeres, así como diversas manifestaciones, marchas y campañas de sensibilización, como formas de protesta pacífica, pero no hay evidencia sólida de que se haya llevado a cabo una huelga de sexo a gran escala en el país, como ocurrió en Liberia.

Sí consta, que, En el año 2009, La esposa del primer ministro keniano, Ida Odinga, se sumó a la «huelga de sexo» de siete días convocada por un grupo de mujeres en protesta por las disputas en el Gobierno de coalición entre su marido, Raila Odinga, y el Presidente, Mwai Kibaki. Ida Odinga dijo que apoyaba «al ciento por ciento» la medida y aclaró que «el boicot de sexo no es un castigo, sino una acción para atraer la atención sobre el asunto», en referencia a las últimas disputas entre su marido y el Presidente[7].

Patricia Nyaundi, directora ejecutiva de la Federación de Mujeres Abogadas (FIDA), organización que participó en la campaña, dijo a los periodistas que esperaba que «los siete días sin sexo fuercen a los rivales a acercar posturas» y recalcó que no es una medida «frívola y banal», como han señalado algunos críticos: “Grandes decisiones se han tomado durante una charla de

---

7 Extraído de El Nacional (julio 2015). En https://://elnacional.com.do/esposa-primer-ministro-declara-huelga-sexo/ Consultado en julio 2024.

almohada -recalcó Nyaundi- así que queremos que las señoras de Kibaki y Odinga les pregunten a sus maridos: ¿Podéis hacer algo por Kenia?"[8].

2.2.2. La huelga sexual en Latinoamérica. El caso de Colombia.

En Colombia se recogen varios casos de "Huelga de sexo". El más destacado sucedió en Barbacoas, municipio de Colombia situado en la Cuenca del río Telembi. A partir del año 2000, la población comenzó a darse cuenta de la necesidad de exigir una carretera digna, dado que llevaban tiempo reivindicando, sin ninguna respuesta, el mal estado de la carretera de Barbacoas que repercutía directamente en su abandono como vía central de transporte del Municipio. En el año 2009, se consiguió que arreglarán 10 Kilómetros, de los 28 que se habían adjudicado, y el resto quedó sin asfaltar. En 2009, se vuelve a reclamar la necesidad de una vía Junin-Barbacoas y se logra la asignación de 40 millones de pesos para pavimentación. Sin embargo, el Ministerio de transporte y los encargados de las obras, no cumplieron el trabajo, dilatando su inicio en el tiempo (Angulo, 2013).

Ante esta situación, surgió la iniciativa de un grupo de mujeres pobladoras de organizarse y crear un movimiento pacífico, al que denominaron "piernas cruzadas" y reclamaba la ejecución inmediata de las obras prometidas. Este grupo acabó convirtiéndose un grupo de resistencia social.

Otro caso registrado en Colombia , data de 2006 y pone el objetivo en acabar con la violencia imperante en la región. En septiembre del año 2006, un grupo de esposas y novias de los miembros de una banda de Pereira en Colombia, iniciaron una huelga sexual denominada "Huelga de piernas cruzadas" para frenar la violencia de las pandillas, en respuesta a las 480 muer-

---

[8] Publicado en ABC Internacional, 2019: "Sin paz no hay sexo" https://www.abc.es/internacional/abci-sin-no-sexo-200904300300-92551751611_noticia.html. Consultado en diciembre 2023.

tes por violencia cometidas por las bandas en la región. Además, la huelga pretendía enviar un claro mensaje a aquellos miembros de las pandillas que no entregasen las armas y cesasen en sus actos violentos: perderían su estatus y "atractivo" sexual. Se trata de una acción simbólica para ridiculizar y dañar el estatus social y sexual, arraigado en el rol de los hombres que participan en las bandas.

Cabe destacar, que en el contexto colombiano, la creación y participación en movimientos de resistencia social tiene una larga tradición, y estos casos en los que la "huelga de piernas cruzadas" se utiliza como estrategia de reivindicación pacífica, enlazan directamente con dicho contexto de resistencia y surgimiento de movimientos sociales.

2.2.3. La huelga sexual en Europa.

En el contexto europeo, se puede encontrar el caso de Bélgica. En 2011, Marleen Temmerman, ginecóloga de profesión y senadora socialdemócrata flamenca, guiada por el ejemplo de Lisístrata e inspirada en antecedentes exitosos, como la huelga de sexo en Kenia, hace un llamado a las mujeres belgas, principalmente a las parejas de los representantes políticos, a ejercer la abstinencia sexual con el objetivo de presionar para la formación de un nuevo Gobierno en Bélgica, ya que llevaba 241 días sin formarse. La huelga tuvo en parte éxito. Así lo señalaba el periódico La Vanguardia (La Vanguardia, 2011): "Tras un año de malentendidos, un movimiento de mujeres pidió a las esposas de los negociadores no ceder a tener relaciones sexuales hasta que se solucionara el conflicto. Una semana más tarde, había un pacto sobre la mesa"[9]. La iniciativa generó debate y conciencia

---

9 Declaraciones extraídas de La Vanguardia: https://www.lavanguardia.com/internacional/20110207/54111470049/una-senadora-belga-propone-una-huelga-de-sexo-a-las-esposas-de-los-negociadores-de-la-crisis.html.

sobre la situación de parálisis gubernamental, pero también fue foco de crítica. Algunos medios belgas fueron muy críticos ante una medida que consideraban "ridiculizaba" la política belga.

3. CONCLUSIONES Y DISCUSIÓN

Tras analizar todos estos casos de "huelgas de sexo" en diferentes continentes y contextos socioeconómicos, se observa como esta estrategia ha sido un instrumento de resistencia social, con el propósito de llamar la atención y visibilizar una posición "pacífica", no exenta de "lucha" de las mujeres como colectivo social. Las mujeres de las diferentes comunidades se enfrentaron al poder establecido y defendieron soluciones pacíficas, en lugar de llevar a sus pueblos a guerras entre vecinos o continuar con escaladas de violencia y situaciones de injusticia social y política. Además, consiguieron desafiar las relaciones de poder patriarcales que generalmente han excluido a las mujeres de las negociaciones oficiales de paz (Alaga, 2011). Todo ello supone un cierto empoderamiento de estas activistas y dar una mayor visibilidad de colectivos de mujeres, víctimas de contextos de violencia extremos.

En países y/o regiones africanas, donde existe una historia de organización social en torno a la solidaridad entre mujeres (caso de Liberia o Togo), que proporciona una base política fundamental para la actuación de las mujeres (Almeida, 2021), la "huelga de sexo" ha sido un instrumento exitoso y duradero.

Otro punto en común, es el hecho de que estas huelgas, comienzan como una reivindicación, a partir de una mujer líder o un pequeño grupo de mujeres y, en la mayoría de los casos, acaban convirtiendo en movimientos sociales (caso de Liberia o de las mujeres de Barbacoa en Colombia) y en agentes de cambio en sus respectivas comunidades.

El éxito y la fuerza de estos movimientos de mujeres que se inspiraron en la figura de Lisístrata y que siguieron el ejemplo de la huelga de sexo como solución de conflictos sociales y políticos en momentos claves, ha sido especialmente relevante en las activistas africanas, algunas posteriormente reconocidas internacionalmente por su lucha. Es el caso de Ellen Johnson Sirleaf, Leymah Gbowee y Tawakkul Karman que, en 2011, recibieron el premio nobel de la paz" por su lucha pacífica en favor de la seguridad de las mujeres y del derecho de estas a participar plenamente en los procesos de consolidación de la paz, y se reiteró la importancia crucial de la contribución que realizan las mujeres a la paz, así como la relación fundamental que existe.

En resumen, la huelga sexual ha sido utilizada como una forma de presión no violenta para alcanzar objetivos relacionados con la paz y como medio de resolución de conflictos. Si bien ha tenido defensores y detractores ha demostrado ser un instrumento poderoso, en muchas ocasiones eficaz y una forma de enfrentarse a las guerras y conflictos violentos que no encontraban otro medio de solución.

El cuerpo, como lugar, es una comprensión de las experiencias de la mujer, del hombre y de la comunidad y ha demostrado que puede convertirse en un lugar de encuentro político para la toma decisiones construyendo identidades colectivas. El movimiento de piernas cruzadas o huelga de sexo, como se ha llamado, nace de una necesidad colectiva de las mujeres, y no solo han logrado acuerdos de paz y encuentros entre adversarios políticos, sino que, además, ha aportado una paz duradera a la comunidad. La huelga de sexo, con el cuerpo de las mujeres como medio de solución pacífica, ha construido resistencia, existencias y transformaciones que devienen de procesos de presión caracterizados por la violencia, el terror, la dominación, la autoridad, la cultura y la política (Jimenez, C, 2015).

En este sentido puede afirmarse que el género delimita una diferencia en los métodos de solución de los conflictos bélicos y de participación activa en los mismos, es decir, existe una diferencia entre los métodos de solución de conflictos político-sociales, según el género porque los que hombres y mujeres se enfrentan de una forma distinta. Así, la búsqueda de diferentes acciones para lograr la paz en mano de las mujeres concuerda con la idea de una visión "feminista" de la cultura de la paz. Las mujeres "son pacifistas y los son de un modo radical" (Tarantino, 2016, pág.147), bien sea por su naturaleza o bien por las cualidades morales que transmiten o quizá por su "otra forma de estar en el mundo", como sostuvo Simone Weil. En cualquier caso, es inevitable acudir a las palabras Virginia Woolf, que ya hacían referencia en 1938 a: "la sustancial ajenidad de las mujeres respecto a la guerra, al imaginario que transmite el escenario de los vencedores y vencidos, de los dominadores y los dominados" (Tarantino, 2016) y que, sin duda, hoy continúan vigentes.

4. REFERENCIAS BIBLIOGRAFICAS

ARANGUREN, J. L., *Ética y política.* Madrid. Guadarrama,1968.

ALAGA, E. *"Pray the Devil Back to Hell": Women's ingenuity in the peace process in Liberia: Political Participation in Post Conflict Transition. Ottawa on March 23, with the support of the Department of Foreign Affairs and International Trade.* 2011

ANGULO, L.; ROSERO, D. & ORTIZ, O., "Movimiento de piernas cruzadas: acto de resistencia social", *Plumilla Educativa,* Vol 2. N°1. 2013

BBC NEWS. Liberia's 'peace warrior. BBC, 7 de octubre de 2011 http://www.bbc.co.uk/news/world-africa-15215312 (Recuperado en diciembre 2023)

BEA E.& FERNÁNDEZ RUIZ-GALVÉZ (coord.), *Cien años del Discurso Femenino sobre la guerra y la Paz,* Tirant Humanidades, 2016.

CABALLERO, C., *¿De verdad una huelga de sexo puede terminar con una guerra?| África No es un país | Planeta Futuro* | EL PAÍS (elpais.com), 2014. (recuperado a 22 de julio 2024)

DEMOCRACY NOW. *Liberian Nobel Peace Prize Laureate Leymah Gbowee: How a Sex Strike Propelled Men to Refuse War.* En https://www.democracynow.org/es/2015/4/27/liberian_nobel_peace_prize_laureate_leymah (recuperado a 22 de julio 2024)

EL NACIONAL. *Esposa de primer ministro declara huelga de sexo.* En https://:elnacional.com.do/esposa-primer-ministro-declara-huelga-sexo/. Julio 2009.

El PAIS Internacional. *Huelga de sexo hasta que Bélgica tenga gobierno. En Huelga de sexo hasta que Bélgica tenga Gobierno* | Internacional | EL PAÍS (elpais.com), 2011.

HEAT, H., "Huelgas sexuales: estúpidas, equivocadas, ineficaces", *Independent Women Forum*, Washington, 2019.

INTERNACIONAL 20 MINUTOS, *Las mujeres de pandilleros en Colombia harán "huelga sexual" para parar la violencia.* En https://www.20minutos.es/noticia/151097/0 (Recuperado en julio 2024)

JIMENEZ GARCES, C., "¿Es el cuerpo, lugar de lo político? Reflexiones sobre el movimiento social de piernas cruzadas", *Revista Latinoamericana de Estudios sobre Cuerpos, Emociones y Sociedad,* vol. 7, núm. 18, agosto-noviembre, 2015, pp. 56-65. Universidad Nacional de Córdoba., Argentina

JUNGS DE ALMEIDAY, A. & VEDOVATO A.L., "O papel político das mulheres na Libéria: a guerra civil e o processo de construção da paz (peacebuilding)", en *Seminário Internacional Fazendo Gênero 12 (Anais Eletrônicos),* Florianópolis, 2021.

LA VANGUARDIA INTERNACIONAL, "Una senadora belga propone una "huelga de sexo" a las esposas de los negociadores de la crisis política", En https://www.lavanguardia.com/internacional/20110207/54111470049/una-senadora-belga-propone-una-huelga-de-sexo-a-las-esposas-de-los-negociadores-de-la-crisis.html, 2011.

ONU MUJERES, *Las mujeres, la paz y la seguridad.* En https://www.unwomen.org/es/what-we-do/peace-and-security

ONU MUJERES, *Procesos de paz con perspectiva de género: Fortalecimiento de la participación significativa de las mujeres mediante la creación de grupos de apoyo. Procesos de paz con perspectiva de género: Fortalecimiento de la participación significativa de las mujeres mediante la creación de grupos de apoyo* | Digiteca: Publicaciones | ONU Mujeres (unwomen.org), 2021.

ONU -NOTICIAS, *Cuando las mujeres están en la negociación, la paz dura más tiempo,* 2018:En https://news.un.org/es/story/2018/10/1444322

POLO SANTILLÁN, M.A, *Once preguntas sobre la relación ética y política,* Universidad de Lima, Año 1, 1 sem, 2018.

TARANTINO, S., "La función guerrera. Una visión feminista de la cultura y la paz". En BEA E.& FERNÁNDEZ RUIZ-GALVÉZ, E (coord.). *Cien años del Discurso Femenino sobre la guerra y la Paz.* Tirant Humanidades, 2016.

SECRETARIA DE CULTURA, *Madres de Plaza de Mayo, 43 años de lucha ininterrumpida* | Cultura, 2016.

Mujeres y operaciones de mantenimiento de la paz, un desafío para la igualdad

Women and peacekeeping operations, a challenge for equality

SUSANA BERROCAL DÍAZ[1]

Resumen

Las operaciones de mantenimiento de la paz siguen suponiendo un desafío en la actualidad debido, entre otras cuestiones, a las diferencias entre los actores internacionales. Sin embargo, y a pesar de encontrarnos en sociedades cada vez más avanzadas, la figura de la mujer sigue siendo un rompecabezas difícil de encajar en las mismas. Si bien es cierta su incorporación a estas operaciones, esta igualdad no alcanza a puestos relacionados directamente con la actividad militar y muchos menos con el mando. ¿Cuándo llegará la igualdad real y efectiva al campo militar de las misiones de mantenimiento de la paz?

Palabras clave: operaciones de mantenimiento de la paz, control social, mujer, igualdad, Resolución 1325.

Abstract

Peacekeeping operations continue to pose a challenge today due, among other issues, to differences between international actors. However, despite finding ourselves in increasingly advanced societies, the figure of women continues to be a puzzle that is difficult to fit into. Although their incorporation into them is true, this equality does not extend to positions directly related to military activity and much less to command. When will real and effective equality come to the military field of peacekeeping missions?

Keywords: peacekeeping operations, social control, women, equality, Resolution 1325.

---

1 Profesora Doctora en la Universidad Europea de Valencia (susana.berrocal@universidadeuropea.es).

SUMARIO

1. INTRODUCCIÓN

Del latín *pax*, la paz no es solo la situación en la que no existe lucha armada en un país o entre países[2]. No solo supone la ausencia de conflictos, sino que, además, en la actualidad ha de suponer la aceptación de diferencias entre partes, así como la capacidad de escuchar, reconocer, respetar y apreciar a los demás, siendo capaces de convivir de forma pacífica y unida.

La violencia, la controversia y el conflicto forman parte de las sociedades desde el inicio de la constitución de los primeros grupos de seres humanos. Griegos, romanos, pueblos del norte de Europa, pueblos habitantes de la Península Ibérica…no existe un lugar en la Tierra que en algún momento no se haya visto envuelto en una controversia con mayor o menor violencia, pues la violencia es intrínseca al conflicto y al propio ser humano.

Ante la necesidad de evitar el conflicto, de cualquier tipo, entre los primeros pobladores y, posteriormente, dentro de las sociedades que constituyen los Estados, se hace necesaria la existencia de un control social que transciende lo informal, que queda en manos de la familia, el grupo de pares y otros. Surgen así las primeras formas de control social formal con la constitución de los

---

2 RAE, 2024.

primeros Estados. Instituciones capaces de hacer frente a las diferentes hostilidades que se presentan en la convivencia humana.

El control social quedaba pues en manos del Estado y sus instituciones y en su plano internacional o de relación con otros Estados y Organizaciones, en su devenir histórico, los ejércitos se han mostrado como elemento ejecutivo de control social fundamental para hacer frente, en inicios, a las amenazas, internas y posteriormente solo a las externas, de los Estados, hasta la aparición de los primeros cuerpos policiales que se encargarán de la seguridad interior y que permitirían darle a los ejércitos una dimensión de defensa exterior de fronteras.[3]

El ejército ha evolucionado junto con la sociedad con la que crece y convive y, en la actualidad, disponemos de conjuntos de hombres y mujeres altamente preparados que trabajan en aras de garantizar, en el caso de España, la soberanía e independencia de nuestro país, defender su integridad territorial, así como también el ordenamiento constitucional[4] (Constitución Española, 1978) constituyéndose como mecanismo fundamental del ejercicio del control social formal en materia de seguridad exterior.

En esta evolución, se hace necesario instaurar una política de defensa donde queden determinados objetivos, recursos y acciones quedando la base de su planeamiento definida en la Directiva de Defensa Nacional que concreta para nuestras Fuerzas Armadas una

---

3 Si bien es cierto que, en el caso de nuestro país, la Constitución en vigor, en su artículo 8, dentro del Título Preliminar de la misma, configura a los ejércitos con las funciones específicas de garantizar tanto la soberanía como la independencia de España, así como defender la integridad territorial del Estados como el propio ordenamiento constitucional.

4 Artículo 8 Constitución Española:

1. Las Fuerzas Armadas, constituidas por el Ejército de Tierra, la Armada y el Ejército del Aire, tienen como misión garantizar la soberanía e independencia de España, defender su integridad territorial y el ordenamiento constitucional.
2. Una ley orgánica regulará las bases de la organización militar conforme a los principios de la presente Constitución.

serie de funciones dentro y fuera del territorio nacional, entre ellas las conocidas como operaciones de mantenimiento de la paz que se desarrollan fuera de nuestras fronteras en los entornos más diversos.

En el contexto internacional es habitual el uso del paraguas de Naciones Unidas como gestor de las operaciones de mantenimiento de la paz. En estos momentos, son doce misiones las que se encuentran en curso siendo que España contribuye en ellas con un total de 680 hombres y mujeres pertenecientes a nuestras Fuerzas Armadas[5].

Estas operaciones de paz suponen un reto al constituirse como una técnica, iniciada y desarrollada por la O.N.U., como se ha indicado anteriormente, basada en el principio de la presencia de carácter imparcial en el terreno en conflicto con el objetivo de aliviar tensiones y posibilitar soluciones negociadas en esa concreta situación de conflicto[6].

Estas operaciones de paz, que cada vez son más habituales y menos excepcionales[7] necesitan de hombres y mujeres sobre el terreno sin embargo, la incorporación de la mujer a las mismas ha sido tardía y dificultosa y sigue siéndolo en algunas de ellas donde apenas tienen representación a pesar de haber transcurrido más de veinte años de la Resolución 1325 (2000) de las Naciones Unidas, Resolución que reafirmaba *"el importante papel que desempeñan las mujeres en la prevención y solución de los conflictos y en la consolidación de la paz, y subrayando la importancia de que participen en pie de igualdad e intervengan plenamente en todas las iniciativas encaminadas al mantenimiento y el fomento de la paz y la seguridad, y la necesidad de aumentar su participación en los procesos de adopción de decisiones en materia de prevención y solución de conflictos"*.

---

5 ONU, Resumen mensual del personal militar y policial aportado a las operaciones de las Naciones Unidas (2015-2023), Nueva York, 2024.

6 ROMANELLI, A., El valor estratégico de las operaciones de paz, Centro de Altos Estudios, Colegio de Defensa del Uruguay, Montevideo, 2010.

7 DURALL, J. G., "Las operaciones de paz de Naciones Unidas del Capítulo VII:¿ Excepción o práctica extendida?", Revista del Instituto Español de Estudios Estratégicos, (2), 2013.

Transcurridos veintitrés años de la misma, nos preguntamos si siendo importante el papel de las mujeres en la resolución de los conflictos, se han incorporado mayor número de las mismas en las operaciones de paz existentes en la actualidad y si esta incorporación es real y efectiva o simplemente una enorme cantidad de buenas intenciones escritas en una Resolución. ¿Cuál es la situación real tanto en toma de decisiones como sobre el terreno de la mujer en el entorno de las operaciones de paz de Naciones Unidas?

2. METODOLOGÍA

La investigación realizada tiene una base cualitativa, centrándose en la recopilación y análisis de datos. Se ha llevado a cabo una revisión de bibliografía estructurada[8] existente en esta materia, así como un estudio detallado de las Resoluciones de Naciones Unidas relacionadas con la igualdad, las cuestiones de género y la situación actual de la mujer en las operaciones de mantenimiento de la paz.

Este análisis, pretende aportar a la investigación, desde una óptica crítica, una respuesta profunda para la comprensión del problema que facilite la posible formulación de soluciones y que, con ellas, podamos lograr una igualdad real y efectiva en el entorno de las operaciones de mantenimiento de la paz. Así pues, entre los objetivos de esta investigación se encuentran:

a) La determinación clara y objetiva de si existe o no una igualdad objetiva entre mujeres y hombres en el entorno de las operaciones de mantenimiento de la paz de las Naciones Unidas.

---

8 GÓMEZ-LUNA, E., NAVAS, D. F., APONTE-MAYOR, G., & BETANCOURT-BUITRAGO, L. A., "Literature review methodology for scientific and information management, through its structuring and systematization", Dyna, 81(184), 2014, pp.158-163.

b) Establecer si la legislación actual ha producido un incremento en el número de mujeres que participan en operaciones de mantenimiento de la paz de Naciones Unidas.

c) Determinar la realidad de las estadísticas que arrojan resultados sobre la igualdad entre mujeres y hombres en el desarrollo de operaciones de mantenimiento de la paz de Naciones Unidas.

Entre las limitaciones que se han encontrado en esta investigación, encontramos la escasa cantidad de estadísticas abiertas a la opinión pública y a la comunidad académica en materia de igualdad en el desarrollo de operaciones de mantenimiento de la paz de Naciones Unidas, pero también la cautela, que en ocasiones se convierte en opacidad, en las cuestiones relacionadas con la seguridad y la defensa.

A estas limitaciones, debemos sumar, sin duda, una crucial que impide realizar un análisis retrospectivo en profundad y es la tardía incorporación de la mujer a las Fuerzas Armadas en la mayoría de los Estados que conforman Naciones Unidas y que evidencia, la falta de igualdad que ha habido, al menos hasta ahora.

3. LAS OPERACIONES DE MANTENIMIENTO DE LA PAZ

La violencia es una cuestión intrínseca al ser humano. Fuerza, violencia y vida conforman al ser humano[9] acercándolo al resto de especies que dominan la Tierra. Desde la óptica de la Criminología y de la conceptualización del control social formal e informal. La guerra constituye la victoria de lo irracional sobre

---

9 AZNAR FERNÁNDEZ-MONTESINOS, F., "La violencia y el ser humano", Análisis, Instituto Español de Estudios Estratégicos, núm. 32, 2015.

las Instituciones y sobre la propia existencia del ser humano, una suerte de enfrentamiento de poderes.

A pesar de ello, y del horror que supone la existencia de una guerra, lo cierto es que el ser humano no se resiste a su influjo y supone la continuación de la política por otros medios[10]. Desde Platón, quien hablaba de guardianes frente al término guerrero hasta la actualidad, solo han transcurrido algo más de veinte siglos y, sin embargo, poco hemos evolucionado: existen en estos momentos algo más de 55 conflictos armados en el mundo que atormentan directamente a más de 1.100 millones de seres humanos; de forma indirecta, es decir, en términos económicos, sociales o políticos, afectan a toda la humanidad teniendo en cuenta el concepto global en el que se desarrolla la existencia humana.

En este contexto, en el que las más variadas causas hacen saltar el conflicto armado, se impone la necesidad de la existencia de un control social fuerte y capaz que sirva para hacer frente al devenir de la guerra. La terminología control social, comienza a utilizarse a finales del siglo XIX y principios del XX y viene a referirse al conjunto de prácticas, actitudes y valores que tienen como objetivo mantener el orden dentro de una concreta sociedad[11]. Este concepto, queda dividido en dos, al hablar de control social informal, en manos de la familia, el grupo de pares o la escuela, y el control social formal, que se refiere al conjunto de estrategias e Instituciones encargados de mantener la integridad de la sociedad.

---

10 VON CLAUSEWITZ, C., De la guerra, La esfera de los libros, Madrid, 2005.

11 NAVARRO HOMOBONO, J.R., Control social formal, Centro para el estudio de la prevención de la delincuencia, Universidad Miguel Hernández, 2015.

En este sentido, y tras el fin de la II Guerra Mundial, las Naciones Unidas, surgida al albor de su Carta institucional firmada en San Francisco el 26 de junio de 1945, nace con el objetivo de salvaguardar la paz y la seguridad internacionales. Así lo determina el Capítulo I de la mencionada Carta al exponer como propósitos de las Naciones Unidas:

> "1.- Mantener la paz y la seguridad internacionales, y con tal fin: tomar medidas colectivas eficaces para prevenir y eliminar amenazas a la paz, y para suprimir actos de agresión u otros quebrantamientos de la paz; y lograr por medios pacíficos, y de conformidad con los principios de la justicia y del derecho internacional, el ajuste o arreglo de controversias o situaciones internacionales susceptibles de conducir a quebrantamientos de la paz;
>
> 2.- Fomentar entre las naciones relaciones de amistad basadas en el respeto al principio de la igualdad de derechos y al de la libre determinación de los pueblos, y tomar otras medidas adecuadas para fortalecer la paz universal;
>
> 3.- Realizar la cooperación internacional en la solución de problemas internacionales de carácter económico, social, cultural o humanitario, y en el desarrollo y estímulo del respeto a los derechos humanos y a las libertades fundamentales de todos, sin hacer distinción por motivos de raza, sexo, idioma o religión; y
>
> 4.- Servir de centro que armonice los esfuerzos de las naciones por alcanzar estos propósitos comunes".

Este es el sentido de las operaciones de mantenimiento de la paz: servir de instrumento por el que finalizar la controversia suscitada entre las Partes enfrentadas e instituir nuevamente el cauce del control social formal. Las operaciones de mantenimiento de la paz han de ser una vuelta a la ausencia de conflictos, pero entendida no solo como tal sino también como la aceptación de diferencias entre Partes quienes han de desarrollar la capacidad de escuchar, reconocer, respetar y aceptar a los demás siendo capaces de convivir de forma pacífica y unida.

3.1. Origen y fundamento.

Las operaciones de mantenimiento de la paz, cada una de las cuales tiene su propia estructura y funciones atendiendo a las necesidades por las que se crean, tienen su fundamento en el mandato otorgado por el Consejo de Seguridad de las Naciones Unidas. Este es el órgano al que la Carta de Naciones Unidas, otorga la máxima autoridad en el mantenimiento de la paz y la seguridad internacionales. En sus artículos 23 y siguientes determina la estructura[12], composición y funciones de este órgano de carácter ejecutivo, las cuales quedan determinadas como las siguientes en su artículo 24:

> "A fin de asegurar acción rápida y eficaz por parte de las Naciones Unidas, sus Miembros confieren al Consejo de Seguridad la responsabilidad primordial de mantener la paz y la seguridad internacionales, y reconocen que el Consejo de Seguridad actúa a nombre de ellos al desempeñar las funciones que le impone aquella responsabilidad. En el desempeño de estas funciones, el Consejo de Seguridad procederá de acuerdo con los Propósitos y Principios de las Naciones Unidas. Los poderes otorgados al Consejo de Seguridad para el desempeño de dichas funciones quedan definidos en los Capítulos VI, VII, VIII y XII. El Consejo de Seguridad presentará a la Asamblea General para su consideración informes anuales y, cuando fuere necesario, informes especiales".[13]

---

[12] Artículo 23 Carta de las Naciones Unidas:
El Consejo de Seguridad se compondrá de quince miembros de las Naciones Unidas. La República de China, Francia, la Unión de las Repúblicas Socialistas Soviéticas, el Reino Unido de la Gran Bretaña e Irlanda del Norte y los Estados Unidos de América, serán miembros permanentes del Consejo de Seguridad. La Asamblea General elegirá otros diez Miembros de las Naciones Unidas que serán miembros no permanentes del Consejo de Seguridad, prestando especial atención, en primer término, a la contribución de los Miembros de las Naciones Unidas al mantenimiento de la paz y la seguridad internacionales y a los demás propósitos de la Organización, como también a una distribución geográfica equitativa.
Los miembros no permanentes del Consejo de Seguridad serán elegidos por un periodo de dos años. En la primera elección de los miembros no permanentes que se celebre después de haberse aumentado de once a quince el número de miembros del Consejo de Seguridad, dos de los cuatro miembros nuevos serán elegidos por un periodo de un año. Los miembros salientes no serán reelegibles para el periodo subsiguiente.
Cada miembro del Consejo de Seguridad tendrá un representante.

[13] Artículo 24 Carta de las Naciones Unidas

Siendo el máximo responsable en materia de mantenimiento de la paz, el Consejo de Seguridad puede adoptar las medidas que considere más oportunas, siempre dentro del marco de la Carta de las Naciones Unidas. Se establecen, a continuación, y de forma muy breve, las líneas de actuación que pueden seguirse:

- Arreglo pacífico de controversias: regulado en el Capítulo VI de la Carta de las Naciones Unidas.
- Acciones para los supuestos de amenazas a la paz, quebrantamientos de la paz o actos de agresión: recogidos en el Capítulo VII de la Carta de las Naciones Unidas.
- Participación de organismos y entidades de carácter regional en el marco del mantenimiento de la paz y la seguridad internaciones siempre y cuando estas actividades se encuentren alineadas con el contenido de la Carta de las Naciones Unidas.

3.2. Breve recorrido histórico de las operaciones de mantenimiento de la paz.

El mantenimiento de la paz por parte de las Naciones Unidas se inicia en el año 1948 cuando el Consejo de Seguridad de la Organización autoriza el despliegue de observadores militares en Oriente Medio. Esta misión tenía por objetivo la vigilancia de la observancia del acuerdo de Armisticio entre Israel y sus vecinos árabes. Actualmente, es uno de los mecanismos más eficaces, según la propia Organización, para ayudar a los países en el camino que se extiende entre el conflicto y la paz, estando activas 12 misiones categorizadas como de mantenimiento de la paz en la actualidad[14]. Estas operaciones de mantenimien-

---

[14] ONU, Resumen mensual del personal militar y policial aportado a las operaciones de las Naciones Unidas (2015-2023), Nueva York, 2024.

to de la paz surgen en un entorno hostil debido a las particularidades políticas que surgen tras la Segunda Guerra Mundial limitándose por ello este tipo de operaciones a mantener el alto el fuego en las zonas de conflicto y a estabilizar el terreno.

En estos primeros momentos, los observadores militares bajo bandera de Naciones Unidas no iban armados y no será hasta 1956 cuando, debido a la crisis del Canal de Suez, llegue el primer contingente armado con el despliegue de la Fuerza de Emergencia de las Naciones Unidas[15]. Tras esta, llegarán otras: en 1960, por ejemplo, se despliega la Misión de las Naciones Unidas en la República del Congo (con 20.000 hombres, no acudieron mujeres a esta primera misión armada de las Naciones Unidas); años más tarde, misiones en República Dominicana, Nueva Guinea Occidental, Yemen, Chipre y Oriente Medio.

Durante el periodo conocido como Guerra Fría y con el cambio de los conflictos armados que ahora se desarrollan, en muchas ocasiones en el contexto de guerras civiles y no entre Estados, las operaciones de mantenimiento de la paz se tornan más complejas y dejan de ser simplemente de observación. Es en este momento cuando comienzan a virar las actividades de mantenimiento de la paz a cuestiones relacionadas, entre otras con la vigilancia de los derechos humanos, la colaboración en la reforma del sector de la seguridad, la ayuda en el proceso de desarme, cuestiones relacionadas con desmovilización y reintegración de excombatientes o la observación de procesos electorales, lo que provoca un aumento en las necesidades de personal así como en la formación y conocimiento de dichos profesionales.

15 ONU, Resumen mensual del personal militar y policial aportado a las operaciones de las Naciones Unidas (2015-2023), Nueva York, 2024.

Finalizada la Guerra Fría, se produjo un gran incremento en el número de operaciones de mantenimiento de la paz, autorizando el Consejo de Seguridad un total de veinte nuevas operaciones entre 1989 y 1994, con lo que el personal de mantenimiento de la paz se incrementó de 11.000 a 75.000 efectivos. Se desarrollan en este periodo operaciones en Angola, El Salvador, Mozambique y Namibia. A mediados de los noventa, hay tres despliegues de gran importancia: las misiones de la antigua Yugoslavia, Rwanda y Somalia. La situación de crítica por parte de la comunidad internacional que se creó entorno a estas operaciones de mantenimiento de la paz debido a que el personal de mantenimiento de la paz tuvo que abordar situaciones en las que las partes en conflicto no se ajustaron a los acuerdos de paz, o en las que el personal de paz no estaba provisto de los recursos ni del apoyo político adecuados, hicieron que el Consejo de Seguridad redujera el número de operaciones y que comenzara el camino hacia una nueva estrategia en el contexto de las operaciones de mantenimiento de la paz.

El siglo XXI trae un nuevo contexto con guerras híbridas y nuevos actores en el escenario internacional. Esta situación hace que las operaciones de mantenimiento de la paz también deban adaptarse a las nuevas estructuras de conflicto y que se fortalezcan las capacidades para gestionar sobre el terreno. Operaciones como las de Siria, Sierra Leona, Chad y la República Centroafricana, entre otras muchas, demuestran la salud de las operaciones de mantenimiento de la paz de Naciones Unidas y el apoyo de la comunidad internacional a las mismas.

En este contexto, ve la luz el proceso denominado Nuevo Horizonte. Este proceso se inició en 2009 con dos objetivos fundamentales:

- Evaluar los principales problemas en materia de política y estrategia a los que se enfrenta actualmente y se enfrentará el mantenimiento de la paz de las Naciones Unidas.

- Reforzar el diálogo actual con las Partes interesadas sobre las posibles soluciones planteadas para un mejor ajuste de las operaciones de mantenimiento de la paz de manera que satisfagan las necesidades actuales y las futuras.

En octubre de 2014, el entonces secretario general de la Organización, Ban Ki-moon, estableció un Grupo Independiente de Alto Nivel sobre las Operaciones de Paz de las Naciones Unidas, integrado por 17 miembros, para realizar una evaluación completa del estado de las operaciones de paz de las Naciones Unidas y de las necesidades emergentes del futuro. Su informe se publicó en junio de 2015, con recomendaciones clave sobre el camino a seguir por las operaciones de paz. En septiembre de 2015, el Secretario General publicó su propio informe sobre la aplicación de esas recomendaciones y el futuro de las operaciones de paz.

Desde 2017 la estrategia de operaciones de paz ha ido sufriendo una transformación para situar a la política en el centro de sus gestiones mejorando el pilar de la paz y la seguridad. En la actualidad, más de 110.000 militares, policías y civiles trabajan en operaciones de mantenimiento de la paz, unas operaciones que han sabido adaptarse a las necesidades del nuevo contexto internacional.

En el mapa que encontramos a continuación (Fig.1), se observan las actuales misiones de mantenimiento de la paz que existen a fecha 31 de diciembre de 2023, fecha de última actualización por parte del Consejo de Seguridad de las Naciones Unidas. España participa actualmente en las misiones FINUL en el Líbano, así como en Colombia en materia de acuerdos de paz, habiendo participado en otras 12 misiones anteriormente.

Figura 1: Panel de misiones de campo.

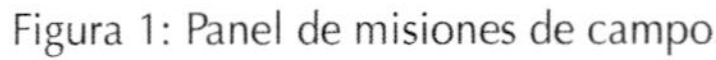

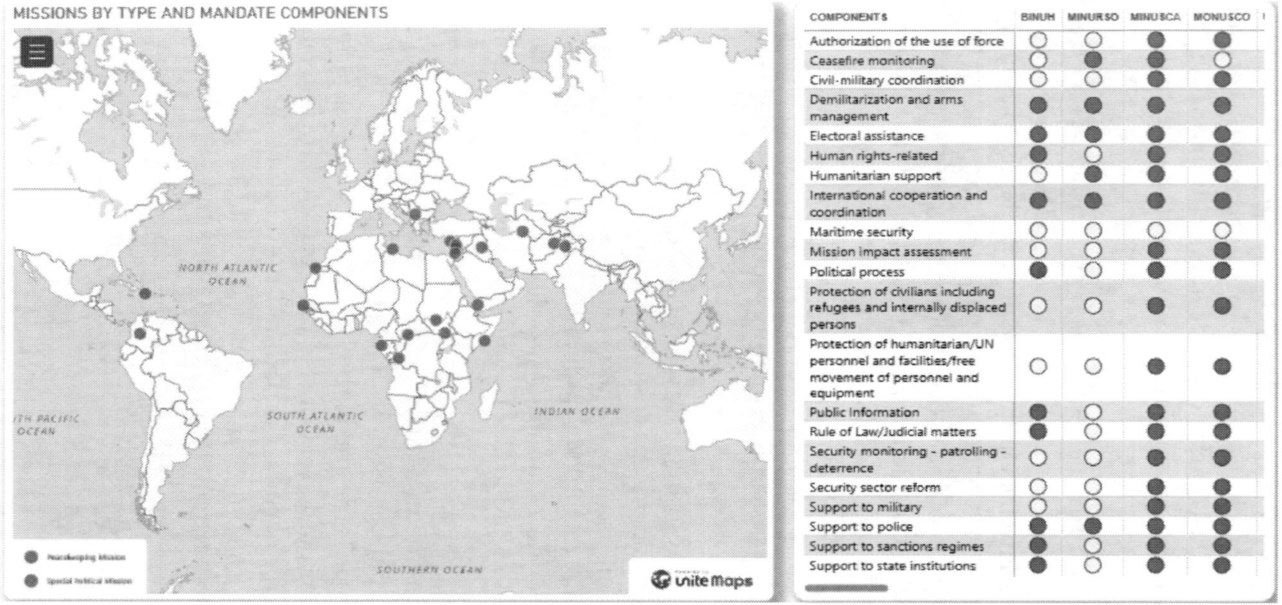

COMPONENTS	BINUH	MINURSO	MINUSCA	MONUSCO
Authorization of the use of force	○	○	●	●
Ceasefire monitoring	○	●	●	○
Civil-military coordination	○	○	●	●
Demilitarization and arms management	●	●	●	●
Electoral assistance	●	●	●	●
Human rights-related	●	○	●	●
Humanitarian support	○	●	●	●
International cooperation and coordination	●	●	●	●
Maritime security	○	○	○	○
Mission impact assessment	○	○	●	●
Political process	●	○	●	●
Protection of civilians including refugees and internally displaced persons	○	○	●	●
Protection of humanitarian/UN personnel and facilities/free movement of personnel and equipment	○	○	●	●
Public Information	●	○	●	●
Rule of Law/Judicial matters	●	○	●	●
Security monitoring - patrolling - deterrence	○	○	●	●
Security sector reform	○	○	●	●
Support to military	○	○	●	●
Support to police	●	●	●	●
Support to sanctions regimes	●	○	●	●
Support to state institutions	●	○	●	●

Fuente: https://www.un.org/securitycouncil/content/field-missions-dashboard

4. LA FIGURA DE LA MUJER EN LAS OPERACIONES DE MANTENIMIENTO DE LA PAZ. NACIONES UNIDAS Y LAS RESOLUCIONES 1325 (2000) Y 2242 (2015)

Entre 1957 y 1989 el número de mujeres participando en operaciones de mantenimiento de la paz era de veinte. Hasta enero de 2024 el número de mujeres participando en operaciones de mantenimiento de la paz asciende a 5.370 de las cuales, 4.009 están desplegadas en contextos militares y 1.361 en contextos policiales. Si bien la cifra no parece pequeña, la visualización de la misma en un gráfico donde se expone su participación frente al número de hombres implicados en este tipo de misiones, si nos hace levantar una voz de alarma en relación a la realidad de la participación de la mujer en el contexto de las operaciones de mantenimiento de la paz (véase a continuación las tablas 1 y 2).

Tabla 1: Tropas desplegadas a fecha 30 de junio de 2024

MISIÓN	HOMBRES	MUJERES	% HOMBRES	% MUJERES
BINUH	0	0		
MINURSO	170	57	74,89%	25,11%
MINUSCA	12.932	1.197	91,53%	8,47
MINUSMA	219	0	100%	0
MONUSCO	9.907	906	91,62%	8,38%
UNAMA	1	0	100%	0
UNAMI	216	29	88,16%	11,84%
UNDOF	1.067	95	91,82%	8,18%
UNFICYP	710	90	88,75%	11,25%
UNIFIL	8.782	823	91,43%	8,57%
UNISFA	2.966	271	91,63%	8,37%
UNMHA	9	0	100%	0
UNMIK	7	2	77,78%	22,23%
UNMISS	12.805	1.121	91,95%	8,05%
UNMOGIP	33	11	75%	25%

UNOWAS	1	1	50%	50%
UNSMIL	205	28	87,98%	12,02%
UNSOM	554	78	87,66%	12,34%
UNSOS	10	2	83,33%	16,66%
UNTSO	118	24	83,1%	16,9%
UNVMC	73	30	70,87%	29,13%

Fuente: elaboración propia a partir de los datos de https://peacekeeping.un.org/es/gender

Tabla 2: Hombres y mujeres desplegados con funciones policiales.

MISIÓN	HOMBRES	MUJERES	% HOMBRES	% MUJERES
BINUH	12	1	92,31%	7,69%
MINURSO	0	1	0	100%
MINUSCA	2.499	470	84,17%	15,83%
MINUSMA	117	33	78%	22%
MONUSCO	1.046	306	77,37%	2,63%
UNAMA	0	0		
UNAMI	0	0		
UNDOF	0	0		
UNFICYP	43	26	62,32%	37,68%
UNIFIL	0	0		
UNISFA	28	18	60,87%	39,13%
UNMHA	0	0		
UNMIK	6	3	66,67%	33,33%
UNMISS	1.108	433	71,90%	28,1%
UNMOGIP	0	0		
UNOWAS	0	0		
UNSMIL	0	0		
UNSOM	8	4	66,67%	33,33%
UNSOS	0	0		
UNTSO	0	0		
UNVMC	54	22	71,05%	28,95%

Fuente: elaboración propia a partir de los datos de https://peacekeeping.un.org/es/gender

En las tablas anteriores, queda reflejada la realidad que no es otra que el ínfimo porcentaje de mujeres que participan en operaciones de mantenimiento de la paz en la actualidad y lo lejos que nos encontramos de una situación de igualdad en este sentido. Muchos son los factores que influyen en esta situación. Desde la tardía incorporación de la mujer a las Fuerzas Armadas, pasando por aquellos países donde la mujer no ha alcanzado la igualdad ni si quiera de derechos frente a los hombres, o el más preocupante: la dificultad de las mujeres para abandonar el rol de cuidadora y enrolarse en actividades de defensa.

Veamos en cifras, por ejemplo, el caso de España (véase tabla 3). La mujer se incorpora a las Fuerzas Armadas en nuestro país en 1988, treinta y cinco años después, las mujeres incorporadas a las mismas suponen un 13% del total del personal, concentrándose el mayor porcentaje de mujeres dentro de los cuerpos comunes donde se aglutinan recursos relacionados con sanidad, jurídico, música e interventores. Treinta y cinco años después de su incorporación solo dos de ellas han alcanzado puestos como Generales, lo que supone un 0,9% del total[16].

Tabla 3: Porcentaje de mujeres incorporadas a las Fuerzas Armadas en España.

	HOMBRES	**MUJERES**
EJÉRCITO DE TIERRA	88,5%	11,5%
EJÉRCITO DEL AIRE	85,8%	14,2%
ARMADA	86,2%	13,8%
CUERPOS COMUNES	63,7%	36,3%
TOTALES	87%	13%

Fuente: elaboración propia a partir de los datos del Observatorio militar para la igualdad.

16 DIASP, Observatorio militar para la igualdad. Datos sobre el personal en el Ministerio de Defensa, Secretaría Permanente de Igualdad, Madrid, 2022.

4.1. *Las Resoluciones 1325 (2000) y 2242 (2015) del Consejo de Seguridad de las Naciones Unidas: El camino hacia la incorporación de la mujer a las operaciones de mantenimiento de la paz.*

En el marco de Naciones Unidas, su Secretaría General ha otorgado la máxima relevancia al aumento de la participación de las mujeres uniformadas en labores de mantenimiento de la paz, tal y como se establece en la Estrategia de Paridad de Género de la Organización que, entre otras cuestiones aborda las operaciones en el terreno. En este contexto, dos son las Resoluciones del Consejo de Seguridad que vertebran el camino hacia la igualdad de género en las operaciones de mantenimiento de la paz.

Aprobada por el Consejo de Seguridad en su sesión 4213ª, celebrada el 31 de octubre de 2000, la citada Resolución, basada en Resoluciones previas en materia de igualdad de género y subrayando la importancia de la incorporación de la mujer en materia de prevención y solución de conflictos, reconoce la importancia de trasladar e incorporar la cuestión del género a las operaciones de mantenimiento de la paz teniendo como precedentes la Declaración de Windhoek[17] y el Plan de Acción de Namibia sobre la incorporación de una perspectiva de género en las operaciones multidimensionales de apoyo a la paz (S/2000/693)[18].

---

17 Seminario para la promoción de una prensa africana independiente y pluralista organizado por las Naciones Unidas y la Organización de las Naciones Unidas para la Educación, la Ciencia y la Cultura, que se celebró en Windhoek (Namibia) del 29 de abril al 3 de mayo de 1991

18 Carta de fecha 12 de julio de 2000 dirigida al secretario general por el Representante Permanente de Namibia ante las Naciones Unidas

La Resolución manifiesta tres niveles de preocupación en el eje mujer y conflictos armados. Por una parte, la vulnerabilidad de las mujeres y las niñas en los conflictos armados y los efectos que estos producen en ellas. En segundo lugar, se centra en el papel de la mujer en los conflictos armados como elemento pacificador y desde una óptica ejecutiva y de implementación de la mujer en el entorno de las operaciones sobre el terreno; se entiende a la mujer por primera vez como agente activo en la construcción de la paz[19]. Por último, determina la necesidad de incluir la perspectiva de género en los conflictos armados, lo cual va a suponer una redefinición de roles, así como la búsqueda de las causas que provocan desigualdad.

En este sentido, la Resolución, "insta, en primer lugar, a los Estados Miembros a velar por que aumente la representación de la mujer en todos los niveles de adopción de decisiones de las instituciones y mecanismos nacionales, regionales e internacionales para la prevención, la gestión y la solución de conflictos"[20]. Se indica así, claramente, la incorporación de la mujer en materia de desarrollo de una operación de mantenimiento de la paz. Pero, además de ello, establece la importancia de la presencia de las mujeres en las operaciones de paz, siendo significativo la progresiva, aunque muy lenta, incorporación de la mujer a las mismas en los últimos veinticuatro años. Insistimos en la lentitud de dicha incorporación.

Asimismo, hace referencia específica a la necesidad de proteger los derechos de las mujeres y las niñas durante los conflictos armados y reconoce la urgente necesidad de incorporar una perspectiva de género en las operaciones de mantenimiento de la paz.

---

19 MAGALLÓN, C., "Mujer, paz y seguridad: un balance de la Resolución 1325. Escenarios de crisis: fracturas y pugnas en el sistema internacional, anuario 2008-2009", Ceipaz-Fundación por la paz. Icaria editorial, 2008, pp. 69-85.

20 Resolución 1325 (2000).

Por último, insta al Secretario General a que realice dos tareas fundamentales que lleven a mejorar la situación de la mujer en las operaciones de mantenimiento de la paz. Por una parte, le conmina a que nombre a más mujeres representantes especiales y enviadas especiales para realizar misiones de buenos oficios en nombre de la Organización para lo cual solicita a los Estados Miembros de Naciones Unidas a que propongan a la Secretaría General candidatas con las que confeccionar un listado centralizado en periódica actualización. En segundo lugar, se insta al Secretario General a llevar a la ampliación del papel y a la aportación de las mujeres en las operaciones de mantenimiento de la paz de las Naciones Unidas, especialmente entre los observadores militares, la policía civil y el personal dedicado a los derechos humanos y a tareas humanitarias.

El segundo texto jurídico de gran importancia para conseguir la paridad de género en las operaciones de mantenimiento de la paz, lo constituye la Resolución 2242 (2015), aprobada por el Consejo de Seguridad en su 7533ª sesión, celebrada el 13 de octubre de 2015. Esta Resolución con base en la anteriormente citada Resolución 1325 (2000) y otras disposiciones de acompañamiento que conformarán la base de la Agenda Mujeres, Paz y Seguridad[21], determina la existencia de un vínculo sustancial entre la implicación significativa de las mujeres en las actividades de prevención y solución de los conflictos y de reconstrucción posterior y la eficacia y sostenibilidad a largo plazo de tales actividades, indicando que es necesario aumentar la asignación de recursos, la rendición de cuentas, la voluntad política y el cambio de actitud. En base a ello, insta a los Estados Miembros de las Naciones Unidas a que evalúen sus estrategias y su asignación de recursos para la implementación de la agenda sobre las mujeres y la paz y la seguridad.

---

21 Se desarrolla a partir de las Resolución 1325 (2000), dentro del Departamento de Asuntos Políticos y de Consolidación de la Paz.

Asimismo, establece la necesidad de integrar las necesidades de las mujeres y las perspectivas de género en su labor, incluso en todos los procesos de políticas y planificación y las misiones de evaluación y para ello, reconoce la necesidad de llevar a un mayor nivel de integración la citada resolución 1325 (2000), solicitando, además que la participación de las mujeres se integre en todas las etapas secuenciadas de los mandatos de las misiones de mantenimiento de la paz.

A estas Resoluciones, se unen otras dictadas dentro del Consejo de Seguridad y que suponen importantes avances en el progresivo camino de implicación de la mujer en las operaciones sobre el terreno; de forma esquemática estas Resoluciones se resumen en las siguientes:

- Resolución 1820 (2008): reconoce la violencia sexual como arma de guerra y determina la necesidad de prevenir y responder a la misma a través de la formación y adiestramiento de las tropas[22].
- Resolución 1888 (2009): habla de nuevo de violencia sexual y de su importancia en los conflictos armados haciendo un llamamiento a los actores civiles y militares para combatirla.
- Resolución 1889 (2009): llama a la participación de la mujer en los conflictos armados y a incorporar la perspectiva de género a las cuestiones relacionadas con los conflictos armados.
- Resolución 1960 (2010): reitera la necesidad de poner fin a la violencia sexual y establece la necesidad de hacer un seguimiento continuado para la el cumplimiento de las anteriores Resoluciones.

---

[22] LLANOS MARDONES, H. I., "La mujer y la paz y la seguridad: algunas cuestiones jurídicas a 21años de la adopción de la resolución 1325 del Consejo de Seguridad de Naciones Unidas", Revista Electrónica de Derecho Internacional Contemporáneo, 4(4), 029, 2021.

- Resolución 2106 (2013): establece la relación entre violencia sexual, crímenes de guerra, lesa humanidad y genocidio e insta a los actores internacionales a luchar contra ella.
- Resolución 2122 (2013): enfoca las cuestiones de paz y las relaciona, entre otras, con la igualdad de género reconociendo la necesidad de aplicación de la resolución 1325 (2000) vinculando de nuevo la atención a la figura de la mujer en materia de conflictos armados.
- Resolución 2467 (2019): insta a los Estados a trabajar para erradicar la violencia sexual contra las mujeres y las niñas y sitúa en el centro de la ecuación a las víctimas de delitos contra la libertad e indemnidad sexuales.
- Resolución 2493 (2019): se solicita que sean promovidos los derechos de las mujeres y la implementación de la Agenda Mujeres, Paz y Seguridad.

Más de veinte años después del nacimiento de la Resolución 1325 (2000) y de todas las Resoluciones de acompañamiento dictadas, ¿cuál es la situación real de la mujer en operaciones sobre el terreno?

5. LA ACTUAL SITUACIÓN DE LA MUJER EN LAS OPERACIONES DE MANTENIMIENTO DE LA PAZ. LA IMPLEMENTACIÓN REAL DE LA RESOLCIÓN 1325 (2000) VEINTE AÑOS DESPUÉS

Casi veinticinco años han transcurrido desde que viera la luz la Resolución 1325 (2000) y no muchas cosas han cambiado en cuanto a lo que se proponía. Sin duda, está Resolución, supone el paso de la mujer como mero sujeto vulnerable a la posibilidad de ser actor en un contexto de conflicto armado.

La Resolución amplió el estatus de las mujeres en contextos de conflicto e incluyó la perspectiva de género en situaciones de vulnerabilidad humanitaria, dando origen a la Agenda "Mujeres, Paz y Seguridad"[23] que aglutina al resto de Resoluciones dictadas por el Consejo de Seguridad en este sentido y relativas a cuestiones como protección de la mujer, la especial formación de las tropas que se despliegan en una zona de conflicto, las sanciones penales relacionadas con los delitos contra la libertad sexual de las mujeres y la incorporación de la mujer a las operaciones sobre el terreno.

6. CONCLUSIONES

La paz duradera no se logra ni mantiene mediante intervenciones militares y técnicas, sino gracias a soluciones políticas. Sin embargo, en la actualidad, un total de 87.544 mujeres y hombres prestan servicios en torno a la bandera azul de Naciones Unidas en las misiones desplegadas con el objeto de prevenir conflictos, contribuir a la mediación en procesos de paz, proteger a los civiles y respaldar procesos de paz frágiles.

Dentro de este proceso, la Resolución 1325 (2000) supone poner sobre la mesa la cuestión de la mujer y de las niñas en relación con los conflictos armados y ya no desde una perspectiva de la mujer como víctima del conflicto, sino como un actor ejecutivo que aporta al mismo una nueva perspectiva para su resolución.

La regulación de la implicación de las mujeres en el contexto de los conflictos armados se ha realizado desde el propio Consejo de Seguridad de las Naciones Unidas relacionándola así con la seguridad internacional, sin embargo, estas Resolución no son obligatorias ni se encuentran bajo el paraguas del Capítulo VII

---

[23] SEPÚLVEDA-SOTO, D., & RIVAS-PARDO, P., "La Resolución 1325: Mujeres, Paz y Seguridad en las Operaciones de Mantenimiento de la Paz", Entramado, nº15 (2), pp. 66-77.

de la Carta de las Naciones Unidas[24] sino que se ha realizado mediante instrumentos de *soft law*[25] lo que permite a los Estados una vinculación menos férrea y más fácil de evitar cuando así lo estiman oportuno y sin bien es cierto que la Agenda Mujeres, Paz y Seguridad es un poderoso instrumento que acerca a la mujer a cuestiones de carácter operativo y de toma de decisiones, lo cierto es que todavía se demuestra como un instrumento insuficiente que nos lleve a una igualdad real entre las posiciones de mujeres y hombre en los conflictos armados.

Las cifras están lejos de ser las deseables si bien es cierto el aumento de mujeres en entornos de mantenimiento de la paz. No puede negarse a la vista de los datos ya expuestos anteriormente, sin embargo, que seguimos viendo operaciones de mantenimiento de la paz en las que no hay ninguna mujer desplegada. Todo ello a pesar de las innumerables acciones por parte de Naciones Unidas para verificar la puesta en marcha y seguimiento de la Resolución 1325 (2000) como por ejemplo los exámenes a los que se ha sometido la aplicación de la misma.

El examen de alto nivel sobre la aplicación de la Resolución 1325 (2000) y otras dos importantes revisiones como son el examen del Grupo Independiente de Alto Nivel sobre las Operaciones de Paz y el examen de la estructura de las Naciones Unidas para la Consolidación de la Paz han determinado la importancia de adoptar un enfoque basado en los derechos humanos para la prevención de los conflictos, la consolidación de la paz y el logro de una paz sostenible, así como la necesidad de trabajar de forma complementaria respetando los derechos

---

24 Capítulo VII Carta de Naciones Unidas: Acción en caso de amenazas a la paz, quebrantamientos de la paz o actos de agresión.

25 LLANOS MARDONES, H. I., "La mujer y la paz y la seguridad: algunas cuestiones jurídicas a 21años de la adopción de la resolución 1325 del Consejo de Seguridad de Naciones Unidas", Revista Electrónica de Derecho Internacional Contemporáneo, 4(4), 029, 2021.

de las mujeres y niñas, consagrados en el derecho internacional humanitario[26].

La Agenda Mujeres, Paz y Seguridad es el instrumento idóneo para fomentar la participación de la mujer en las operaciones de mantenimiento de paz desde una perspectiva tridimensional que implique la prevención, especialmente en materia de delitos contra la libertad e indemnidad sexuales, la incorporación de la mujer desde una óptica operacional en el marco de las operaciones sobre el terreno y la aplicación de la perspectiva de género al entorno de los conflictos armados y a su gestión para alcanzar una paz duradera.

Pero a día de hoy, siguen siendo muy bajo el número de mujeres que participan en este tipo de entornos y son contadas las mujeres que acceden a puestos de mando en el entorno de las operaciones de paz (y en el ejército de los distintos Estados como, por ejemplo, demuestra el caso de España o el de la propia OTAN, cuyos datos indican que el 12% de sus efectivos son mujeres).

A pesar de que los Estados y Organizaciones trabajan en la búsqueda de fórmulas que lleven a la paridad y a implantar perspectivas de género en el entorno de la seguridad, lo cierto es que lo que necesitamos es un cambio en la arquitectura mental de la propia sociedad. Es necesario dejar de percibir en todos los aspectos a la mujer como una víctima del conflicto armado y ayudarla en el empoderamiento que le permita alcanzar un puesto de gestión en una operación de paz.

Es el momento de incorporar de forma efectiva la dimensión del género y los derechos humanos por lo que se refiere al personal directivo superior de las misiones. Pero también es el momento de que la mujer abandone el rol de cuidadora y acceda a misiones no en puestos relacionados con el cuidado de la tropa

---

26 CARACUEL RAYA, M.A., "Actualidad de las cuestiones de género en conflictos internacionales: seguimiento de la Resolución 1325 (2000) del Consejo de Seguridad de NNUU", Pliegos de Yuste, 2016.

como son puestos sanitarios, de cocina, aprovisionamiento u otros similares y para ello, como se ha dicho, es necesario un cambio de mentalidad que nos permita a todos medirnos no por si somos mujeres u hombres, sino por las acciones que realizamos en aras de vivir en un mundo más seguro y más igualitario a todos los niveles.

7. REFERENCIAS BIBLIOGRAFICAS

AZNAR FERNÁNDEZ-MONTESINOS, F., "La violencia y el ser humano", *Análisis,* Instituto Español de Estudios Estratégicos, núm. 32, 2015.

CARACUEL RAYA, M.A., "Actualidad de las cuestiones de género en conflictos internacionales: seguimiento de la Resolución 1325 (2000) del Consejo de Seguridad de NNUU", *Pliegos de Yuste,* 2016.

Carta de las Naciones Unidas y Estatuto de la Corte Internacional de Justicia. Declaración unilateral española en aceptación de la jurisdicción obligatoria del Tribunal Internacional de Justicia, *BOE,* núm. 275, de 16 de noviembre de 1990, pp. 33862 a 33885.

DIASP, *Observatorio militar para la igualdad. Datos sobre el personal en el Ministerio de Defensa*, Secretaría Permanente de Igualdad, Madrid, 2022.

DURALL, J. G., "Las operaciones de paz de Naciones Unidas del Capítulo VII:¿ Excepción o práctica extendida?", *Revista del Instituto Español de Estudios Estratégicos,* (2), 2013.

GÓMEZ-LUNA, E., NAVAS, D. F., APONTE-MAYOR, G., & BETANCOURT-BUITRAGO, L. A., "Literature review methodology for scientific and information management, through its structuring and systematization", *Dyna,* 81(184), 2014, pp.158-163.

LLANOS MARDONES, H. I., "La mujer y la paz y la seguridad: algunas cuestiones jurídicas a 21años de la adopción de la resolución 1325 del Consejo de Seguridad de Naciones Unidas", Revista Electrónica de Derecho Internacional Contemporáneo, 4(4), 029, 2021.

MAGALLÓN, C., "Mujer, paz y seguridad: un balance de la Resolución 1325. Escenarios de crisis: fracturas y pugnas en el sistema internacional, anuario 2008-2009", *Ceipaz-Fundación por la paz. Icaria editorial,* 2008, pp. 69-85.

NAVARRO HOMOBONO, J.R., *Control social formal,* Centro para el estudio de la prevención de la delincuencia, Universidad Miguel Hernández, 2015.

ONU, *Resumen mensual del personal militar y policial aportado a las operaciones de las Naciones Unidas (2015-2023),* Nueva York, 2024.

ROMANELLI, A., *El valor estratégico de las operaciones de paz*, Centro de Altos Estudios, Colegio de Defensa del Uruguay, Montevideo, 2010.

SEPÚLVEDA-SOTO, D., & RIVAS-PARDO, P., "La Resolución 1325: Mujeres, Paz y Seguridad en las Operaciones de Mantenimiento de la Paz", *Entramado*, nº15 (2), pp. 66-77.

VON CLAUSEWITZ, C., *De la guerra*, La esfera de los libros, Madrid, 2005.

Recursos web

https://peacekeeping.un.org/es

https://www.unmissions.org/

https://peacekeeping.un.org/es/gender

https://peacekeeping.un.org/es/military

https://peacekeeping.un.org/sites/default/files/180516_april_2018_oma_women_without_contingents_0.pdf

https://peacekeeping.un.org/es/peacekeeping-missionss-women-senior-leadership

https://reform.un.org/es/content/estrategia-sobre-la-paridad-de-g%C3%A9nero#:~:text=La%20Estrategia%20de%20paridad%20de,personal%2C%20creaci%C3%B3n%20de%20un%20entorno

Women's contribution to peace: Their role Within Nato (Kfor Case)

La contribución de las mujeres a la paz: su papel en la OTAN (Misión Kfor)

ANTONIO QUIRÓS FONS[1]
ALANIS MARAUN RIBAS[2]

Resumen

Las Naciones Unidas se comprometieron a promover el bienestar de las mujeres a través de la Resolución 1325 del Consejo de Seguridad. Dado que, posteriormente, la Agenda 2030, en su ODS 5 puso el énfasis en la igualdad de género, se espera que el Consejo de Seguridad adopte un papel más activo. Para ello, se analiza la normativa internacional de protección de las mujeres, que siguen enfrentándose a barreras sistemáticas en los conflictos: centrarse en ellas garantiza la seguridad internacional. Además, se examina la eficacia de la OTAN en la aplicación de la Agenda Mujeres, Paz y Seguridad durante la misión KFOR.

Palabras clave: Resolución 1325–Consejo de Seguridad–ODS 5 – OTAN–KFOR

Abstract

The United Nations committed to promoting the well-being of women through Security Council Resolution 1325. Subsequently, with Agenda 2030, specifically Goal 5, focusing on gender equality, it is expected that the Security Council will take on a more active role. To achieve this, the international regulations for protecting women, who continue to face systematic barriers in conflicts, are

---

1 Profesor Titular de Derecho Internacional Público y Relaciones Internacionales, en la Universidad Europea de Valencia (antonio.quiros@universidadeuropea.es). Todas las páginas webs mencionadas en este trabajo han sido consultadas por última vez el 10 de septiembre de 2024.

2 Expert in International Relations, graduated in Universidad Europea of Valencia with an Erasmus at the Universität Potsdam and The Hague University (amaraunr@gmail.com).

being analyzed. Focusing on them ensures international security. Additionally, the effectiveness of NATO in implementing the Women, Peace, and Security Agenda during the KFOR mission is being examined.

Keywords: Resolution 1325–Security Council–SDG 5 – NATO – KFOR

SUMMARY

1. INTRODUCTION

In the history of humanity, there have been many wars and destruction, there have been many winners and many losers. However, the ones who lose the most, are always the same: women.

When it comes to evaluating gender equality during and after conflicts, the word "progress" is relative. On the one hand, there has been an active advocacy to spread gender-sensitive information that has been ignored for decades to include women in national governments, courthouses and spokespersons for society. On the other hand, society is filled with obstacles for women to reach leadership positions and the inclusion of gender equality in any stage is very complicated and time-consuming. The situation is even worse in unstable states, during war and post-conflicts.

The urgency and concern of the important role of women in the prevention and resolution of conflicts is on the main priority agenda. This topic has been one of the most discussed at the United Nations General Assembly, the United Nations Commission on Human Rights, non-governmental organizations and national governments. Efforts to promote women's empowerment have been noteworthy to raise awareness and the creation of legal procurements of protection.

There is plenty of evidence that women's advancement of women's rights and gender equality are associated with peace and stability in society. Therefore, this paper is going to review the effect that legal bases have had on implementing Resolution 1325: Women, Peace and Security by the UN. Including the work done by the Security Council concerning this subject. Finally, it is important to evaluate the influence that Sustainable Development Goal 5 has had on the population.

Having this data in mind we are going to assess the implementation of documents into reality by studying NATO Women, Peace and Security Agenda and the application of it on a Kosovo mission.

2. RESOLUTION 1325: WOMEN, PEACE AND SECURITY AGENDA

Resolution 1325 (2000) was the much-needed legal measure to start fighting gender inequalities. In this legal milestone[3], the Security Council recognized the urgency of the action that governments and international actors had to take measures to address the role of women in international peace and security. The resolution passed unanimously, being the first-time including women's protection in debate. As Angela King, the Secretary-General's Special Adviser on Gender and the Advancement of Women said, "it

---

[3] CHINKIN, C., *Women, Peace and Security in International Law*, Cambridge University Press, 2022, p. 15.

has taken the United Nations fifty-five years to have a full debate in the Security Council on Women, Peace and Security"[4].

The pressure of non-governmental organizations (NGOs) initiated the draft of the resolutions as part of its lobbying effect. By working closer with UN agencies and helping by raising awareness and having a broader control on the safety and security of women around the world. The only document that could have been a reference was the Convention to Eliminate All Forms of Discrimination Against Women adopted in 1979. However, UN Security Council Resolution 1325 introduced new gender perspectives over three focuses: first, on the Disarmament, Demobilization and Reintegration (DDR) programs. Secondly, on early warning and conflict prevention and third, on attention to women's grassroots local and national peacebuilding effects[5].

Therefore, UNSCR 1325 is divided into four pillars: participation, prevention, protection and resolution and recovery. Participation to increase the number of women participation at decision-making at national, regional and international institutions as a mechanism for prevention, management and resolution of conflict during peace negotiations but also in peace operations to get involved as soldiers and in the high spheres as special representatives at the secretary general. Preventions are key to having an early intervention to mitigate and prosecute violations of international law. Protection for women and girls from sexual and gender-based violence in all situations. Lastly, relief and recovery

---

4 SECURITY COUNCIL, "Council Hears Arguments for Broader, More Systematic Participation of Women in Peacekeeping, Peace-Building Operations", *Press Release* SC/7467, 25 July 2002.

5 COHN, C., KINSELLA, H., & GIBBINGS, S., "Women, Peace and Security: Resolution 1325", *International Feminist Journal of Politics*, 6(1), 2004, pp. 130–140.

measures provide the necessary help that victims need to stop aggravating the insecurity[6].

Each field has its goals so that they can control and strengthen the impact of resolution making it legally binding, to ensure that women receive the same conditions to protect their human rights equally as men.

It is remarkable the importance and strength that the international women's movements played when drafting the resolution, nevertheless, it is essential that the Security Council takes action to implement it at the UN agencies and member states take their responsibility too.

3. AGENDA 2030: SDG 5

The Agenda 2030, was one of the most important steps not only for just one specific problem, as it is in this case the inequality for women and girls in society, but to present all the problems around the world. In 2015, at a historic United Nations Summit, they agreed to create an update of the Millennium Development Goals (MDGs) to aim to go further into solving wicked problems. It was then that the Sustainable Development Goals were created, with a total of 17 goals. Each goal for one problem includes a list of targets to reach by 2030 and indicators to follow track of the improvements[7]. The problem is that all goals are universal and difficult to solve, however, the development could address the range of social needs and human rights from education to tackling climate change.

---

6 UNITED STATES INSTITUTE OF PEACE, *What is UNSCR 1325? An Explanation of the Landmark Resolution on Women, Peace and Security*, USIP, n.d. Retrieved September 10, 2024, from https://www.usip.org/gender_peacebuilding/about_UNSCR_1325

7 GENERAL ASSEMBLY, *Transforming our world: the 2030 Agenda for Sustainable Development*, United Nations, A/RES/70/1, 21 October 2015.

Sustainable Development Goal (SDG) number 5 is responsible for gender equality and empowerment of all women and girls, through the development of nine different but entangled targets[8]. The data analysis in its progress section has shown that the major challenge is to break the systemic barriers to how gender roles are perceived in society. There is a huge gap in legal protection and discriminatory laws, that causes the failure of countries to protect women from sexual violence and exploitation. Even though, women form half of the world's population the representation in positions of power in national parliaments and leadership in the workplace is very unequal, where the differences in equal remuneration for work and job opportunities continue to be discriminatory for women.

4. SECURITY COUNCIL IMPLEMENTATION OF RESOLUTION 1325 AND SDG 5

The Security Council has adopted two resolutions regarding the 2030 Agenda for Sustainable Development. These resolutions are S/RES/2282 (2016) on the review of the UN peacebuilding architecture and S/RES/2553 (2020) on the maintenance of international peace and security. Unfortunately, there is no explicit mention of either Resolution 1325 or SDG 5. However, in both resolutions, there is a specific focus on gender equality and the promotion of women's participation in the security sector[9].

---

8 DEPARTMENT OF ECONOMIC AND SOCIAL AFFAIRS, *Goal 5: Achieve gender equality and empower all women and girls,* United Nations, n.d. Retrieved September 10, 2024, from https://sdgs.un.org/goals/goal5#targets_and_indicators

9 QUIRÓS FONS, A., "Las resoluciones del Consejo de Seguridad de la ONU sobre la Agenda 2030", *Los Objetivos de Desarrollo Sostenible (ODS): cuestiones geopolíticas y consideraciones jurídicas,* Tirant lo Blanch, 2024, pp. 193-208.

In S/RES/2282 (2016), there are references to the role of women and youth organizations in the context of security. The resolution acknowledges the importance of women's empowerment and financing initiatives to increase women's presence and empowerment. It recognizes the barriers that women face in equal participation in security institutions and encourages member states to develop reform strategies and specific programs to eliminate these barriers and increase women's representation at all levels within the sector.

Similarly, in S/RES/2553 (2020), there is a dedicated focus on promoting the full, meaningful, and equal participation of women in the security sector. The resolution expresses concern about the significant barriers that women continue to face in their equal participation in security institutions, where they are often underrepresented. It encourages member states to develop reform strategies and specific programs within the context of the security sector to eliminate these barriers and increase women's representation at all levels.

In both resolutions, there is a focus on promoting the full, meaningful, and equal participation of women in the security sector. These statements could only be peacefully redacted after the challenging role played by Resolution 1325 in mainstreaming gender perspectives in peace and security policies and practices[10].

Furthermore, while there is an explicit recognition of the achievements made by the African Union in recent years related to the SDG in general, it should have been welcome to add how the Women, Peace, and Security Agenda was instrumental in recognizing the importance of women's participation in

---

[10] See Introduction and several chapters in AOLÁIN, F. N., CAHN, N., HAYNES, D. F. & VALJI, N., *The Oxford Handbook of Gender and Conflict*, Oxford University Press, 2018.

peacebuilding and conflict resolution processes in post-conflict Africa, as Tripp had constated prior to the Resolutions[11].

Additionally, the resolutions mention the role of women and youth organizations in the context of security. They recognize the importance of women's empowerment and financing initiatives to increase women's presence and empowerment. These elements reflect the principles of Resolution 1325, which emphasizes the importance of women's participation and the inclusion of gender perspectives in all aspects of peace and security.

While there is no direct reference to Resolution 1325 or to SDG 5, the implicit focus on gender equality, women's empowerment, and their participation in the security sector in the mentioned resolutions aligns with the objectives and principles of both the Women, Peace and Security Agenda and the Fifth Sustainable Development Goal of the Agenda 2030.

5. NATO WOMEN: NATO ACTION PLAN ON WOMEN, PEACE AND SECURITY

The importance of NATO taking action over the importance of incorporation gender inclusion is relevant since it is one of the most important military alliances in the world. NATO acknowledges the "disproportionate impact that conflict has on women and girls, the vital roles women play in peace and security"[12].

Therefore, the guiding principles to work on WPS are focused on integration, inclusiveness and integrity. First of all, NATO policies, programs and projects will integrate effective gender mainstreaming practices where operations will be designed to account for the perspectives of women and men as equals. Being

---

11 TRIPP, A. M., *Women and Power in Postconflict Africa*. Cambridge University Press, 2015, pp. 193–217.

12 NATO, *Women, Peace and Security*, July 11, 2024. https://www.nato.int/cps/en/natohq/topics_91091.htm

conscious of the capabilities that women have when it comes to defence and security. Even though women are major victims of terror, they still can help to prevent and control terrorism. Because women's civil society has a better understatement of the conflict and how to respond to the necessities of the affected communities. Secondly, increase representation of women as military staff at all levels. Building more gender-inclusive practices increases the chances that an operation will be effective. And finally, systematic inequalities make it for women more difficult to reach the same position and influence as men[13]. Therefore, integrating policies and procedures to make sure the WPS agenda is being applied.

NATO has a 2021-2025 Action Plan on WPS to integrate all policies like UNSCR 1325 and others like Resolution 1820, where it is recognized that "sexual violence as a weapon and tactic of war" and "rape and other forms of sexual violence can constitute a war crime, a crime against humanity, or a constitutive act with respect to genocide"[14].

To help the Action Plan to be carried out in practice and create a change in how operations are developed and implemented Gender Advisors are in charge of teaching and applying gender perspectives into planning, execution and evaluation of the operations at all levels. Having people specialized in gender equality has made a huge change in how the mission is being designed and has an evaluation of the vulnerability women are exposed to and suffer during conflict[15].

---

13 Ibidem.

14 SECURITY COUNCIL, *She Stands For Peace*, United Nations, S/RES/1820 (2008), June 19 2008.

15 NATO, *Women, Peace and Security*, op. cit.

5.1. NATO Strategic Concept

NATO Strategic Concepts are the official Alliance's strategy, where they present the fundamental security task that they need to confront and provide guidelines for its political and military adaptation. The aim of these documents by NATO is to update the threats the alliance faces to anticipate future challenges. However, this chapter is going to further analyse how well has NATO integrated women into its Strategic Concepts.

NATO's current fundamental purpose is "to ensure the collective defence of its members, based on a 360-degree approach, and outlines three essential core tasks: deterrence and defence, crisis prevention and management, and cooperative security"[16]. However, this lemma has been perfected over the years. They have published four Strategic Concepts in the past 74 years of activity, generally after a global security change in international relations values. The first one was in 1991, just after the Cold War ended. Later on in 1999, to prepare for the new decade. Then in 2010, after some shifts for democratization and the fight against terrorism. The last one in 2022, was created to "set of concrete measures to drive NATO's adaptation and ensure the Alliance can adjust to a new reality of increased global competition"[17].

We could expect that the Strategic Concepts of 1991 and 1999 were more focused on topics of post-Cold War tensions with Russia, arms control and collective defence topics. So, in both documents, we cannot find any relation to the importance of women in post post-conflict situations. However, we were expecting that on the Strategic Concept of 2010 since Resolution 1325 already

---

16 NATO, *NATO Policy on Preventing and Responding to Conflict-Related Sexual Violence*, June 2 2021. https://www.nato.int/cps/en/natohq/official_texts_184570.htm

17 NATO, *Strategic Concept*, NATO Summit, Madrid, June 29 2022. https://www.nato.int/nato_static_fl2014/assets/pdf/2022/6/pdf/290622-strategic-concept.pdf

had been in force for over 10 years and many projects were created by the private sector and civil society. Surprisingly, in the Strategic Concept of 2010 by NATO, there is no mention related to women, gender equality nor sexual violence[18]. Therefore, we can say that the Alliance did not have any plan or strategy to protect or to raise awareness of the problems that women face during war.

It was not until the updates in 2018 of the UNSCR 1325 that changes in the security environment made it clear that NATO needed to integrate better gender perspectives at its missions. The result was the introduction of the NATO 2021-2025 Action Plan on WPS on the principles of integration, inclusiveness and integrity to support the commitment by the member states[19].

Based on this Action Plan, a significant shift in gender perspectives was reflected in the Strategic Concept in 2022. For the first time on an official document of NATO, women receive a special mention. Already at the beginning of the Strategic Concept of 2022 text, NATO says: "Our success is the result of the service and sacrifice of the women and men of our armed services"[20]. Mentioning that the work done is not only carried out by men but also by women who are participating in the military tasks. However, there is no specific data on how many women are working in NATO. Data received from the European Institute for Gender Equality claim that "only 1 in 5 NATO Council representatives are women" and that "women hold only 1 in 5 leadership positions amongst civil staff at NATO"[21]. Therefore, even though

---

18 NATO, *Strategic Concept for the Defence and Security of the Members of the North Atlantic Treaty Organization*, NATO Summit, Lisbon, November 19-20 2010. https://www.nato.int/cps/en/natohq/topics_82705.htm

19 NATO, *Action Plan for the Implementation of the NATO/EAPC Policy on Women, Peace and Security 2021-2025*, October 21 2021. https://www.nato.int/cps/en/natohq/official_texts_187485.htm

20 NATO, *Strategic Concept*, op. cit.

21 EUROPEAN INSTITUTE FOR GENDER EQUALITY, *4 in 5 NATO Council Representatives are Men: The Need for More Female Representation*, November

women are mentioned in the Strategic Concept of 2022, still this does not mean that they are being equally represented in leadership tasks nor in the field by NATO.

Women and girls experience different insecurities and threats during conflict. The number of conflict-related sexual violence (CRSV) is a severe violation of human rights. At the Strategic Concept of 2022, the words "sexual violence" are mentioned once. It says: "Pervasive instability results in violence against civilians, including conflict-related sexual violence, as well as attacks against cultural property and environmental damage. It contributes to forced displacement, fuelling human trafficking and irregular migration. These trends pose serious transnational and humanitarian challenges. They undermine human and state security and have a disproportionate impact on women, children and minority groups."[22]

This paragraph does not emphasize enough the gravity of this crime against the International Human Right Law (IHRL). However, NATO has a policy on preventing and responding to conflict-related sexual violence[23]. This could be added to the Strategic Concept due to the long-term trauma on children and women used as systematic attacks against civilians that potentially could prolong the conflict and raise instability.

Finally, the "purpose and principles" section of the Strategic Concept of 2022, mentioning to fulfil the Alliance's core tasks underlining that: "we will constitute to advance gender equality as a reflection of our values"[24]. It could be understood that the Women, Peace and Security agenda is integrated into the three core

---

16, 2023. https://eige.europa.eu/newsroom/news/4-5-nato-council-representatives-are-men-need-more-female-representation?language_content_entity=en#:~:text=Only%201%20in%205%20NATO

22 NATO, *Strategic Concept*, op. cit.

23 NATO, *Action Plan for the Implementation of the NATO/EAPC Policy on Women, Peace and Security 2021-2025, op. cit.*

24 NATO, *Strategic Concept*, op. cit.

tasks of the Alliance: deterrence and defence, crisis prevention and management, and cooperative security. However, the WPS agenda has been associated with crisis management and cooperative security tasks, and fewer gender perspectives are included in the other[25]. That is why, there is a need for more specific objectives to include gender equality.

5.2 NATO WPS formal compliance: NATO Committee on Gender Perspectives

To incorporate the requirements from official documents by the UN and requirements set by the Alliance, NATO incorporated the Committee on Gender Perspectives to integrate gender equality into the operations.

The IMS Office of the Gender Advisors has the task of providing information and advice on gender issues. Moreover, they need to raise awareness and incorporate policies to implement UNSCR 1325 and related Resolutions[26]. Gender Advisors need to give a training course on gender equality for the staff and military to make sure operations are designed including gender perspectives. Another important role is coordinating local women's organizations to facilitate dialogue to give support and intermediate to try to solve the conflict.

Therefore, we are going to introduce a conflict where NATO has intervened and how has the paper including women been relevant for the evolution during conflict and post-conflict situations.

---

25 VON HLATKY, S., *The Women Peace and Security Agenda at NATO in Light of the War in Ukraine,* Network for Strategic Analysis, 2023. https://ras-nsa.ca/women-peace-security-agenda-nato/

26 NATO, *NATO International Military Staff: The IMS Office of the Gender Advisor,* March 11, 2014. https://www.nato.int/cps/en/natolive/107940.htm

6. NATO APPROACH TO WOMEN, PEACE AND SECURITY IN PRACTICE: KFOR MISSION

6.1. Conflict background

Kosovo conflict was an armed conflict that lasted from 1998 to 1999 between the Kosovo Liberation Army (KLA), an Albanian separatist group, and the Yugoslav army and police forces, which ethnic Serbs dominated. The conflict escalated from the longstanding tensions between the majority Albanian population in Kosovo and the Serbian government in control. These social tensions come due to the marginalization and oppression of the Albanian people, mainly because the population is predominantly Muslim, which contrasts with the historically favoured Orthodox Christian Serbian population[27].

Therefore, when the Kosovo Liberation Army launched attacks against Serbian police and military targets, the Serbian government responded with a brutal crackdown on ethnic Albanians, leading to widespread violence and massive displacement. These events' increased violence and destruction resulted in a humanitarian crisis, which made the international community intervene[28].

On behalf of the international community, NATO responded rapidly to the escalating situation by a bombing campaign against Yugoslavia, targeting its military and infrastructure. This military mission lasted for 78 days and resulted in the withdrawal of Serbian forces from Kosovo. In June 1999, the UN Security Council passed resolution 1244, which authorised the deployment of a UN peacekeeping force, known as Kosovo Force (KFOR) to Kosovo[29]. Since then, Kosovo has been under international administration

---

27 *Kosovo conflict,* Encyclopædia Britannica, n.d. Retrieved September 10, 2024, from https://www.britannica.com/event/Kosovo-conflict

28 Ibidem.

29 NATO, *NATO's role in Kosovo,* November 20, 2023. https://www.nato.int/cps/en/natohq/topics_48818.htm

to help establish the government. Finally, in 2008, Kosovo declared independence from Serbia, which more than 100 countries have recognized[30].

The situation nowadays remains fragile, and there are still ongoing challenges and tensions related to post-conflict. In the case of Kosovo, its government struggles with issues related to corruption, political instability, and economic development. These challenges significantly increase the tension between Albanian and Serbia, creating sporadic violence and unrest incidents in the region. Nevertheless, the country has made progress in implementing reforms related to the rule of law and economic development that have contributed to stabilizing the Balkan region.

6.2. Women, Peace and Security implementation in Kosovo's mission

In this final subsection, we will compare the official information from NATO's webpage about the Women, Peace and Security plan with the evolution of its activities to conclude the role women have had during Kosovo's mission.

Based on the UN Security Council Resolution 1244, the UN authorized NATO to deploy international civilian and military presence to Kosovo under its command. Therefore, the mission was operated by the Kosovo Force (KFOR) with 50.000 personnel. There is no specific mention of how many women or men the military group is formed. The main task was "to prevent relapse into conflict, ensure public safety, demilitarize the Kosovo Liberation Army, enable international humanitarian efforts, and coordinate with the international civil presence"[31]. KFOR was

---

30 DAVIS, P., "The Kosovo War explained", *Deseret News*, February 25, 2023. https://www.deseret.com/2023/2/25/23590279/kosovo-war-anniversary-what-happened

31 HEGGLIN, O., *KFOR's Mandate and Role in 2022 Tensions*, Human Security Centre, February 15, 2023. http://www.hscentre.org/europe/kfors-mandate-role2022-tensions/

not mandated to defend Kosovo and fight against Serbia; the operation is responsible for internal security to prevent conflict between the ethnic groups from erupting. All actors see KFOR as essential to maintaining good communication and safety; this can be reflected in the decrease of violence through regular exercises with simulation and logistic activities to prepare for a rapid reaction in case of tensions and deter violence.

The KFOR mission has its website, where it briefly explains the history of the mission and who does KFOR work. In addition, there is a media centre where they post the latest news. First of all, from the section "about us" on the front page, there has been some news related to the importance of women.

On the one side, we have the KFOR Chronicles, updated with monthly reports written by KFOR soldiers and civilians, mainly showing training operations. However, in the Chronicle of March 2023, there is a special mention of Women's Day[32]. Nevertheless, they refer to women's empowerment as the figures making more effective peacekeeping missions and do not refer to Kosovo women.

On the other side, we can also see the video channel, where they posted short posts for their YouTube channel from 2016 to 2019. Most videos show training and tactics for a rapid reaction in conflict. However, there are three relevant videos. One is about Resolution 1325 on Women, Peace and Security[33]. This video is appropriate because it proves that they follow UN resolutions to comply with international norms, especially admitting the importance of empowering women to stop human rights violations and supporting survivors of conflict-related sexual and

---

32 KFOR, "International Women's Day", *The Chronicle: KFOR's Magazine*, March 2023. https://jfcnaples.nato.int/kfor/media-center/archive/chronicles/chronicle-2023/march

33 Available at https://jfcnaples.nato.int/kfor/media-center/kfor-video-channel/kfor-youtube-channel/2018-videos (last consulted September 10, 2024).

gender-based violence. The other video is about ending violence against women and girls. The most relevant fact of this video is that LT Coronel Suzana Tkavc speaks as the gender advisor to the KFOR Commander, which confirms that NATO is keeping its promise to integrate more equal gender roles in military operations. The last video is the one from 2019, where they show a Civil-military cooperation project in favour of women through a self-defence course in favour of women victims of domestic violence. In the video, you can see a group of militaries teaching a group of around 15 women self-defence movements. The transcript of the video is the following: "KFOR and local institutions organised a project favouring women victims of domestic violence. Women have been taught the basic movements to free themselves for eight weeks. Women can now feel more confident and more serene in daily life"[34].

To summarise, this is the only proof found on the official web page of the KFOR as a military group in charge of Kosovo protection related to women. Therefore, we can see that they do try to implement the NATO Action Plan on WPS. However, many data are missing to say it is working. Despite the efforts, women did not enjoy the same respect as male during and after the conflict. First of all, there is no public register where NATO show how many women and which position they had during the KFOR mission. Data on the KFOR page does not give this information, therefore, we cannot know whether the percentage of women inside the operation had an impact or not[35]. Secondly, during negotiations or involvement in the reconstruction planning, post-conflict women of Albania and Kosovo remained excluded. Even though, Albanian Kosovan women have been very active and have created their organizations to work together and increase women's participation

---

34 Available at https://jfcnaples.nato.int/kfor/media-center/kfor-video-channel/kfor-youtube-channel/2019-videos (last consulted September 10, 2024).

35 https://jfcnaples.nato.int/kfor (last consulted September 10, 2024).

in politics and public life[36]. Third, traditional male hierarchies were in charge of the leadership of the mission, and many lacked gender-awareness training or experience. The old-fashioned way of hiring men in senior posts caused what is called a "glass ceiling" for women to enter the workplace[37].

Nowadays, after many years of the conflict escalated the situation is more stable but ethnic differences need time for the society to accept. NATO mission is still active but has handed over the responsibility to Kosovo's authorities and administrations to carry out the protection of civilians and management of troops[38]. One of the most important changes and incorporations has been women at Kosovo Police. In future research it could be valued if the incompetence of NATO to break the systemic gender inequality has been the motivation for women to find other ways to participate in society by becoming part of the police. Already many scholars have studied the impact that the incorporation of women in Kosovo police has had, introducing equal opportunities, promoting safety at work and eliminating all forms of discrimination to create a safe country for women[39].

7. CONCLUSION

In the past decades, many changes have been made at the international level to change the way women are perceived in society. Having as a reference UN and its UNSCR 1325, other institutions

---

36 ABDELA, L., "Kosovo: Missed Opportunities, Lessons for the Future", *Development in Practice, 13*(2/3), 2003, pp. 208–216. https://www.jstor.org/stable/4029592

37 Ibidem.

38 NATO, *NATO's role in Kosovo,* op. cit.

39 XHEMAJLI, F., *Report on the Position of Women in the Kosovo Police,* United Nations Entity for Gender Equality and the Empowerment of Women (UN Women), 2011. https://eca.unwomen.org/en/digital-library/publications/2015/10/kosovo-report-on-the-position-of-women-in-the-kosovo-police#view

have been motivated to incorporate gender perspectives at all levels. Moreover, with the SDG on force, even though they are not legally binding, there is a legitimate pressure for countries and their national governments to comply and update valuable information to see the evolution of the incorporation and protection of women. Despite the Security Council not mentioning directly the UNSCR 1325 and SDG 5, resolutions S/RES/2282 (2016) and S/RES/2553 (2020) focus on the empowerment and participation of women in the security sector.

In the case of NATO, as one of the most powerful military alliances, it has the obligation and the responsibility to ensure that women are both dully incorporated to and protected by the security sector. Therefore, they have integrated the Strategic Concept of 2022, where for the first time, the importance of women has been acknowledged at the NATO Action Plan Women, Peace and Security to introduce the policies of integration, inclusiveness and integrity in all missions.

Analysing how NATO has put into practice the SDG 5, it has been found that Kosovo's mission KFOR considered the urgency to apply Resolution 1325 and has incorporated women in roles such as gender advisors to teach and introduce gender equality. However, due to NATO secrecy, it has been difficult to evaluate the impact that women have had on the conflict and the recovery of the country post-conflict. Nevertheless, it has shown that NATO's presence has not been sufficient to make a real impact on Albanian Kosovan women's lives in the conflict. Consequently, once again, women and girls during the Kosovo War have experienced systemic gender discrimination and fear of conflict-related sexual violence.

8. REFERENCES

ABDELA, L., "Kosovo: Missed Opportunities, Lessons for the Future", *Development in Practice*, 13(2/3), 2003, pp. 208–216. https://www.jstor.org/stable/4029592

AOLÁIN, F. N., CAHN, N., HAYNES, D. F. & VALJI, N., *The Oxford Handbook of Gender and Conflict*, Oxford University Press, 2018.

CHINKIN, C., *Women, Peace and Security in International Law*, Cambridge University Press, 2022.

COHN, C., KINSELLA, H., & GIBBINGS, S., "Women, Peace and Security: Resolution 1325", *International Feminist Journal of Politics*, 6(1), 2004, pp. 130–140.

DAVIS, P., "The Kosovo War explained", *Deseret News*, February 25, 2023. https://www.deseret.com/2023/2/25/23590279/kosovo-war-anniversary-what-happened

DEPARTMENT OF ECONOMIC AND SOCIAL AFFAIRS, *Goal 5: Achieve gender equality and empower all women and girls*, United Nations, n.d. Retrieved September 10, 2024, from https://sdgs.un.org/goals/goal5#targets_and_indicators

EUROPEAN INSTITUTE FOR GENDER EQUALITY, *4 in 5 NATO Council Representatives are Men: The Need for More Female Representation*, November 16, 2023. https://eige.europa.eu/newsroom/news/4-5-nato-council-representatives-are-men-need-more-female-representation?language_content_entity=en#:~:text=Only%201%20in%205%20NATO

GENERAL ASSEMBLY, *Transforming our world: the 2030 Agenda for Sustainable Development*, United Nations, A/RES/70/1, 21 October 2015.

HEGGLIN, O., *KFOR's Mandate and Role in 2022 Tensions*, Human Security Centre, February 15, 2023. http://www.hscentre.org/europe/kfors-mandate-role2022-tensions/

KFOR, "International Women's Day", *The Chronicle: KFOR's Magazine*, March 2023. https://jfcnaples.nato.int/kfor/media-center/archive/chronicles/chronicle-2023/march

Kosovo conflict, Encyclopædia Britannica, n.d. Retrieved September 10, 2024, from https://www.britannica.com/event/Kosovo-conflict

NATO, *Action Plan for the Implementation of the NATO/EAPC Policy on Women, Peace and Security 2021-2025*, October 21, 2021. https://www.nato.int/cps/en/natohq/official_texts_187485.htm

NATO, *NATO International Military Staff: The IMS Office of the Gender Advisor*, March 11, 2014. https://www.nato.int/cps/en/natolive/107940.htm

NATO, *NATO Policy on Preventing and Responding to Conflict-Related Sexual Violence*, June 2, 2021. https://www.nato.int/cps/en/natohq/official_texts_184570.htm

NATO, *NATO's role in Kosovo*, November 20, 2023. https://www.nato.int/cps/en/natohq/topics_48818.htm

NATO, *Strategic Concept for the Defence and Security of the Members of the North Atlantic Treaty Organization*, NATO Summit, Lisbon, November 19-20, 2010. https://www.nato.int/cps/en/natohq/topics_82705.htm

NATO, *Strategic Concept*, NATO Summit, Madrid, June 29, 2022. https://www.nato.int/nato_static_fl2014/assets/pdf/2022/6/pdf/290622-strategic-concept.pdf

NATO, *Women, Peace and Security*, July 11, 2024. https://www.nato.int/cps/en/natohq/topics_91091.htm

QUIRÓS FONS, A., "Las resoluciones del Consejo de Seguridad de la ONU sobre la Agenda 2030", *Los Objetivos de Desarrollo Sostenible (ODS): cuestiones geopolíticas y consideraciones jurídicas*, Tirant lo Blanch, 2024, pp. 193-208.

SECURITY COUNCIL, "Council Hears Arguments for Broader, More Systematic Participation of Women in Peacekeeping, Peace-Building Operations", *Press Release* SC/7467, 25 July 2002.

SECURITY COUNCIL, *She Stands For Peace*, United Nations, S/RES/1820 (2008), June 19 2008.

TRIPP, A. M., *Women and Power in Postconflict Africa*. Cambridge University Press, 2015.

UNITED STATES INSTITUTE OF PEACE, *What is UNSCR 1325? An Explanation of the Landmark Resolution on Women, Peace and Security*, USIP, n.d. Retrieved September 10, 2024, from https://www.usip.org/gender_peacebuilding/about_UNSCR_1325

VON HLATKY, S., *The Women Peace and Security Agenda at NATO in Light of the War in Ukraine*, Network for Strategic Analysis, 2023. https://ras-nsa.ca/women-peace-security-agenda-nato/

XHEMAJLI, F., *Report on the Position of Women in the Kosovo Police*, United Nations Entity for Gender Equality and the Empowerment of Women (UN Women), 2011.

La violación como crimen contra la humanidad: Lecciones de las supervivientes de Bosnia y Herzegovina

Rape as a crime against humanity: Lessons from Bosnia and Herzegovina survivors

ESMA KUCUKALIC IBRAHIMOVIC[1]

Resumen

Miles de mujeres bosnias violadas durante el conflicto (1992-1995) siguen esperando justicia pues en tres décadas apenas han sido condenados un centenar de criminales de guerra y se han dejado sin dirimir las responsabilidades de los Estados intervinientes. Reconocidas como víctimas civiles del conflicto y responsables de que la justicia internacional reconozca la violación como crimen contra la humanidad, apenas unas 900 de las más de 25.000 mujeres supervivientes recibe a día de hoy una ayuda económica, y el 90% de ellas no tiene acceso a una terapia sanitaria adecuada. Ellas y sus hijos, muchos nacidos como fruto de la violación, siguen esperando el pleno acceso a los mecanismos de una reparación eficaz.

Palabras clave

Violación, crimen contra la humanidad, guerra, Bosnia y Herzegovina, justicia transicional

---

1 Profesora de Relaciones Internacionales en la Universidad Europea de Valencia (esma.kucukalic@universidadeuropea.es) y de Periodismo Internacional de Soluciones en la Universidad Rey Juan Carlos. Todas las páginas webs mencionadas en este trabajo han sido consultadas el 20 de abril de 2024.

Abstract

Thousands of Bosnian women who were raped during the 1992-1995 conflict are still waiting for justice. Less than a hundred war criminals have been convicted in three decades, and the responsibilities of the intervening states remain unresolved. Recognised as civilian victims of the conflict and responsible for the international justice system's recognition of rape as a crime against humanity, barely 900 of the more than 25,000 women survivors are currently in receipt of financial assistance and 90% of them do not have access to adequate health care. They and their children, many of whom were born as a result of rape, are still waiting for mechanisms to provide access to effective remedy.

Keywords

Rape, war, crime against humanity, Bosnia and Herzegovina, transitional justice

SUMARIO

1. INTRODUCCION: DEFINICIONES JURÍDICAS RESPECTO DE LA VIOLACIÓN COMO CRIMEN DE GUERRA, CRIMEN DE LESA HUMANIDAD Y GENOCIDIO

Durante la guerra de Bosnia, entre 1992 y 1995, decenas de miles de mujeres fueron víctimas de violaciones empleadas como arma de guerra para perpetrar una limpieza étnica. Aunque soldados de todas las etnias cometieron estos crímenes, estos fueron generalmente actos individuales, a diferencia de la estrategia sistemática implementada por las fuerzas serbias y serbobosnias para destruir familias y expulsar a la población no serbia.

Así, la violación se convirtió en un arma de guerra útil para acabar con el equilibrio poblacional a través de embarazos forzosos o de las mutilaciones genitales que impedían tener más hijos, así como mediante una humillación cultural y religiosa que dejaría secuelas de por vida en las supervivientes de las agresiones -las mujeres-, pero también sobre sus familias, muchas veces testigos directos.

1.1. Un enfoque metodológico

Las violaciones se llevaron a cabo bajo un organizado sistema de cárceles y campos de concentración repartidos por todo el territorio de Bosnia y Herzegovina, en los que miles de mujeres –desde ancianas hasta niñas– fueron violadas y torturadas, tal y como manifiesta el propio Tribunal Penal para la Antigua Yugoslavia (TPIY), en tres sentencias históricas: Delalić, Furundžija y Kunarac[2].

A raíz de estos casos, junto con las sentencias emitidas por el Tribunal Internacional para Ruanda, la Corte Penal Internacional define la violación como crimen de guerra cuando "ha sido perpetrado como parte de una amplia y sistemática agresión a la población civil" ejecutada a conciencia por el agresor[3].

Desde el enfoque metodológico, en este texto se procede a recopilar las principales definiciones del sistema internacional de justicia respecto de lo que es la violación como arma de guerra. Se revisa la contribución al derecho de las sentencias históricas tanto internacionales como las de Bosnia y Herzegovina, así como

---

2 Caso Kunarac (IT-96-23. IT-96-32/1). Sentencia del Tribunal de Apelación TPIY, 12 de junio de 2002. p. 129.

3 Articulo 7 (1) y 8 (2) (xxii)-1 del Estatuto de la Corte Penal Internacional (1998).

la situación de las supervivientes en cuanto a su protección y restitución. Se hace uso de revisión bibliográfica y entrevistas sobre el terreno para abordar la cuestión.

El Estatuto de la Corte Penal Internacional o el Estatuto de Roma, establece que "cometer violación, esclavitud sexual, prostitución forzada, embarazo forzado, esterilización forzada o cualquier otra forma de violencia sexual que también constituya una violación grave de los Convenios de Ginebra"[4] equivale a un crimen de guerra[5].

Por su parte, el Estatuto del Tribunal Internacional para la ex Yugoslavia TPIY indica en su artículo 2 (b) y (c) respectivamente que "la tortura o el trato inhumano" y "causar intencionalmente grandes sufrimientos o daños graves a la integridad física o la salud"[6] contra personas protegidas por las disposiciones de la Convención de Ginebra pertinente constituye un crimen de guerra.

Ambos tribunales catalogan la violación como crimen de lesa humanidad cuando se comete como parte de un ataque generalizado o sistemático dirigido contra una población civil con conocimiento del autor de este hecho. El Estatuto de la CPI en el art. 7, párr. 1 (g) define "la violación, la esclavitud sexual, la prostitución forzada, el embarazo forzado, la esterilización forzada o cualquier otra forma de violencia sexual de gravedad comparable"[7] como crímenes contra la humanidad cuando se cometen como parte de un ataque generalizado o sistemático dirigido contra cualquier población civil con conocimiento del ataque. El Estatuto del TPIY define la violación como crimen de lesa humanidad si se comete

4 Estatuto de la Corte Penal Internacional CPI (1998): art. 8, párr. 2 (b), (xxii))

5 Cabe señalar que Bosnia y Herzegovina ratificó el Estatuto de Roma el 11 de abril de 2002, así que la Corte Penal Internacional tiene competencia para juzgar los crímenes cometidos después del 1 de julio de 2002.

6 El Estatuto del Tribunal Internacional para la ex Yugoslavia TPIY (1993): art. 2 (b) y (c).

7 Estatuto de CPI (1998): art. 7, párr. 1 (g).

en un conflicto armado, ya sea de carácter internacional o interno, y está dirigido contra la población civil[8].

La violación se considera genocidio cuando se comete con la intención de destruir, total o parcialmente, a un grupo particular (étnico, religioso, etc.). "Causar daños corporales o mentales graves a miembros de un grupo" con la intención de destruir, total o parcialmente, a un grupo nacional, étnico, racial o religioso equivale a genocidio, tal y como señala la Convención para la Prevención y la Sanción del Delito de Genocidio[9].

Es necesario reseñar que mientras el derecho internacional humanitario (DIH) se aplica en tiempos de guerra y tiene como objetivo proteger a las personas que no han participado o ya no participan en las hostilidades, y sus normas imponen obligaciones a todas las partes en un conflicto, especialmente a los Estados; el derecho penal internacional se refiere a la responsabilidad de los individuos por los crímenes internacionales más graves, como el genocidio, los crímenes de lesa humanidad y los crímenes de guerra. Es por tanto que estas definiciones no son excluyentes y sirven para dirimir además de la responsabilidad individual la estatal. De hecho, cuando la violación u otra forma de violencia sexual es cometida por un representante del Estado, o por personas o grupos de personas extranjeras que actúan con la aprobación, apoyo o consentimiento del Estado puede considerarse una forma particularmente grave de tortura, y como crimen internacional su prohibición es vinculante para todos los estados[10].

---

8 Estatuto de TPIY (1993): art. 5 (g).

9 Convención para la Prevención y la Sanción del Delito de Genocidio. (1948): art. 2 (b); el Estatuto del TPIY (1993): art. 4, párr. 2 (b) y el Estatuto de la CPI (1998): art. 6 (b).

10 Así lo señala el Tribunal Penal Internacional para Ruanda en la sentencia del 2 de septiembre de 1998 en el histórico caso Akayesu (párrafo 59) o en la sentencia dictada el 16 de noviembre de 1998 en el caso Mucić y otros, donde el TPIY afirma que "No puede plantearse la cuestión de si un acto de violación constituye tortura según el derecho internacional consuetudinario (párrafos 495-496).

2. EL USO DE LA VIOLENCIA SEXUAL EN LA GUERRA DE BOSNIA Y HERZEGOVINA

Las denuncias de violaciones sistemáticas en Bosnia y Herzegovina comenzaron a darse al inicio del conflicto, en el año 1992. Diferentes organizaciones de mujeres y de la sociedad civil denunciaron las vejaciones sexuales masivas en el país, y pidieron la creación de un Tribunal Internacional que juzgara los crímenes que se estaban cometiendo, pero también, exigían que se reconociera la violación como un crimen de guerra, hecho hasta entonces no contemplado como tal. Las denuncias y pruebas expuestas por las víctimas demostraban que la violación, en el caso de Bosnia y Herzegovina, estaba siendo usada como arma de guerra de diferentes maneras.

El objetivo fundamental respondía a la perpetuación de la "limpieza étnica" que Naciones Unidas define como "el propósito diseñado políticamente por un grupo étnico o religioso para eliminar de manera violenta y mediante el terror a la población civil de otro grupo étnico o religioso en un área geográfica" tal y como señala la Resolución 1994/77[11]. En el caso de la violación, y en palabras de la organización *Women Under Siege*, las mujeres bosnias eran violadas para "ocupar vientres inferiores por esperma superior"[12]. Las víctimas, de este modo, eran obligadas a quedarse embarazadas mediante la violación, y a llevar a término sus embarazos para traer al mundo hijos no musulmanes. En este contexto,

---

El Tribunal Europeo de Derechos Humanos en el caso Aydin contra Turquía especifica explícitamente que la violación constituye tortura (Caso Aydin Vs. Turquía, sentencia de 25 de septiembre de 1997, párrafo 83). Ver más en: CITORINI, G., GRANT, P., MAMUT, L., KORIJENIC, S. "BETWEEN STIGMA AND OBLIVION. A Guide on Defending the Rights of Women Victims of Rape or other Forms of Sexual Violence in Bosnia and Herzegovina". *TRIAL INTERNATIONAL*, 2012.

11 Resolución 1994/77 de la Comisión de los Derechos Humanos de las Naciones Unidas, 1994.

12 Ver más en Womenundersiege.org/profiles/Bosnia

la voluntad primera de esta violación no era el abuso de un género sobre otro, sino sobre el grupo religioso o étnico de la víctima. Es importante señalar la intencionalidad política que tenían estas violaciones masivas con una organización de cártel, llevadas a cabo en cárceles de mujeres secretas, repartidas por todo el territorio bosnio, y en las que, según diferentes documentos visuales, entre ellos el polémico reportaje de la *BBC* del año 2005[13], participaron soldados, policías, civiles, y también altos cargos serbios.

La humillación y la debilitación de la población civil era otro de los objetivos. Muchas mujeres de Bosnia y Herzegovina, tal y como se recoge en los miles de folios del Tribunal Penal Internacional para la Antigua Yugoslavia[14], fueron violadas delante de sus hijos, maridos, y familiares maniatados, con el fin de que fueran testigos de la vejación y la humillación de su grupo étnico. La violación se usó además como la mejor amenaza para que la población bosniaca abandonara los territorios en los que se hallaba asentada. Según el informe de la Comisión de Expertos de Naciones Unidas sobre la violencia sexual en la Antigua Yugoslavia "lo que se perseguía era la expulsión de la comunidad musulmana al completo", tal y como se recoge en la Resolución 1994/77[15], mediante violaciones públicas cuyo mensaje era claro: la desintegración de la mujer como pilar de la familia, y con el agravante de que las vejaciones se practicaban también a niñas. Este tipo de violencia se usó para obtener información sobre los huidos, bien maridos o familiares, así como para marcar de por vida a las víctimas.

---

13 BBC. "Serbs overrun UN "safe haven", (11.7.2005). En línea: http://news.bbc.co.uk/onthisday/hi/dates/stories/july/11/newsid_4080000/4080690.stm

14 BRAMMERTZ, S., JARVIS, M. *Prosecuting Conflict-Related Sexual Violence at the ICTY.* Oxford University Press, 2016.

15 Resolución 1994/77 "Agresión y violación de mujeres en el territorio de la ex Yugoslavia" de la Comisión de DD.HH. de Naciones Unidas de 9 de marzo de 1994.

Lejla Viteškić, analista del Instituto para la Investigación de Crímenes contra la Humanidad, con sede en Sarajevo, explicaba en una entrevista para el diario *Slobodna Dalmacija* en el año 1994, es decir, en plena guerra que: "mediante la fuerza del genocidio se ha destruido el amor materno de estas mujeres. Se les ha marcado con la vejación extrema, la humillación incurable y permanente, y han sido conducidas a la negación de su propio ser"[16].

Los hechos se cometieron en espacios que funcionaron como auténticos campos de concentración para mujeres. El municipio de Foča, fronterizo con Montenegro, supuso el infierno sobre la tierra para miles de musulmanes bosnios que fueron raptados y encerrados en éstos. Entre el año 1992 y 1994, el municipio contaba con varias cárceles para mujeres entre ellas la casa Karaman, y el motel Partizan, ambos bajo el control de Dragoljub Kunarac, el entonces comandante de la unidad de la milicia serbobosnia de la localidad, compuesta por voluntarios procedentes Montenegro y Serbia, y responsable de la violación de cientos de mujeres, entre ellas niñas de 12 años.

Durante el proceso de *Kunarac y Otros*, la acusación demostró que las violaciones no fueron "casualidades", sino que respondieron al motivo de "limpieza étnica", y fueron "parte del ataque sistemático contra la población civil no serbia de la zona", tal y como declaró el Fiscal Claude Jord ante el Tribunal de la Haya en el año 2002[17], durante la lectura de la sentencia contra los acusados. En estas prisiones según el TPIY se efectuaron miles de violaciones, torturas, trabajos forzosos, embarazos forzados, así como tráfico de mujeres y su posterior ejecución. Kunarac

16 SLOBODNA DALMACIJA, "Razgovor sa Lejlom Vitesic" [Entrevista con Lejla Vitesic] (6 enero 1994).

17 SENSE AGENCY, "Potvrdjene presude i kazne osudjenima za silovanje u Foci [Ratificadas las sentencias contra los condenados por violación en Foca], (12.06.2002).En línea: http://www.sense-agency.com/tribunal_(mksj)/potvrdjene-presude-i-kazne-osudjenima-za-silovanja-u-foci.25.html?news_id=321.

fue condenado a 28 años de prisión por el Tribunal por crímenes contra la humanidad efectuados sobre la población civil, y por las violaciones sistemáticas que organizó, y en las que participó, pero no por genocidio. Su condena sentó precedente, y supuso la primera sentencia del Tribunal en la que se condenaba la violación como crimen de guerra[18].

En el municipio de Višegrad, fronterizo con la República de Serbia fueron 3.000 los bosniacos asesinados de un total de 13.000 habitantes. Muchos fueron ejecutados y arrojados al río Drina, tal y como señalaba el Tribunal de la Haya. De los diferentes campos de concentración, destacaba el "Vilina Vlas"[19] en el que cientos de mujeres fueron violadas y sometidas a vejaciones bajo el mando de grupos paramilitares serbios, entre ellos, los "águilas blancas" comandados por el nacionalista serbio, Vojislav Šešelj, juzgado en la Haya y condenado a 10 años que cumplió durante la prisión preventiva y hoy restaurado por el régimen serbio y activo miembro de la clase política[20]. Su mano derecha por aquel entonces era el miliciano serbobosnio Željko Lelek, ex policía del municipio. Lelek fue condenado en 2008 por la Corte de Bosnia y Herzegovina a 13 años de cárcel por crímenes contra la humanidad[21]. Su sentencia es la primera que ha dictaminado la justicia bosnia en materia de crímenes sexuales como crímenes contra la humanidad. Esta casa del terror, ubicada en la entidad de la Republika Srpska es hoy un hotel, y ni siquiera una placa conmemorativa señala el lugar de tortura que significó.

---

18 Ver: Caso Kunarac (IT-96-23. IT-96-32/1), del Tribunal Penal Internacional para la Antigua Yugoslavia, 2002 (Pp.129).

19 JUSTICE REPORT. "Izvjestaj o ratnim silovanjima u Visegradu" [inforem sobre mujeres violadas en Visegrad], (27.11.2006). En línea: http://www.justice-report.com/en/publications/izvještaj-o-ratnim-silovanjima-u-višegradu.

20 Caso Seselj ((IT-03-67) del Tribunal Penal Internacional para la antigua Yugoslavia, decisión de 13 de diciembre de 2013.

21 Caso Lelek. (X-KR/06/202) de la Corte de Bosnia y Herzegovina, decisión de 23 de mayo de 2008.

Tanto Vogošća como Grbavica forman el área metropolitana de Sarajevo. Ambas en territorio serbio durante la guerra, fueron escenario de las atrocidades más salvajes cometidas durante la guerra. En Vogošća, en el motel "Sonja" fueron violadas centenares de mujeres, y escondidas de la prensa internacional que visitaba la instalación. El miliciano serbobosnio, Borislav Herak, tras ser apresado confesó en una estremecedora entrevista haber matado a más de 30 personas y haber violado decenas de chicas, acabando con la vida de seis de ellas en un monte cercano a la localidad en el que yacían cientos de cuerpos de mujeres asesinadas[22]. En su confesión habló de "visitas" al motel de miembros de los cuerpos internacionales de paz, lo que ha denunciado también Amnistía Internacional[23] en base a algunos testimonios de las víctimas.

A pesar de las denuncias, a día de hoy no se ha abierto ni un sólo proceso contra ninguno de los acusados de las tropas internacionales. En el caso de Grbavica, es bien conocido el "monstruo de Grbavica", Vaselin Vlahović Batko, detenido en el año 2010 en España y extraditado a Bosnia. En marzo del año 2013 fue condenado a 45 años de prisión por más de 60 crímenes entre ellos, violación, asesinato y tortura a la población musulmana y croata[24].

Es difícil determinar el número real de víctimas de las violaciones en Bosnia y Herzegovina. El baile de cifras oscila entre 20.000 y 65.000. Como señala la autora Olivera Simic, desde el principio,

---

22 FILIPOVIC, Z. *Izlet u pakao [Excusrisón al infierno]*. Durrieux, Zagreb, 1992.

23 AMNESTY INTERNATIONAL. "Cija pravda? Zene Bosne i Hercegovine jos cekaju" [¿Justicia para quién? Las mujeres de ByH siguen esperando] (septiembre, 2009). En línea: https://www.amnesty.org/en/wpcontent/uploads/2021/05/EUR630062009BOSNIAN.pdf

24 Ver: Caso Vlahović (S1 1 K 004659 11 KrI). Decisión la Corte de Bosnia y Herzegovina de 23 de marzo de 2013).

la cuestión de las "cifras" ha politizado el debate sobre el tema[25]. Debido a que el gran porcentaje de las violaciones lo han sufrido mujeres bosniacas (musulmanas) y en segundo lugar croatas, y las vejaciones se consideran por los tribunales internacionales parte de la política y la estrategia militar del *establishment* serbio, "los crímenes contra las mujeres serbias cayeron en "saco roto" y quienes hablaban de ellos eran percibidos como agitadores de propaganda nacionalista".

El informe especial de Naciones Unidas del año 1994 hablaba de 25.000 víctimas documentadas[26], sin embargo, es importante señalar que esa investigación se hizo antes de la masacre de Srebrenica de julio de 1995, que incrementaría el número notablemente. La diferencia de cifras se debe a su vez a la dificultad de hacer un recuento real[27]. Durante el conflicto armado, muchas mujeres no pudieron denunciar a sus agresores puesto que estaban apresadas, o bien vivían en territorios en los que la policía pertenecía al bando agresor. Una vez terminada la guerra no son pocas las víctimas que no han denunciado por miedo a represalias, y al estigma social. Algunas han retornado a sus hogares sin contar siquiera a sus familias lo que han vivido. La falta de ayudas, así como el temor a la estigmatización ha abocado al silencio a centenares de mujeres, tal y como señala la organización *Institute for research of genocide* de Canadá[28], lo que dificultará enormemente que jamás se pueda obtener una cifra real de las violaciones cometidas en Bosnia y Herzegovina durante la guerra.

---

25 SIMIC, O. "Feminist Research in Transitional Justice Studies: Navigating Silences and Disruptions in the Field. Hum Rights ", *Springer Rev* 17, 95–113., 2016. En línea: https://doi.org/10.1007/s12142-015-0378-y

26 Ver CEDAW/C/SR.253 (1994) de U.N.Committee of Elimination of Discrimination against Women, de 8 de febrero de 1994.

27 BRAMMERTZ, S., JARVIS, M. *Prosecuting Conflict-Related Sexual Violence at the ICTY.* Oxford University Press, 2016. Pp.344.

28 INSTITUTE FOR THE RESEARCH OF GENOCIDE CANADA (IGC). "Silovanje je dio strategije agresije I genocida" [La violación es parte de la estrategia de agresión y genocidio] (24/10/2013). En línea: http://instituteforgenocide.org/?p=6592&lang=bs

2.1. Atroces crímenes contra la humanidad.

En el año 1993 la Asamblea General de las Naciones Unidas aprueba la resolución 1993/8 de 23 de febrero de 1993, titulada "Agresión y violación de mujeres en el territorio de la antigua Yugoslavia", y la resolución 48/143 de la Asamblea General de 20 de diciembre de 1993, titulada "Agresión y violación de mujeres en las zonas de conflicto armado de la ex Yugoslavia", donde se apoya en las resoluciones pertinentes del Consejo de Seguridad, en particular la resolución 798 (1992) de 18 de diciembre de 1992 en la que, entre otras cosas, el Consejo condenó enérgicamente esos actos de inenarrable brutalidad. En junio de 1993, la Conferencia Mundial de la ONU sobre los derechos humanos organizó un foro en Viena en el que se abogaba por la protección de las mujeres en el conflicto armado de la antigua Yugoslavia. Ciento setenta y un países firmaron la Declaración de Viena del 25 de junio en la que se afirmaba que: "La vulneración de los derechos fundamentales de las mujeres en conflictos armados supone la violación de los derechos recogidos en los principios fundamentales del derecho internacional humanitario. Toda vulneración, incluyendo asesinatos, violaciones sistemáticas, esclavitud sexual y embarazos forzosos exigen una respuesta eficaz"[29].

Esta declaración, junto con la revisión de la Convención de Ginebra que no recoge explícitamente la violación como crimen de guerra, permitió a los Tribunales Internacionales para Ruanda y la antigua Yugoslavia desarrollar una jurisprudencia que demostraba que, en situaciones de guerra, la violación se debe considerar como crimen de guerra, crimen contra la humanidad o genocidio.

---

29 Ver: A/CONF.157/24. Declaración y plan de acción de Viena. Asamblea General de Naciones Unidas, 25 de junio de 1993.

La sentencia Akayesu del Tribunal Internacional para Ruanda del año 2001[30], y la ya mencionada sentencia Kunarac y otros, del TPIY han sido el pilar para el desarrollo de toda una jurisprudencia que define el concepto de "circunstancias forzosas" así como el concepto de "voluntad", señalando que en conflictos armados, la violación no se ciñe únicamente a la agresión física sobre la víctima, sino también al miedo de la misma, derivado del contexto del conflicto armado, que no permite a la víctima decidir "voluntariamente" sobre un encuentro sexual.

En este contexto, para hablar de crimen de guerra, el agresor ha de ser consciente de la existencia de un conflicto, y de su superioridad en esas "circunstancias forzosas" sobre la víctima. A raíz de la jurisprudencia de ambos tribunales, la Corte Penal Internacional incluyó la definición de violación, así como de otras formas de vejación sexual como esclavitud, embarazo o esterilización como crímenes contra la humanidad o crímenes de guerra en su Estatuto[31]. En el año 1998, el informe especial de la ONU sobre nuevas formas de esclavitud, y en especial sobre violaciones masivas añadió que "la voluntad no es una cuestión de hechos probados o pruebas legales cuando se trata de la responsabilidad de mandos superiores que han ordenado o han facilitado de otro modo la ejecución de crímenes como la violación en los conflictos armados"[32].

El Consejo de Seguridad de Naciones Unidas ha adoptado varias resoluciones al respecto, pero quizá las más significativas,

---

30 Caso Akayasu. (Haya (A) 01-001 (e)) del Tribunal Penal Internacional para Ruanda, de 1 de junio de 2001)

31 Estatuto de la Corte Penal Internacional. Capítulo I. Articulo 8 2)b) xxii)-1, 1998.

32 Naciones Unidas. "Informe Especial de la ONU sobre nuevas formas de esclavitud. Violaciones sistemáticas, esclavitud sexual y prácticas similares a la esclavitud en conflictos armados", 22 de junio de 1998, (punto 24).

la Resolución 1325 y la 1820/08[33] van un paso más, y descartan la posibilidad de amnistía en caso de crímenes vinculados con la violación sexual, y obligan a los países firmantes a perseguir a los criminales. La Asamblea Parlamentaria del Consejo de Europa ha ratificado las resoluciones de la ONU y exige igualmente a los países miembros perseguir a los autores de estos crímenes.

3. LA JURISPRUDENCIA DEL TRIBUNAL PENAL INTERNACIONAL PARA LA ANTIGUA YUGOSLAVIA

El Tribunal Penal Internacional para la Antigua Yugoslavia (TPIY) se creó para el enjuiciamiento de los presuntos responsables de las violaciones graves del derecho internacional humanitario cometidas en el territorio de la ex Yugoslavia desde 1991, por el Consejo de Seguridad en su resolución 827 (1993), de 25 de mayo de 1993, de conformidad con su resolución 808 (1993) de 22 de febrero de 1993, y ha tenido muy en cuenta desde su inicio los casos vinculados con cuestiones de género para cuya investigación creó una unidad especial. Pero en el año 2003, mediante la Resolución 1503 del Consejo de Seguridad de la ONU, el TPIY tuvo que adoptar una estrategia para llevar a término todos los procesos con el objetivo de cerrar sus operaciones en el menor tiempo posible, inicialmente en el año 2010, posteriormente en el 2012, y finalmente, tras la finalización del proceso al criminal Ratko Mladić, en diciembre de 2017.

Entre las sentencias de este Tribunal que han supuesto un hito para la justicia transicional destacan siete. El Caso Tadic fue el primer juicio internacional por crímenes de guerra después

33 Ver: Resolución 1820 aprobada por el Consejo de Seguridad de Naciones Unidas en su 5916ª sesión, celebrada el 19 de junio de 2008; Ver Resolución 1325 aprobada por el Consejo de Seguridad de Naciones Unidas sobre Mujeres, Paz y Seguridad celebrada el 31 de octubre de 2000.

de Nuremberg y Tokio. Igualmente, importante es que fue el primer juicio internacional por crímenes de guerra que incluyó denuncias de violencia sexual. Después de tomar el control de la zona de Prijedor, en el noroeste de Bosnia y Herzegovina, las fuerzas serbias encarcelaron a miles de musulmanes y croatas en campos de concentración. El campo de *Omarska* sirvió de lugar de violaciones sistemáticas y fue documentado que uno de los detenidos se vio obligado a arrancar de un mordisco los testículos de otro.

El Caso Kunarac[34] fue una contribución significativa al derecho penal internacional al ampliar el alcance de los actos que constituyen la esclavitud como crimen contra la humanidad para incluir la esclavitud sexual y estableció la relación entre los crímenes de género y derecho consuetudinario, así como la necesidad de definir por la justicia transicional la violación como crimen de guerra y contra la humanidad.

El juicio a cuatro ex miembros de las fuerzas armadas de Bosnia y Herzegovina en el Caso Mucić[35] supuso un punto de inflexión en la justicia internacional al establecer la violación como una forma de tortura, que significa una violación grave de los Convenios de Ginebra y una violación de las leyes y costumbres de guerra.

El Caso Furundzija[36] fue el primer caso ante el TPIY que se centró exclusivamente en acusaciones de violencia sexual. El juicio se centró en las múltiples violaciones de mujeres musulmanas bosnias cometidas durante la investigación dirigida a investigar centros de violación, quien en ese momento era el comandante de "Joker", una unidad especial del Consejo de Defensa Croata (HVO) en Bosnia y Herzegovina.

---

34 Caso Kunarac et al. Sentencia del Tribunal de Apelación TPIY, 12 de junio de 2002. (p. 1299)

35 Caso Mucić et al. (IT-96-21) del TPIY de 9 de octubre de 2001.

36 Caso Furundzija et al. (IT-95-17/1) del TPIY de 30 de julio de 2004.

Mientras que el veredicto en el caso Kunarac y otros indicó claramente que la violación es un instrumento de guerra, el caso contra Radislav Krstić[37] demostró la conexión entre la violación y la limpieza étnica, que en el contexto de los crímenes cometidos en Srebrenica en julio de 1995, estaba estrechamente relacionada al genocidio. Krstić fue un general de división del ejército serbio de Bosnia y comandante del Cuerpo Drina durante la operación que resultó en la ejecución de más de ocho mil niños y hombres musulmanes bosnios de Srebrenica en julio de 1995[38].

Con el cierre del TPIY muchos casos han sido trasferidos a la justicia de los países surgidos de la guerra, y será su responsabilidad juzgar crímenes de guerra como la violación, con el agravante, en palabras del propio Fiscal Jefe del Tribunal, Serge Brammertz, de la difícil colaboración entre los países vecinos para la extradición de los criminales de guerra. La presión por que el TPIY se apagase ha hecho que el Tribunal haya dejado fuera algunos cargos en diferentes causas, entre ellos las de violación en los procesos más representativos, como el de Radovan Karadžić y el de su brazo militar Ratko Mladic, o las del caso Lukić, cabecilla de una de las fracciones de los águilas blancas y responsable de la detención de mujeres en el "Vilina Vlas" de Višegrad. A pesar de las pruebas aportadas por diferentes organizaciones humanitarias, y de la propia Corte de Bosnia y Herzegovina, que llevó al Fiscal Jefe Serge Bremmertz a exigir la modificación de la acusación, el TPIY la rechazó[39].

En cuanto a las supervivientes, el TPIY no ha contemplado en su estatuto la posibilidad de establecer reparaciones económicas hacia las víctimas y supervivientes, a excepción de la regla 106

---

37 Caso Krstić et al. (IT-98-33) del TPIY de 27 de julio de 2001.

38 Ver más en *ICTY landmark cases* En línea: https://www.icty.org/en/features/crimes-sexual-violence/landmark-cases.

39 THE FLETCHER FORUM FOR WORLD AFFAIRS. "An interwiev with Serge Brammertz, prosecutor of ICTY", (24/6/2013). http://www.fletcherforum.org/2013/06/24/brammertz/

que permite el uso de pruebas del TPIY en los casos de sentencias vinculadas a compensaciones[40]. Las víctimas han tenido en estos años un lugar muy limitado en el seguimiento de los procesos del Tribunal, de los que sólo podían formar parte en caso de que fueran testigos directos y sin apoyo logístico, lo que dificultó enormemente que muchos de los testigos se pudieran personar en un Tribunal a 2.000 kilómetros de sus casas. Las dificultades económicas de muchas de las víctimas según recogía Amnistía Internacional en el año 2009, han hecho que se nieguen a asistir a los juicios por la imposibilidad de permitirse siquiera una vestimenta digna[41].

Esta misma organización mostraba su preocupación en cuanto a las sentencias dictadas por el Tribunal, en las que se han dejado de lado acusaciones como la violación sexual, y a su vez se han puesto condenas muy bajas, más propias de una amnistía que de una sentencia ejemplarizante a acusados que no mostraron su arrepentimiento ante la impotencia de las víctimas. Un ejemplo fue el caso de Kovač, condenado a 12 años por la violación sexual a varias mujeres, entre ellas niñas en el campo de concentración de Foča. Algunas de las testigos indicaron que no sólo fueron violadas sino vendidas a otros soldados por 200 marcos alemanes, hecho que no se contempló como trata de seres humanos.

Finalmente, los procesos vinculados con casos tan espinosos como la responsabilidad de otros Estados en la guerra de Bosnia y Herzegovina han levantado mucha polémica en la región, como han sido los procesos a Stanišić y Simatović, ex Jefes de Seguridad del Estado de Serbia en la época de Slobodan

---

40 Estatuto del Ttribunal Penal internacional para la Ex Yugoslavia de 25 de mayo de 1993. Haya. En línea: http://www.cruzroja.es/dih/pdf/Estatuto_Tribunal_Internacional_para_la_ex_Yugoslavia.pdf

41 AMNESTY INTERNATIONAL. Cija pravda? Zene Bosne i Hercegovine jos cekaju [¿Justicia para quién? Las mujeres de ByH siguen esperando]" (septiembre, 2009). En línea: https://www.amnesty.org/en/wp-content/uploads/2021/05/EUR630062009BOSNIAN.pdf

Milošević, muerto en 2006 sin que concluyera su juicio. Ambos fueron juzgados por financiar con fondos de la vecina Serbia unidades especiales encargadas de la limpieza étnica, abuso sexual, deportaciones y organización de campos de concentración en el territorio de Bosnia entre los años 1991 y 1995[42]. Las diferentes unidades paramilitares como los mencionados comandos de los "águilas blancas", "los tigres" de Arkan o los "escorpiones" sí han sido reconocidas por el Tribunal, pero no han contemplado la vinculación del estado serbio en su financiación. En palabras del fiscal Bremmartz, la decisión ha sido contraria a sus expectativas porque sigue sin demostrarse "quién abastecía de fondos" a esos grupos paramilitares[43], y "si los procesos de justicia transicional pasan por alto el contexto social más amplio en el que las víctimas/sobrevivientes narran y cuentan sus historias, los objetivos centrales de la justicia transicional –incluyendo decir la verdad y dar voz a las víctimas– pueden verse comprometidos"[44].

---

42 Caso Stanišić y Simatović (IT-03-69) TPIY de 30 de mayo de 2013.

43 THE FLETCHER FORUM FOR WORLD AFFAIRS. "An interwiev with Serge Brammertz, prosecutor of ICTY", (24/6/2013). http://www.fletcherforum.org/2013/06/24/brammertz/

44 CLARK, J. N. "Transitional Justice, Education, and Sexual Violence Stigma: The Results of a Schools-based Study in Bosnia-Herzegovina". Journal of Law and Society, 45(4), 509–537, 2018. En línea: http://www.jstor.org/stable/45179909

4. LA JUSTICIA DE BOSNIA Y HERZEGOVINA

El diseño institucional de Bosnia y Herzegovina está definido en el denominado Tratado de Paz de Dayton[45] que puso punto y final a la guerra y en el que el ordenamiento territorial del Estado está compuesto por dos entidades con separaciones administrativas plenas; el 49% del territorio pertenece a la República Srpska, con población mayoritariamente serbia y de estructura unitaria; y un 51% a la Federación de BYH, cuya población dominante es de origen croata y musulmán con diez cantontes o áreas cuyas competencias administrativas son altísimas y en las que la soberanía recae en las tres etnias mayoritarias (serbios, croatas y bosniacos). El complejo sistema administrativo del país hace que existan diez tribunales cantonales en la Federación y cinco en la Republika Srpska, junto con el Tribunal Superior del Distrito de Brčko (condominio independiente de las entidades), todos competentes para discernir en casos de crímenes de guerra. En el año 2005 se creó además la Sala para Crímenes de Guerra de la Corte de Bosnia y Herzegovina (encargada de revisar los casos tramitados por los tribunales entitarios, así como los que llegan por parte de la Fiscalía, o bien los transferidos por el propio TPIY) que permite llevar los casos a nivel nacional. Esta estructura judicial hace que haya más de 16 tribunales llevando paralelamente diferentes causas contra criminales de guerra.

En mayo de 2015, el parlamento de Bosnia y Herzegovina adoptó la ampliación de la legislación penal estatal[46] para hacerlo concorde con las definiciones de la Corte Penal Internacional[47].

---

45 OSCE. *The General Framework Agreement for Peace in Bosnia and Herzegovina,* Dayton, (21.11.1995). En línea: http://www.osce.org/bih/126173?download=true

46 Modificaciones al código penal de Bosnia y Herzegovina. 40/2015 en *Službeni glasnik* BiH, br. 40/15, 22 de mayo de 2015.

47 Estatuto de la Corte Penal Internacional, Capítulo I, Artículo 8 2)b) xxii)-1. 1998.

Hasta esa fecha, la ley de enjuiciamiento penal del país contemplaba que para que hubiera causa penal por violación sexual cometida como crimen de guerra o contra la humanidad, era necesario demostrar que ésta se había producido como un ataque a la víctima mediante el uso de la fuerza explícita o bajo amenaza. Sin este elemento, que la jurisprudencia internacional eliminó de las causas, pues sólo las condiciones de inseguridad de un conflicto son un elemento suficiente, no había caso.

A pesar de la ampliación de la ley estatal actual que elimina este requisito, situándolo en concordancia con los estándares internacionales, una vez terminan los procesos, el estatus de las víctimas recae la mayoría de las veces sobre la legislación de las Entidades. De este modo, cualquier ayuda económica, social o psicológica para con las víctimas es diferente dependiendo del territorio en el que se solicita. En el caso de la Republika Srpska es la Entidad la que deriva las competencias a los ayuntamientos que distribuyen directamente los recursos, mientras que, en la Federación, el presupuesto se divide entre los diez cantones, y cada uno tiene una política diferente de reparto de ayudas, lo que supone en ambas entidades un acceso limitado a las mismas, y un reparto desigual, condicionado por las políticas locales de cada territorio, y de aquellos que las reparten.

La Organización para la Seguridad y la Cooperación en Europa (OSCE) cuya misión en Bosnia data desde finales del conflicto ha indicado en varios de sus informes que la falta de medios hace que la labor de las fiscalías se lleve a cabo por personal no cualificado. Muchos de los interrogatorios a testigos se llevan a cabo en dependencias policiales lo que para muchas víctimas fueron lugares donde se perpetraron los propios crímenes, o fueron efectuados por los entonces cuerpos policiales. Esto repercute enormemente en sus testimonios, mediante la coacción, e impide obtener resultados reales de la investigación[48].

---

48 OSCE MISSION TO BOSNIA AND HERZEGOVINA. "Zastita i podrska svjedoka u predmetima ratnih zlocina u Bosni i Hercegovini" [Protec-

Con el objetivo de mejorar esta situación, Bosnia y Herzegovina modificó su ley de protección de testigos en el año 2014 con el fin de adaptarla a los estándares internacionales. El objetivo es ofrecer un programa integral de protección de los testigos incluyendo la ocultación de sus datos, y la ayuda económica mientras estén en dicha situación. La ley específica que el programa para los testigos protegidos se aplica cuando existe amenaza para el Estado, crímenes contra la humanidad, terrorismo, crimen organizado, o en caso de penas largas[49], lo que no siempre podrá significar que las víctimas de violación puedan entrar dentro de este parámetro.

5. CONCLUSIÓN: LAS SUPERVIVIENTES SIGUEN ESPERANDO

Los mecanismos de derechos humanos de las Naciones Unidas (ONU) insisten en que se debe establecer un marco unificado para toda Bosnia y Herzegovina "para reemplazar el mosaico de leyes existentes y garantizar la prestación de apoyo institucional y legal fácilmente accesible y financiado de manera suficiente y sostenible a las víctimas, libres de cualquier forma de discriminación, incluso basada en el lugar de residencia"[50] y que se transformen en formas efectivas de reparación, incluida la indemnización como señalan tanto la OSCE como el Comité Contra la Tortura de la ONU.

---

ción y apoyo a los testigos en los procesos contra criminales de guerra en ByH], (enero de 2010). En línea: http://www.oscebih.org/documents/osce_bih_doc_2010122314375593bos.pdf

49 Artículo 3. Ley sobre el programa de Protección de Testigos en ByH, 12.05.2014.

50 OSCE. "Nearly 30 years following the end of the war in Bosnia and Herzegovina, war victims remain neglected" (18.01.2024). En línea: https://www.osce.org/mission-to-bosnia-and-herzegovina/561697

Para la OSCE, una de las prioridades clave que determina el camino de Bosnia y Herzegovina hacia la Unión Europea es la implementación de las recomendaciones relacionadas con la justicia y la reparación para las víctimas de la guerra, incluida la violencia sexual, y se debería hacer "antes de su cuarto Examen Periódico Universal en enero de 2025"[51].

A pesar de que los pasos son mínimos, en junio del año 2015, el Tribunal de Bosnia y Herzegovina emitió dos sentencias que por vez primera preveían la indemnización material en caso de crímenes como la violación de guerra. Los casos contra Bosiljko Marković, Ostoja Marković y Slavko Savić, la Corte de Bosnia y Herzegovina además de la condena por violación estipuló una multa de 15.000 y 13.250 euros respectivamente a los condenados, lo que sienta precedente no sólo en el país sino también en toda la región[52].

En el año 2015 y 2016, el Ministerio para los derechos humanos y los refugiados de Bosnia y Herzegovina realizó las primeras acciones para la reforma de la ley sobre las víctimas de la tortura. Fue el momento propicio para que las víctimas promovieran diferentes procesos con el fin de obtener indemnizaciones materiales por las sentencias contra sus agresores, y por el cumplimiento de las tasas judiciales que sigue sin contar con un mecanismo administrativo sistematizado para solventarlas.

En el ámbito de la reforma civil y social de la Federación de ByH, en el año 2015 se previó la ampliación de la ley respecto de la consecución del estatuto de víctima de agresión sexual en la guerra. El objetivo es establecer una unidad especializada al respecto que según las organizaciones no gubernamentales sería más operativo destinando el presupuesto a programas integrales

---

51 Ibid.

52 Caso Marković i dr., Corte de ByH S1 1 K 012024 14 Kri, (24.06.2015); Caso Slavko Savić, Corte de ByH S1 1 K 017213 14 KrI, (29.06.2015).

para las víctimas[53]. Ese mismo año, la Republika Srpska encargó por vez primera un informe sobre las víctimas serbias de la violación en la guerra. Desde el sector civil aplaudieron la primera de sus iniciativas en esta materia, pero recriminaron que el estudio no se centrase en todas las víctimas que actualmente viven en esta Entidad, y no sólo en las serbias. Finalmente, el 1 de enero de 2024, comenzó la aplicación de la nueva Ley de la FBiH sobre la Protección de las Víctimas Civiles de la Guerra. La adopción de esta ley fue un paso esencial para garantizar el reconocimiento y los derechos de las víctimas civiles de la guerra y para brindar apoyo a un grupo históricamente abandonado y marginado.

Desde el año 2015, han sido apenas una decena las sentencias que han exigido reparaciones económicas a los acusados, y los esfuerzos de actores como *Trial International* se orientan a que este sea el camino para seguir. En 2016 además, se introdujo la enmienda a la Ley Estatal de Asistencia Legal Gratuita, que llevó a la implementación de asistencia legal gratuita por parte del Ministerio de Justicia de Bosnia y Herzegovina en reclamaciones de compensación. La primera víctima en el beneficiarse de esta ayuda fue la superviviente del caso Dragan Janjić, condenado a siete años de prisión por la violación como crimen de guerra y a una multa de 15.000 euros[54].

La rehabilitación física y moral de las víctimas después de la guerra fue un requisito de la comunidad internacional para el Estado bosnio, y en la actualidad se plasma en el programa de la ONU para la mejora de la calidad de vida de las mujeres y niñas víctimas de la violación del Comité de las Naciones Unidas para

---

53 GAVRIC, S.; BANOVIC, D. *Drzava, politika I drustvno u Bosni i Hercegovini. Analiza postdejtonskog politickog Sistema [Estado, política y sociedad en Bosnia y Herzegovina. Análisis del sistema político post-Dayton].* Editio Politikon, University Press, Sarajevo, 2016.

54 TRIAL INTERNATIONAL. "Another victory against impunity for wartime sexual violence", (12.10.2018). En línea: https://trialinternational.org/latest-post/another-victory-against-impunity-for-wartime-sexual-violence/

la Eliminación de Todas las Formas de Discriminación contra la Mujer (CEDAW, según sus siglas en inglés). Los acuerdos firmados en el año 2009, siguen en proceso, pero la situación sanitaria de las víctimas es cada vez más precaria, y además radica en la ayuda de organizaciones humanitarias, en lugar de ser competencia estatal.

La reparación de sus heridas no se ha cumplido en estos años, y, es más, ha empeorado pues apenas 900 de las 25.000 mujeres documentadas como supervivientes de violación recibe una ayuda como víctima de la guerra, y casi todas están en una de las dos entidades de Bosnia y Herzegovina, la Federación. La Republika Srpska ha aprobado en 2019, y después de grandes presiones internacionales, una ley sobre víctimas de tortura, pero dejan al margen a civiles que pertenecieron, como dicen, al bando enemigo, y ambas leyes no hacían ninguna mención a los hijos de estas mujeres, tal y como denuncian las entidades que atienden a las supervivientes[55]. Como resultado de años de lucha por parte de asociaciones de víctimas, tanto el Distrito de Brčko en el año 2022 como la Federación de Bosnia y Herzegovina en el 2023, adoptaron leyes que reconocen a los niños nacidos como consecuencia de violaciones en tiempos de guerra como víctimas.

Desde la creación del Consejo Superior Judicial y Fiscal de Bosnia y Herzegovina en 2004, las organizaciones que trabajan con las supervivientes señalan que el diálogo con los jueces es más fácil pero su papel sigue siendo el de meros asesores, no ocurre lo mismo en el ámbito político donde siguen sin tener su lugar para el diseño de los borradores de ley. En cuanto al rol de la comunidad internacional, resulta aquí imprescindible como garante del cumplimiento de lo establecido en Dayton, desde el anexo VII dedicado a las garantías de retorno y vivienda de los desplazados, hasta el acceso a la reparación económica y moral. La posibilidad

---

55 KUCUKALIC, E. "Los 'niños olvidados' de Bosnia piden justicia", *Valencia Plaza* (07.07.2019). https://valenciaplaza.com/LosniosolvidadosdeBosniapidenjusticia1

del uso de los poderes de Bonn capacita a la Comunidad Internacional a exigir un cumplimiento exhaustivo de los derechos de las víctimas, pero no se han dado pasos en este sentido. Tanto la Oficina del Alto Representante en Bosnia y Herzegovina (OHR) que representa a la Comunidad Internacional como la Unión Europea han lanzado claros avisos para que modifique sus políticas[56], pero las amenazas no se han cumplido, y se presiona cada vez menos por su consecución.

Sin una modificación tanto del actual marco legal del país, equiparando los diferentes niveles administrativos de las Entidades, los locales y estatales no habrá una reparación hacia las víctimas, y un acceso equitativo a los mecanismos de justicia. De otra parte, las escasas ayudas económicas y sanitarias hacia las supervivientes hacen imposible que las mismas vean rehabilitadas sus heridas, pero ante la falta de medios económicos, el país sigue necesitando del apoyo y la presión internacional para llevar a cabo las estrategias de reparación hacia las víctimas civiles de la guerra. A pesar de sus cicatrices y de las heridas abiertas, Bosnia y Herzegovina es un país que tiene una gran lección aprendida en la piel de miles de supervivientes. Una lección que merece ser tomada en consideración por la comunidad internacional, en especial respecto de los países que ahora han de enfrentarse a las colosales consecuencias de sus guerras.

6. REFERENCIAS BIBLIOGRÁFICAS

AMNESTY INTERNATIONAL. "Cija pravda? Zene Bosne i Hercegovine jos cekaju [¿Justicia para quién? Las mujeres de ByH siguen esperando] (septiembre, 2009).https://www.amnesty.org/en/wpcontent/uploads/2021/05/EUR630062009BOSNIAN.pdf

ASAMBLEA GENERAL DE LAS NACIONES UNIDAS (A/CONF.157/24). *Declaración y plan de acción de Viena.* Asamblea General de Naciones Unidas de 25 de junio de 1993.

56 Ver: Resolución 2013/2884 (RSP) del Parlamento Europeo, 2014.

BBC. "Serbs overrun UN "safe haven", (11.7.2005), En línea: http://news.bbc.co.uk/onthisday/hi/dates/stories/july/11/newsid_4080000/4080690.stm

BRAMMERTZ, S., JARVIS, M. *Prosecuting Conflict-Related Sexual Violence at the ICTY.* Oxford University Press, 2016.

CITORRINI, G. "Between stigma and oblivion a Guide on Defending the Rights of Women Victims of Rape or other Forms of Sexual Violence in Bosnia and Herzegovina", *Trial International*, 2012. En línea: https://trialinternational.org/wp-content/uploads/2016/05/Vodic_ENG.pdf

CLARK, J. N. "Transitional Justice, Education, and Sexual Violence Stigma: The Results of a Schools-based Study in Bosnia-Herzegovina". *Journal of Law and Society*, 45(4), 509–537, 2018. http://www.jstor.org/stable/45179909

COMITÉ PARA LA ELIMINACIÓN DE LA DISCRIMINACIÓN CONTRA LA MUJER (CEDAW). "Dodatak alternativnom sadrzaju CEDAW BIH", [Appendix 3 to the alternative report on the implementation of the CEDAW convention and women's human rights in Bosnia and Herzegovina] (julio 2013). *Prava Za Sve* http://pravazasve.ba/publikacije-bs/docs-bs/AnnextotheAlternativeReport(BHSandENG).pdf.

COMITÉ PARA LA ELIMINACIÓN DE LA DISCRIMINACIÓN CONTRA LA MUJER (CEDAW). *R. 1994/77* "Agresión y violación de mujeres en el territorio de la ex Yugoslavia" de la Comisión de DD.HH. de Naciones Unidas de 9 de marzo de 1994

COMITÉ PARA LA ELIMINACIÓN DE LA DISCRIMINACIÓN CONTRA LA MUJER (CEDAW) *C/SR.253* de U.N.Committee of Elimination of Discrimination against Women, de 8 de febrero de 1994

CONSEJO DE SEGURIDAD DE NACIONES UNIDAS. *R 1503* aprobada por el Consejo de Seguridad de Naciones Unidas en su 4817ª sesión, celebrada el 28 de agosto de 2003

CONSEJO DE SEGURIDAD DE NACIONES UNIDAS. *Resolución 1325* aprobada por el Consejo de Seguridad de Naciones Unidas sobre Mujeres, Paz y Seguridad celebrada el 31 de octubre de 2000

CONSEJO DE SEGURIDAD DE NACIONES UNIDAS. *Resolución 1820* aprobada por el Consejo de Seguridad de Naciones Unidas en su 5916ª sesión, celebrada el 19 de junio de 2008

FILIPOVIC, Z. *Izlet u pakao [Excusrisón al infierno]*. Durrieux, Zagreb, 1992.

GAVRIC, S.; BANOVIC, D. *Drzava, politika I drustvno u Bosni i Hercegovini. Analiza postdejtonskog politickog Sistema [Estado, política y sociedad en Bosnia y Herzegovina. Análisis del sistema político post-Dayton]*. Editio Politikon, University Press, Sarajevo, 2016.

INSTITUTE FOR THE RESEARCH OF GENOCIDE CANADA (IGC). *Silovanje je dio strategije agresije I genocida [La violación es parte de la estrategia de agresión y genocidio]* (24/10/2013).http://instituteforgenocide.org/?p=6592&lang=bs

JUSTICE REPORT. "Izvjestaj o ratnim silovanjima u Visegradu" [inforem sobre mujeres violadas en Visegrad], (27.11.2006). En línea: http://www.justice-report.com/en/publications/izvještaj-o-ratnim-silovanjima-u-višegradu.

KUCUKALIC, E. "Los 'niños olvidados' de Bosnia piden justicia", *Valencia Plaza* (07.07.2019). En línea: https://valenciaplaza.com/LosniosolvidadosdeBosniapidenjusticia1

NACIONES UNIDAS. *Convención para la prevención y la sanción del crimen de genocidio,* adoptada en Ginebra por la Asamblea General de las Naciones Unidas el 9 de diciembre de 1948.

NACIONES UNIDAS. DOC. ONU E/CN.4/Sub.2/1998/13. "Formas contemporáneas de la esclavitud. La violación sistemática, la esclavitud sexual y las prácticas análogas a la esclavitud en tiempo de conflicto armado", *Informe Final de la Relatora Especial,* del 22 de junio de 1998.

NACIONES UNIDAS. *Estatuto de Roma de la Corte Penal Internacional,* Roma, 1998. En línea: https://www.un.org/spanish/law/icc/statute/spanish/rome_statute(s).pdf

NACIONES UNIDAS. *Estatuto del Tribunal penal internacional para la Ex Yugoslavia.* Haya, 25 de mayo de 1993. En línea: https://www.ohchr.org/es/instruments-mechanisms/instruments/statute-international-tribunal-prosecution-persons-responsible

OSCE MISSION TO BOSNIA AND HERZEGOVINA. "Zastita i podrska svjedoka u predmetima ratnih zlocina u Bosni i Hercegovini" [Protección y apoyo a los testigos en los procesos contra criminales de guerra en ByH], (enero de 2010).En línea: http://www.oscebih.org/documents/osce_bih_doc_2010122314375593bos.pdf

OSCE. "Nearly 30 years following the end of the war in Bosnia and Herzegovina, war victims remain neglected" (18.01.2024). En línea: https://www.osce.org/mission-to-bosnia-and-herzegovina/561697

OSCE. *The General Framework Agreement for Peace in Bosnia and Herzegovina,* Dayton, (21.11.1995). En línea: http://www.osce.org/bih/126173?download=true

PARLAMENTO EUROPEO. *R 2013/2884* (RSP) del Parlamento Europeo, de 14 de enero de 2014.

SENSE AGENCY, "Potvrdjene presude i kazne osudjenima za silovanje u Foci [Ratificadas las sentencias contra los condenados por violación en

Foca], (12.06.2002).En lína: http://www.sense-agency.com/tribunal_(mksj)/potvrdjene-presude-i-kazne-osudjenima-za-silovanja-u-foci.25.html?news_id=321.

SIMIC, O. "Feminist Research in Transitional Justice Studies: Navigating Silences and Disruptions in the Field. Hum Rights", Springer Rev 17, 95–113., 2016. https://doi.org/10.1007/s12142-015-0378-y

SLOBODNA DALMACIJA, "Razgovor sa Lejlom Vitesic" [Entrevista con Lejla Vitesic] (6 enero 1994).

SUD BOSNE I HERCEGOVINE. *CASO LELEK. X-KR/06/202* de la Corte de Bosnia y Herzegovina, 23 de mayo de 2008.

SUD BOSNE I HERCEGOVINE. *CASO MARKOVIĆ BOSILJKO I DR.*, de LA Corte de Bosnia y Herzegovina S1 1 K 012024 14 KrI, del 24 de junio de 2015.

SUD BOSNE I HERCEGOVINE. *CASO SLAVKO SAVIĆ*, de la Corte de Bosnia y Herzegovina S1 1 K 017213 14 KrI, del 29 de junio de 2015.

SUD BOSNE I HERCEGOVINE. *CASO VESELIN VLAHOVIC* (S1 1 K 004659 11 KrI) de la Corte Superior de Bosnia y Herzegovina de 23 de marzo de 2013.

THE FLETCHER FORUM FOR WORLD AFFAIRS. "An interwiev with Serge Brammertz, prosecutor of ICTY", (24/6/2013). http://www.fletcherforum.org/2013/06/24/brammertz/

TRIAL INTERNATIONAL. "Another victory against impunity for wartime sexual violence", (12.10.2018). https://trialinternational.org/latest-post/another-victory-against-impunity-for-wartime-sexual-violence/

TRIBUNAL EUROPEO DE LOS DERECHOS HUMANOS. *CASO AYDIN VS. TURQUÍA*. Sentencia de 25 de septiembre de 1997.

TRIBUNAL PENAL INTERNACIONAL PARA LA ANTIGUA YUGOSLAVIA. *CASO KUNARAC (IT-96-23. IT-96-32/1)*. Sentencia del Tribunal de Apelación TPIY, 12 de junio de 2002.

TRIBUNAL PENAL INTERNACIONAL PARA LA ANTIGUA YUGOSLAVIA. *CASO MUCIC et al. ((IT-96-21)*, decisión de 19 de marzo de 1996.

TRIBUNAL PENAL INTERNACIONAL PARA LA ANTIGUA YUGOSLAVIA. *CASO SESELJ (IT-03-67)*, decisión de 13 de diciembre de 2013.

TRIBUNAL PENAL INTERNACIONAL PARA LA ANTIGUA YUGOSLAVIA. *CASO STANIŠIĆ Y SIMATOVIĆ (IT-03-69)* decisión de 30 de mayo de 2013.

TRIBUNAL PENAL INTERNACIONAL PARA RUANDA. *Caso AKAYASU (Hag (A) 01-001 (e)* de El Tribunal Penal Internacional para Ruanda, La Haya, de 1 de junio de 2001.

U.N INTERNATIONAL CRIMINAL TRIBUNAL FOR THE FORMER YUGOSLAVIA. FACTS AND FIGURES, (sin fecha). En línea: https://www.icty.org/en/features/crimes-sexual-violence

WOMEN UNDER SIEGE. Conflict profiles/Bosnia (sin fecha). En línea: http://www.womenundersiegeproject.org/conflicts/profile/bosnia

ZAKON O IZMJENAMA I DOPUNAMA KRIVIČNOG ZAKONA BOSNE I HERCEGOVINE [MODIFICACIONES AL CÓDIGO PENAL DE BOSNIA Y HERZEGOVINA]. 40/2015 en *Službeni glasnik* BiH, br. 40/15. 22.05.2015.

ZAKON O PROGRAMU ZAŠTITE SVJEDOKA U BOSNI I HERCEGOVINI [Ley sobre el programa de Protección de Testigos en ByH] en. *Službeni glasnik BiH*, 36/14. 12.05.2014.

Itinerario de la agenda mujeres, paz y seguridad en la política exterior de Uruguay en 2022: Perspectiva desde la seguridad humana

Itinerary of the women, peace and security agenda in the foreign policy of Uruguay in 2022: Perspective from human security

MÓNICA NIEVES AGUIRRE[1]

Resumen

La Resolución 1325 del Consejo de Seguridad de Naciones Unidas del año 2000, visibilizó el cuadrinomio mujeres, paz, seguridad y desarrollo. A partir de ahí la Agenda Mujeres, Paz y Seguridad atravesada por la seguridad humana irá impregnándose -de diferente forma- en las políticas exteriores. Esta pieza versa sobre como el Estado uruguayo se ha vinculado con esta Agenda, y en particular con los proyectos destinados a identificar las barreras al despliegue y desarrollo de capacidades para aumentar el número de mujeres en las Operaciones de Mantenimiento de Paz de Naciones Unidas.

Palabras clave: Resolución 1325; Agenda Mujeres, Paz y Seguridad; Uruguay; Iniciativa Elsie; Seguridad humana.

---

1 Profesora Adscripta de Historia de las Relaciones Internacionales, Universidad de la República. Coordinadora académica de la Maestría en Relaciones Internacionales, Universidad de la República. (monica.nieves@fder.edu.uy). Todas las páginas webs mencionadas en este trabajo han sido consultadas el 10 de marzo de 2024.

Abstract

The United Nations Security Council Resolution 1325 of the year 2000 brought visibility to the quadrinomial of women, peace, security, and development. From there, the Women, Peace, and Security Agenda, intersected by human security, will gradually permeate–in different ways–foreign policies. This piece delves into how the Uruguayan State has engaged with this Agenda, particularly with projects aimed at identifying barriers to the deployment and development of capacities to increase the number of women in United Nations Peacekeeping Operations.

Keywords: Resolution 1325; Women, Peace, and Security Agenda; Uruguay; Elsie Initiative; Human security."

SUMARIO

1. CONSIDERACIONES PRELIMINARES

La seguridad ha dejado atrás su larga esencia interestatal en las dinámicas de la política internacional, y ha trasladado su eje estado céntrico a uno humano céntrico. El mundo del siglo XXI se ha distanciado del determinismo de la amenaza en Guerra Fría, que se erigía sobre el riesgo nuclear, una estructura bipolar y la política internacional interestatal. Lejos se está de la certidumbre de la bipolaridad, en tanto cada bloque identificaba a su enemigo y la "mutua destrucción asegurada" etiquetaba la única amenaza en clave de seguridad/defensa[2].

---

[2] ROSAS, M. C. "La Seguridad Humana Sostenible"¿Paradigma para la seguridad nacional de México en el Siglo XXI?", en ROSAS, M. C.

Han pasado décadas desde la aparición de la expresión seguridad humana que bebe de tres núcleos interconectados: la seguridad, la paz y el desarrollo. A pesar de no haber logrado aún una definición consensuada ni precisión semántica, si es identificable una evolución de la expresión seguridad humana, que ha acompañado el devenir de la coyuntura internacional.

Siguiendo a Rosas[3], los ataques del 11 de septiembre de 2001 (11S) en Estados Unidos, colocaron contra las cuerdas a la seguridad humana. Así se produjo un (re)surgimiento de una seguridad militar y estadocéntrica. En esta sintonía, Sanahuja y Schünemann, asumen que el 11S y la posterior "Guerra Global contra el Terror" funcionaron como[4]:

> "(...) línea divisoria o parteaguas entre los conceptos más comprehensivos y "desarrollistas" de la seguridad y la construcción de la paz de la posguerra fría, y las visiones fuertemente "securitizadas que desde el 11-S han tratado de reubicar las políticas de desarrollo y cooperación en el marco del antiterrorismo y la seguridad nacional"

A pesar de esto, el año 2000 es clave en la inclusión de la perspectiva de género en las operaciones de mantenimiento de la paz (OMP) de las Naciones Unidas (NU). Este ámbito habilitó fundamentalmente cuatro instrumentos determinantes: "el informe «Mainstreaming a gender Perspective en Multidimensional Peace Operatives», la Declaración Windhoek, el Plan de

---

(Coord.) *La Seguridad Extraviada: Apuntes sobre la Seguridad Nacional de México en el Siglo XXI,* Universidad Nacional Autónoma de México, Centro de Análisis e Investigación sobre Paz, Seguridad y Desarrollo, 2020, pp. 31-100.

3 ROSAS, M.C. op.cit.

4 SANAHUJA, J.A., SCHÜNEMANN, J. "El nexo seguridad-desarrollo: entre la construcción de la paz y la securitización de la ayuda", en SANAHUJA, J.A. (coord.) *Construcción de la paz, seguridad y desarrollo. Visiones, políticas y actores.* Estudios Internacionales. Editorial Complutense, 2012, p. 17, https://docta.ucm.es/rest/api/core/bitstreams/e1916d15-8333-49ef-8859-5a8e3285548f/content

Acción de Namibia y, sobre todo, la Resolución 1325 del Consejo de Seguridad sobre Mujeres, Paz y Seguridad"[5].

Es en la Resolución 1325 (R1325) donde se patenta la necesidad de aumentar la participación multinivel de las mujeres en el mantenimiento de la paz y la seguridad internacional. Más aún, en esta se valora la inclusión de la perspectiva de género en las negociaciones y en las operaciones de paz, la planificación humanitaria, la consolidación de la paz, y la gobernanza postconflicto. En la misma sintonía a la R1325, la Agenda Mujeres, Paz y Seguridad (Agenda MPS) ha sumado impulso a algunos Estados para la elaboración de Planes de Acción Nacionales, que a su vez colaboran en la generación de una Política Exterior Feminista[6].

Proponer una mirada bajo la que confluyan la Agenda MPS y la seguridad humana, implica una perspectiva de género, así como la contemplación de un abanico de amenazas y riesgos mucho más amplio y complejo que el que se vincula a la seguridad llamada "tradicional" o nacional. Esto se debe a que la seguridad humana se centra en los individuos y en las comunidades. Bajo el análisis de Rothschild[7] este no es un fenómeno nuevo, sino que ya la seguridad de los individuos se concatenaba con la de la nación en la Revolución Francesa. Lo que si resulta en cierta manera novedoso, son las dinámicas internacionales que en la confluencia de actores transnacionales se moldean con otras formas e impactos.

Es de orden recuperar que los análisis feministas sobre seguridad acuñados a principios de los años noventa, fueron alcanzan-

---

5 RUIZ-GIMÉNEZ ARRIETA, I. (2016): "Mujeres, Paz y Seguridad: controversias feministas en torno a la paz liberal", en: GARCÍA SEGURA, C. (Dir.): *La Tensión Cosmopolita. Avances y Límites en la Institucionalización del Cosmopolitismo,* Tecnos, Madrid, 2016, p.331,

6 MESA, M. "Política Exterior Feminista: un proceso en conformación en Europa y América Latina", En: MESA, M.(Coord.): *Policrisis y rupturas del orden global. Anuario CEIPAZ 2022-2023.* Madrid: CEIPAZ; Fundación Cultura de Paz, 2023, pp.77-110.

7 ROTHSCHILD, E. "What is security?", *Daedaluz, The Quest for World Order,* Vol. 124, No.3, 1995, pp. 64, https://www.jstor.org/stable/20027310

do mayor inclusión y amplitud en términos de no limitarse solo a mujeres, puesto que género y mujer no son sinónimos[8]. Esta pieza asume que el "feminismo del punto de vista" aporta la perspectiva indicada que distingue las diferencias entre hombres y mujeres, y revaloriza lo femenino en clave de sus "valores de empatía, sensibilidad, responsabilidad por el cuidado o bienestar de los demás". Esta óptica crítica deshecha la militarización de la paz y la reconstrucción de los escenarios posconflicto con eje en el Estado[9].

Si bien se marca el punto de partida para la seguridad humana con el Informe de Desarrollo Humano del Programa de Naciones Unidas para el Desarrollo (PNUD) en marzo de 1994, ideas sobre la libertad frente al miedo y la misera ya circulaban tímidamente a fines de la Segunda Guerra Mundial. Resulta en este sentido paradigmático el discurso de Edward R. Stettinius Jr.[10], en el que recuperan esas dimensiones no tradicionales de la seguridad internacional, y las vincula a su vez con aristas económicas y sociales[11]. Otros ejemplos previos a los años noventa dan luz sobre algunas visiones más amplias sobre la monolítica idea de seguridad tradicional imperante[12].

El Estado uruguayo se vinculó tempranamente con las OMP, y desde un primer momento con aquellos proyectos dirigidos a identificar las barreras al despliegue y desarrollo de capacidades

8 TRUJILLO LÓPEZ, M. (2020): "Feminismo y seguridad: ¿(in)seguridad para quién?, en: LOZANO VÁZQUEZ, A.; RODRÍGUEZ SUMANO, A. (Coords.) *Seguridad y Asuntos Internacionales,* Ciudad de México: Siglo XXI Editores, 2012, pp. 74-85.

9 RUIZ-GIMÉNEZ ARRIETA, I. op. cit., p. 340-341.

10 Secretario de Estado de Estados Unidos, a través de un informe sobre los resultados de la reunión que daría nacimiento a la Organización de Naciones Unidas.

11 RODRÍGUEZ-ALCÁZAR, J. "La noción de "seguridad humana": virtudes y sus peligros". *Polis,* No.11, 2005, http://polis.revues.org/5805

12 Otro ejemplo que vale apuntar, se dio a principios de los años ochenta con el Informe de la Comisión Independiente sobre Desarme y Seguridad -conocida como Comisión Palme, que propone la noción de "seguridad común" (INTERNATIONAL PEACE BUREAU, 2022, p.3).

para aumentar el número de mujeres en esas misiones. En la región suramericana Uruguay es, en números absolutos, el Estado con mayor número de mujeres desplegadas en las OMP, y ocupa el 24o. lugar entre los 121 Estados contribuyentes de contingentes nacionales a las OMP. Sin embargo, de los 1057 efectivos desplegados sólo 68 son mujeres, lo que representa un magro 6,1%. El propósito de Uruguay es aumentar a 11% el contingente de mujeres desplegadas en OMP para el año 2024[13]. Sobre la base de la intersección entre seguridad humana y Agenda MPS, este trabajo apunta a explorar el anclaje de la Agenda MPS en la política exterior de Uruguay. Se asume que la política exterior es una política pública, manifestación que depende de factores externos e internos, y que contempla el esquema institucional, la burocracia, las ideas y los actores[14].

Desde el año 2018, Uruguay es parte del grupo de contacto de la Iniciativa Elsie para Mujeres en Operaciones de Paz, que dispone de un fondo global de apoyo a los Estados interesados en mejorar el despliegue de las mujeres en las OMP. La Iniciativa Elsie junto a otras instituciones[15] han instrumentado y puesto a disposición de los Estados la "Metodología para medir las oportunidades para mujeres en las operaciones de paz" (MOWIP), siendo Uruguay el primer Estado en finalizar los estudios de las Fuerzas Armadas y de la Policía Nacional. En base a las recomendaciones del informe MOWIP, fue presentado el Proyecto "Fuerzas Armadas de Uruguay: Implementación de estrategias y accio-

---

[13] MINISTERIO DE DEFENSA NACIONAL "Proyecto para incrementar presencia de mujeres en roles operacionales de contingentes uruguayos en Misiones de Paz", 9 de septiembre , 2022, https://www.gub.uy/ministerio-defensa-nacional/comunicacion/noticias/proyecto-para-incrementar-presencia-mujeres-roles-operacionales-contingentes

[14] BIZZOZERO, L. *Aproximación a las Relaciones Internacionales. Una mirada desde el siglo XXI.* Ediciones Cruz del Sur, 2015.

[15] El Centro de Ginebra para la Gobernanza del Sector de Seguridad, Cornell University, el gobierno de Canadá, el Ministerio de Relaciones Exteriores de Noruega y la Red de Seguridad y Defensa de América Latina.

nes para superar las barreras para la participación significativa de las mujeres en el mantenimiento de la paz" (Proyecto FFAA), el que ha sido seleccionado para recibir el financiamiento del Fondo Elsie. Con estas coordenadas como guía, se buscará responder desde la lente de la seguridad humana ¿cuál es el lugar de la Agenda MPS en la política exterior uruguaya?

En esta línea, el trabajo se estructura en tres apartados. En primer lugar, se explora la vinculación de la seguridad humana con la Agenda MPS y la trascendencia de la sinergia entre paz, seguridad y desarrollo. Seguidamente se avanza a grandes rasgos sobre el vínculo de Uruguay y la paz internacional. Se desgaja de ahí la apuesta de Uruguay a las OMP para la inclusión de la mujer en los diferentes ámbitos de las Fuerzas Armadas (FFAA). En el cuarto apartado se avanza en los pormenores de la implementación del Plan de Acción Nacional Mujeres, Paz y Seguridad 2021-2024 (PAN-MPS), el compromiso con la Iniciativa Elsie y el Proyecto FFAA, con el propósito de dar luz sobre ¿cómo se manifiesta el enfoque de seguridad humana en las iniciativas bajo análisis? En último término, se exponen las reflexiones finales. A partir de un diseño cualitativo se realizará un estudio de naturaleza descriptiva-analítica, con análisis documental de fuentes primarias, así como de fuentes secundarias vinculadas al tema abordado. El recorte temporal se centrará en el periodo 2019-2022, sin desmedro de recuperar los antecedentes necesarios para la comprensión del tema desarrollado, tomando como punto de partida a partir de la aprobación de la R1325 en el 2000.

2. SEGURIDAD HUMANA Y AGENDA MPS: UN CÍRCULO VIRTUOSO

Desde su aparición "formal" con el Informe de Desarrollo Humano del PNUD en 1994, la trayectoria de la expresión seguridad humana se ha delineado al son de la coyuntura internacional. Sin embargo, a tres décadas de su nacimiento aún no se ha logrado consenso en una definición, ni sobre su esencia como concepto o enfoque. Amén de esto, en el ámbito de NU no sólo se ha trabajado para nutrirla, sino que se le ha dado solidez con la determinación de sus estrategias. Poco a poco se han sumado elementos esenciales para conformar a la seguridad humana como noción paraguas que ampara múltiples dimensiones de la seguridad internacional. Wæver[16] respalda la idea de que la seguridad humana se ha ido consolidando como concepto, sobre todo a partir de los esfuerzos de la diplomacia de NU. En adición, el Consejo de Seguridad de Naciones Unidas (CSNU) ha ampliado las amenazas a la seguridad internacional, y la consideración de los conflictos interestatales implica incluir a las crisis humanitarias o conflictos internos que los conforman.

En el sistema interamericano de seguridad modelado en la Organización de Estados Americanos (OEA), las transformaciones de la seguridad recogidas en la "Declaración sobre Seguridad de las Américas" -emanada de la Conferencia Especial de Seguridad de México de 2003-, impulsan a los Estados miembros a acordar sobre la ampliación del concepto de Seguridad hemisférica, incluyendo un enfoque multidimensional. Será con la Declaración de Bridgetown que se reconoce que:

> "(...) reconoce que las amenazas, preocupaciones y otros desafíos a la seguridad del hemisferio son de naturaleza diversa y alcance multidimensional y que el concepto y enfoque tradicionales deben ampliarse para abarcar amenazas nuevas no tradicionales, que incluyen aspectos políticos, económicos, sociales, de salud, ambientales."[17]

---

16 WÆVER, O. "Paz y seguridad: dos conceptos en evolución y su relación cambiante", en: OSWALD SPRING, U. y GÜNTER BRAUCH, H. (Comp., Eds.) *Reconceptualizar la seguridad en el siglo XXI.* Colección Multidisciplina, No. 6, 2009, pp. 71-100. https://biblioteca.clacso.edu.ar/Mexico/crim-unam/20100329020502/Reconceptualizarlaseguridad.pdf

17 NIEVES, M. "Vulnerabilidades de la seguridad regional: los flancos débiles de la multidimensionalidad". *Densidades,* No. 10, 2012, pp. 41-42.

En cuanto al sustrato de la seguridad humana, las teorías del desarrollo humano han sido significativas. Grasa Hernández[18] sostiene que la conjunción entre el "visionario" enfoque sobre el desarrollo humano de Mahbub ul Haq, y la ampliación de las libertades y las capacidades refrendada por la tesis de Amartya Sen, y la visibilidad del Informe de Desarrollo Humano del PNUD del '94, hacen al corazón de la seguridad humana[19].

Sobre la tríada libertad del miedo -*freedom from fear*-, libertad de la necesidad -*freedom from want*- y libertad para vivir con dignidad -*freedom to live in dignity*-, el Informe de desarrollo humano del PNUD, marca las principales características de la seguridad humana[20]: 1) "La seguridad humana es una preocupación universal"; 2) "Los componentes de la seguridad humana son interdependientes"; 3)"Es más fácil velar por la seguridad humana mediante la prevención que con una intervención posterior"; 4) "La seguridad humana está centrada en el ser humano".

En suma, puede inferirse que el punto de apogeo de la amalgama seguridad humana y desarrollo humano se logra cuando los individuos y las comunidades poseen alternativas libres, seguras y permanentes de beneficiarse del desarrollo[21]. En particular los aportes sobre desarrollo humano de Amartya Sen se imbricaron profundamente en la expresión seguridad humana en el marco

---

18 GRASA HERNÁNDEZ, R. "Vínculos entre seguridad, paz y desarrollo: evolución de la seguridad humana. De la teoría al programa político y la operacionalización", *Revista CIDOB d'Afers Internacionals*, No. 76, 2007, p. 12,. https://raco.cat/index.php/RevistaCIDOB/article/view/55706

19 Mahbub ul Haq y Amartya Sen han tenido incidencia fundamental tanto en la aparición y connotación posterior de la expresión seguridad humana. MAGAÑA HERNÁNDEZ, D. M.: "El otro paradigma de la seguridad", *Alegatos*, No. 72, (mayo/agosto 2009), pp. 127-149, https://www.corteidh.or.cr/tablas/r23198.pdf

20 PNUD "Informe sobre Desarrollo Humano 1994", 1994, pp. 25-26, https://hdr.undp.org/system/files/documents/hdr1994escompletonostats.pdf

21 PNUD, op. cit.

de NU. Es de destacar, que el Informe del PNUD de 1994, además de incluir las consecuencias de la desigualdad, la vuelve una pieza clave en la identificación de la seguridad humana.

La preocupación por la vida y la dignidad humana patentes en el Informe del PNUD del '94, requerían la construcción de una plataforma de promoción del desarrollo humano, que este documento comenzó a conformar, en tanto distinguió las siguientes categorías de la seguridad: la económica, la alimentaria, en materia de salud, la ambiental, la personal, de la comunidad y la política[22]. No obstante, en el mismo informe se puntualiza sobre la importancia de distinguir el desarrollo humano y la seguridad humana. Así propone que para alcanzar esta última no debe equipararse al desarrollo humano, y en este sentido el progreso de ambos es indisociable, por tanto, también su fracaso. Al respecto, como apunta Magaña Hernández[23], la seguridad humana se dirige a crear las posibilidades para disponer de las oportunidades que ofrece el desarrollo.

Un año más tarde de la aparición del Informe del PNUD '94, la Cumbre sobre el Desarrollo Social de Naciones Unidas en Copenhague de 1995 propuso una "nueva agenda de seguridad para la posguerra fría" que incluía "los temas del desarrollo". Esta instancia fue significativa como plataforma internacional para el despegue de la expresión seguridad humana[24]. El resto de los años noventa fue fundamental para su consolidación. No sólo apareció en distintos documentos internacionales, sino que se recuperaba en discursos de algunos cancilleres que apuntaban a visibilizar el nexo entre seguridad humana y desarrollo sostenible[25].

---

22 Idem, p.28

23 MAGAÑA HERNÁNDEZ, D.M., op. cit, p.133

24 ROSAS, M.C., op. cit., p. 40

25 Se destacan el informe Our Global Neighbourhood de la Commission on Global Governance. El impulso dado entre 1996 y 2002 el canciller Lloyd Axworthy (ROSAS, 2022), la organización conjunta entre Canadá y Noruega de la Conferencia ministerial en Lysøen en 1999. Allí se definió seguridad humana como "una vida libre de amenazas profun-

En el año 2000 de la Declaración del Milenio emanó la Comisión sobre Seguridad Humana[26] que abrazó tres importantes objetivos: "promover el entendimiento público sobre la seguridad humana; desarrollar este concepto como una herramienta operativa para la formulación e implementación de políticas; proponer un programa de acción para identificar y enfrentar las amenazas a la seguridad de las personas."[27]. Morillas i Bassedas[28] puntualiza que la trascendencia de esta Comisión recala que sus objetivos -inspirados en las ideas Kofi Annan, secretario general de Naciones Unidas de ese momento- no sólo buscan dar luz sobre la seguridad humana, sino que promueven el desarrollo de un plan de acción.

Por otra parte, con la aparición del documento "La responsabilidad de proteger" en 2001, se apuntala el sesgo de la seguridad humana hacia la libertad con respecto al miedo, en tanto se priorizan situaciones asociadas a los conflictos armados y a las violaciones masivas de los derechos humanos[29]. Tal como se hace con la seguridad humana y el desarrollo humano, debe también marcarse la diferencia entre la responsabilidad de proteger y la seguridad humana. Ésta recala básicamente en que la primera

---

das a los derechos de las personas, a su seguridad e incluso sus vidas". RODRÍGUEZ-ALCÁZAR, J. op. cit., p. 5. MORILLAS I BASSEDAS, P. "Génesis y evolución de la expresión de la seguridad humana: un repaso histórico", *Revista CIDOB d'Afers Internacionals,* No. 76, 2007, pp. 47-58. https://raco.cat/index.php/RevistaCIDOB/article/view/55706

26 Presidida por Sadako Ogata y Amartya Sen y Sadako Ogata (Grasa Hernández, 2007)

27 FERNÁNDEZ PEREIRA, J.P. "Seguridad Humana [Tesis doctoral–Programa de doctorado en seguridad y prevención". Universidad Autónoma de Barcelona. Departamento de Derecho Público y Ciencias Histórico-Jurídicas, 2005, p. 76, https://www.corteidh.or.cr/tablas/r27406.pdf

28 MORILLAS I BASSEDAS, P., op. cit.

29 ROSAS, M.C., op. cit.

prevé el uso de la fuerza, mientras la seguridad humana no lo contempla[30].

En la misma línea, Morillas i Bassedas[31]propone que la seguridad humana es un objetivo principal en la Responsabilidad de Proteger, en tanto amplía las necesidades, demandas y expectativas de los individuos, impregna de nuevos elementos a la noción de soberanía de elementos. Está implícita en esta proposición un enfoque amplio de la seguridad humana. Entonces, ¿qué significa un enfoque amplio?

Asumir la interconexión de la seguridad, la paz y el desarrollo tácita en la seguridad humana, requiere valorar las dimensiones de esta expresión a la luz del peso relativo o proyección de cada uno de esos componentes. Así la interpretación de la esencia de la seguridad humana ha propuesto dos caminos, uno amplio y otro restringido. El primero de ellos ha sido liderado por Japón, y se asocia a la iniciativa original y a la esencia de la expresión de seguridad humana recogida en el Informe de PNUD del '94 y de la posterior Comisión de Seguridad humana. Esta entidad encabezada por el Estado nipón adopta la premisa de la "libertad frente a la necesidad". En esta línea, se intentó alcanzar una noción de seguridad humana a partir de sus objetivos, donde el propósito es la protección de la vida humana a través de la libertad y la realización personal[32]. ¿Cuál es su vector principal?: el desarrollo humano para así alcanzar el bienestar en clave de las dimensiones adjudicadas a la seguridad humana en ese entonces: económica, alimentaria, en materia de salud, ambiental, personal, de la comunidad y política[33]. En 2003 el Informe "La seguridad humana

---

30 INSTITUTO INTERAMERICANO DE DERECHOS HUMANOS "La seguridad humana en las agendas de las organizaciones multilaterales y los mecanismos de integración en América Latina y el Caribe". 2012, pp. 13-17.

31 MORILLAS I BASSEDAS, op. cit., p.54

32 Idem

33 PNUD, op. cit, p. 28

ahora" recoge en sustancia este enfoque amplio, agrega nuevos elementos y sostiene:

> "La seguridad humana significa proteger las libertades vitales. Significa proteger a las personas expuestas a amenazas y a ciertas situaciones, robusteciendo su fortaleza y aspiraciones. También significa crear sistemas que faciliten a las personas los elementos básicos de supervivencia, dignidad y medios de vida. La seguridad humana conecta diferentes tipos de libertades: libertad frente a las privaciones, libertad frente al miedo y libertad para actuar en nombre propio. A tal fin se ofrecen dos estrategias generales: protección y realización del potencial."[34]

Es así que una estrategia "desde arriba" supone la protección de las personas de los peligros, y una estrategia "desde abajo" el empoderamiento de los individuos. Entre tanto a través de la labor conjunta de los gobiernos de Canadá y Noruega hacia fines de los años noventa se va conjugando un "enfoque restringido" de seguridad humana[35], cuyo mojón será "la libertad frente al temor". Su énfasis estará puesto en el "centro vital" de las personas frente a las "amenazas críticas"[36].

Al colocar el foco sobre un sesgo determinante de la seguridad humana en la Agenda MPS, es imprescindible por un lado partir del trinomio seguridad/paz/desarrollo, así como ponderar el peso de la agencia estatal, aunque también transnacional. Esto se justifica en que las diferentes violencias que abastecen los diferentes

---

34 COMISIÓN DE SEGURIDAD HUMANA DE LAS NACIONES UNIDAS "Esbozo del informe de la Comisión de Seguridad Humana", 2003. http://www.ugr.es/~fmunoz/documentos/seguridadhumana.pdf

35 Crean la *Human Security Network,* apadrinada por la Alta Comisionada de ACNUR en esos momentos, Sadako Ogata. Varios Estados fueron invitados: Austria, Chile, Jordania, Países Bajos, Eslovenia, Sudáfrica, Suiza y Tailandia.

36 Resulta interesante divisar cómo este enfoque restringido ha potencialmente justificado la acción frente violaciones "masivas y sistemáticas de los derechos fundamentales", aún con el uso de medios violentos, bajo el amparo de una "obligación moral de la comunidad internacional" para detenerlos. MAGAÑA HERNÁNDEZ, D.M., op. cit. 140-145

riesgos y amenazas internacionales no sólo provienen de los Estados, sino que cada vez más derivan de dinámicas generadas en la interacción de otros actores transnacionales entre si, y de estos con el Estado. A su vez, los Estados que han abrazado la seguridad humana la han interpretado desde alguno de los enfoques. En ciertos casos muy condicionados por la coyuntura internacional, regional e incluso local, y otros con mayor autonomía. Cada situación en última instancia conjuga la complejidad de la seguridad humana que en clave de su esencia humanocéntrica y amplificada a la comunidad, incluye multiplicidad de interacciones sociales[37], que coexisten con la seguridad la seguridad estatal.

3. URUGUAY Y LA PAZ INTERNACIONAL

El vínculo del Estado uruguayo con la paz internacional se remonta a 1929 al amparo de la Sociedad de Naciones, con su participación en el grupo internacional de mediación para el conflicto de la Guerra del Chaco Boreal entre Paraguay y Bolivia, cuya actividad terminó en 1935[38]. Más adelante en el tiempo, el artículo 22 de la Ley Marco de Defensa no. 18.650 de 2010 determina que: "La participación de contingentes nacionales en Misiones de Paz constituye una decisión soberana que estará determinada por la política exterior de la República y en tal sentido tenderá a la promoción de los intereses nacionales en el ámbito internacio-

[37] OSWALD SPRING, U. "Historia de la Seguridad Humana y Reconceptualización de la Seguridad", *Seguridad Humana. Una apuesta imprescindible,* Comisión de Derechos Humanos del Distrito Federal. 2018, pp. 43-82, https://archivos.juridicas.unam.mx/www/bjv/libros/14/6652/18.pdf

[38] CENTRO DE GINEBRA PARA LA GOBERNANZA DEL SECTOR DE SEGURIDAD y CORNELL UNIVERSITY. "Fuerzas Armadas de Uruguay-Informe de Evaluación de la Metodología de Evaluación de las Oportunidades para las Mujeres en Operaciones de Paz (MOWIP) 2020". Centro de Ginebra para la Gobernanza del Sector de Seguridad y Cornell University. 2021

nal, la práctica de medidas de confianza mutua y la promoción de relaciones de cooperación y respeto entre los diferentes actores de la comunidad internacional, en consonancia con el derecho internacional"[39]

3.1. Las mujeres en ámbitos de seguridad: ¿el camino es la recompensa?

El escenario más reciente que se identifica en Uruguay con respecto a los avances para los derechos de las mujeres muestra particularidades respecto al resto de la realidad suramericana. En 2012 se convirtió en el segundo Estado latinoamericano en legalizar el aborto sin causales, y para 2015 implementaba uno de los primeros sistemas integrados de salud en la región[40].

En el plano doméstico, los primeros pasos en temas vinculados a la cuestión de género se remontan a la creación del Instituto Nacional de la Mujer en 1987. Mas recientemente el organismo público referente en la cuestión de género desde 2005 es el Instituto Nacional de la Mujer (INMUJERES)[41], bajo la órbita del Ministerio de Desarrollo Social. En este mismo año, se crea el Centro de Instrucción y Capacitación de Operaciones para el Mantenimiento de la Paz de la Policía, y hacia el 2008 la Escuela Nacional de Operaciones de Paz de Uruguay[42].

---

39 URUGUAY "Ley Marco de Defensa Nacional No. 18650", 2010, https://www.impo.com.uy/bases/leyes/18650-2010

40 CENTRO DE GINEBRA PARA LA GOBERNANZA DEL SECTOR DE SEGURIDAD y CORNELL UNIVERSITY, op. cit.

41 Su determinación como órgano rector de la política nacional de género está dado por la Ley no.19.846 de 2019, artículo 13. https://www.impo.com.uy/bases/leyes/19846-2019

42 DONADÍO, M.; MAZZOTA, C. *La Mujer en las Instituciones Armadas y Policiales. Resolución 1325 y Operaciones de Paz en América Latina.* Buenos Aires: RESDAL, 2009, https://www.gub.uy/ministerio-defensa-nacional/sites/ministerio-defensa-nacional/files/2022-03/Libro-mujer-RESDAL.pdf

En el ámbito del sistema de NU, en tres ocasiones Uruguay ha sido miembro del Consejo de Derechos Humanos de la ONU[43]. En 2017 copresidió el Grupo Informal de Expertos sobre Mujeres Paz y Seguridad[44]. Durante el vigésimo aniversario de la R1325 y hasta setiembre de 2021, Uruguay copresidió -siendo el primer Estado latinoamericano en hacerlo- con Canadá la Red de Puntos Focales sobre Mujeres, Paz y Seguridad[45].

Uruguay ha destacado por su profusa participación en OMP, lo que ha sido mantenido y apoyado por los distintos gobiernos[46]. Despliega sus primeros observadores militares en Cachemira en el año 1952[47], participación que se ha sostenido hasta la actualidad[48]. Vale notar que Uruguay vinculó tempranamente a la mujer a las FFAA. Hacia el año 1921 se crea el Curso de Enfermeras Militares en el Hospital Militar. Sin embargo, será recién en los años setenta que fueron admitidas como personal subalterno desempeñando actividades administrativas, sanitarias o de servicio[49]. De todas formas, es dable destacar que mujeres uruguayas participaron de las OMP incluso antes de que fuera permitido su ingreso en las FFAA. Hacia 1987 la primera mujer -de profesión médica- en participar formalmente en una OMP, lo hizo formando parte del contingente desplegado en la península del Sinaí. Poco después hay registro dos mujeres más, odontólogas de profesión. De la Policía Nacional, la primera mujer que se sumó a estas misiones lo hizo en 2006[50].

---

43 En los períodos 2006-2009, 2010-2012 (en la presidencia) y 2019-2021.

44 CENTRO DE GINEBRA PARA LA GOBERNANZA DEL SECTOR DE SEGURIDAD y CORNELL UNIVERSITY, op. cit., p. 15

45 PRESIDENCIA URUGUAY "Plan de Acción Nacional Mujeres, Paz y Seguridad. 2021-2024", 2022, p. 20, https://medios.presidencia.gub.uy/legal/2022/decretos/06/mrree_461.pdf

46 DONADÍO, M., MAZZOTA, C., op. cit.

47 PRESIDENCIA URUGUAY, op. cit. p. 4

48 CENTRO DE GINEBRA PARA LA GOBERNANZA DEL SECTOR DE SEGURIDAD y CORNELL UNIVERSITY, op. cit.

49 Ídem

50 DONADÍO, M., MAZZOTA, C., op. cit.

Vale puntualizar que la inclusión de mujeres en las escuelas de las tres fuerzas de Uruguay -Ejército, Naval, Aérea- son cronológicamente previas a la R1325. En 1997 ingresaron las primeras mujeres a la Escuela Militar de Aeronáutica, en 1998 a la Escuela Militar y en 2000 a la Escuela Naval[51].

Con este escenario, y específicamente en lo que refiere al compromiso del Estado uruguayo con la Agenda MPS, éste se evidencia en múltiples acciones. Por citar algunos antecedentes destacados, la ratificación de la Convención para la Eliminación de todas las formas de Discriminación contra la mujer (CEDAW) en 1981[52], así como la Convención Belém Do Pará en 1996. A la vez, lideró y mantiene el apoyo de la llamada "Acción por el Mantenimiento de la Paz" (A4P), una iniciativa del secretario general de Naciones Unidas -hoy asumida por más de 150 Estados miembros-, a través de la que se apuntala el compromiso colectivo con el mantenimiento de la paz, entre otras cosas a través de la Agenda MPS[53].

4. URUGUAY Y LA AGENDA MPS: DEL COMPROMISO A LA ACCIÓN

Un punto neurálgico de la R1325, que fue adoptada por unanimidad en el CSNU, es que en recupera por primera vez en un documento de ese tenor, las "relaciones entre mujeres, paz y seguridad", e incorpora la relevancia de proyectar coordenadas feministas sobre la seguridad.

---

51 MINISTERIO DE DEFENSA NACIONAL "Comandante del Comando Sur de Estados Unidos, Gral. Laura Richardson, destacó el liderazgo de Uruguay en misiones de paz", 9 de febrero, 2024, https://www.gub.uy/ministerio-defensa-nacional/comunicacion/noticias/comandante-del-comando-sur-estados-unidos-gral-laura-richardson-destaco

52 NACIONES UNIDAS "Base de datos de los órganos de tratados de las Naciones Unidas", (s.f.), https://tbinternet.ohchr.org/_layouts/15/TreatyBodyExternal/Treaty.aspx?Treaty=CRPD&Lang=es

53 PRESIDENCIA URUGUAY, op. cit., p. 20

4.1. El PAN-MPS 2021-2024

El PAN-MPS fue elaborado por el Grupo de Trabajo Interinstitucional -integrado por representantes ministeriales del Ministerio de Relaciones Exteriores que lo presidirá, el Ministerio de Defensa Nacional, el del Interior, el de Economía y Finanzas, el de Desarrollo Social y otro por la Secretaría de Derechos Humanos de la Presidencia de la República- de acuerdo a la Resolución Ministerial 296 del 29 de julio de 2020. Se propone:

> "En el marco del compromiso de Uruguay con la agenda "Mujeres, Paz y Seguridad", promover e incorporar el análisis desde la interseccionalidad con perspectiva de género en todas las actividades e iniciativas de paz y seguridad, fomentando la participación delas mujeres en condiciones de igualdad en los mecanismos de representación, en los procesos de toma de decisiones y en las actividades relacionadas con la seguridad humana, fortaleciendo la capacidad internacional de respuesta para proteger a la población civil en general. Todo ello en consonancia con los propósitos y principios de la Carta de las Naciones Unidas y los principios de la política exterior del Uruguay"[54]

El PAN-MPS abreva de los principios que rigen la política exterior uruguaya, los de la política de defensa nacional y aquellos que versan en materia de derechos humanos. Se proyecta a partir de los cuatro pilares emanados de la R1325, a saber[55] :

- "Prevención: Las mujeres tienen un papel clave en la prevención y resolución de conflictos armados, así como en los procesos de construcción de la paz.
- Participación: (…) plena de las mujeres en pie de igualdad con los hombres, en la prevención y resolución de conflic-

[54] Idem, p. 11

[55] PRESIDENCIA URUGUAY, op. cit., p. 24

tos, en los procesos de paz, en las instituciones públicas y en los procesos de toma de decisiones.

- Protección: (...) de las mujeres y niñas durante los conflictos armados y tras el cese de los mismos.
- Socorro y Recuperación de las Víctimas: Incluir una perspectiva de género en la planificación y ejecución de las actividades relacionadas con la asistencia y recuperación de las víctimas en los conflictos armados.

Acoplado a la Agenda MPS, el PAN-MPS se proyecta en políticas públicas nacionales, incluyendo temas como "violencia basada en género, trata de personas y ciberseguridad". Plantea además, los resultados esperados a largo plazo[56]:

- "Promover la perspectiva de género en todas las actividades sobre la paz y la seguridad.
- Promover el enfoque de seguridad humana con perspectiva de género
- Fortalecer la capacidad de respuesta internacional vinculada a la Agenda MPS y a la Protección de Civiles en las Operaciones de Paz, paz promover una sociedad más justa, pacífica e inclusiva."

El monitoreo y evaluación del PAN-MPS se realiza sobre un conjunto de actividades incluidas en la matriz de resultados detallada en este. De esta forma se contempla la posibilidad de identificar eventualmente los cambios ocurridos, así como el cumplimiento de las actividades previstas. El Grupo de Trabajo Interinstitucional es la entidad encargada de realizar el seguimiento, y de determinar la posibilidad de requerir asistencia de otras instituciones. Los ejes a través de los que se realiza el seguimiento de la implementación del Plan son[57]:

---

56 Idem, p. 32
57 Ídem, p. 36

- "Plataforma de evaluación y monitoreo – SIMORE (Sistema de Monitoreo y Recomendaciones).
- Informes a mediano plazo.
- Informe final"

4.2. La Iniciativa Elsie y sus ramificaciones en Uruguay

En 2017 Canadá lanza la "Iniciativa Elsie" cuyo objetivo apunta a incrementar la participación significativa -tanto militar como de policía-, de las mujeres desplegadas en las OMP. Este proyecto fue apoyado por 13 Estados[58] que conformaron el Grupo de Contacto de la "Iniciativa Elsie para Mujeres en Operaciones de Paz"[59]. Desde 2018 Uruguay forma parte, y desde entonces se ha vinculado activamente con los proyectos destinados a identificar las barreras al despliegue y desarrollo de capacidades para aumentar el número de mujeres en las OMP.

A través de mayor inclusión, la Iniciativa Elsie pretende transformar las OMP con el propósito de ampliar su capacidad para el cumplimiento de los mandatos en apoyo a la paz. ¿Sobre qué puntales se posibilitarían los cambios? A través del fortalecimiento de la presencia de mujeres y su liderazgo en las OMP en todos los rangos, funciones y etapas de las misiones, en funciones no tradicionales ni estereotipadas, así como también en el proceso de toma de decisiones[60].

---

58 A saber: Argentina, Canadá, Francia, Ghana, Países Bajos, Noruega, República de Corea, Senegal, Sudáfrica, Suecia, Reino Unido, Uruguay y Zambia. Ampliar en: https://www.international.gc.ca/world-monde/issues_development-enjeux_developpement/gender_equality-egalite_des_genres/elsie_initiative-initiative_elsie.aspx?lang=eng#a8

59 RESDAL "Uruguay y el impulso a la participación de mujeres en operaciones de mantenimiento de la paz", s.f., https://www.resdal.org/uruguay/index.html

60 NIEVES, M. "El impulso "Elsie" a Uruguay: Más mujeres en las misiones de paz de Naciones Unidas". 28 de setiembre, 2022, *El Sol de Cuernava-*

Los vectores para alcanzar estos objetivos son: el acceso de las mujeres a las mismas oportunidades de formación, promoción y desarrollo profesional. El segundo, la habilitación de ambientes de trabajo libres de todas las formas de acoso e intimidación. Ambos interconectados, excluyentes e ineludibles. Las barreras que limitan la participación de mujeres policías y militares en OMP son fuertes. El objetivo para 2028 de aumentar la participación de las mujeres uniformadas a 15% en los contingentes militares y el 20% en unidades de policía pareciera muy ambicioso[61].

Entre múltiples instrumentos, la iniciativa Elsie dispone del fondo global de apoyo a los Estados dispuestos a mejorar el despliegue de las mujeres en las OMP. Este impulso multilateral es sostenido a partir de las donaciones de Australia, Canadá, Dinamarca, Finlandia, Alemania, Países Bajos, Noruega, República de Corea y Reino Unido[62]. Asimismo, ha implementado una evaluación integral a cargo del Centro de Ginebra para la Gobernanza del Sector de la Seguridad (DCAF), orientada a la identificación de las causas de la baja representación de las mujeres en las OMP.

Junto a poco más de una decena de Estados miembros, Uruguay[63] conforma el Grupo de Contacto de la Iniciativa Elsie, que "(...) han demostrado un compromiso con la participación significativa de las mujeres en las misiones de mantenimiento de la paz de la ONU"[64]. En ese camino, y refrendando el compromiso del Estado uruguayo con la Agenda MPS, copresidió junto a Sue-

---

ca, https://www.elsoldecuernavaca.com.mx/analisis/poliescenarios-el-impulso-elsie-a-uruguay-mas-mujeres-en-las-misiones-de-paz-de-naciones-unidas-8951651.html

61 Ídem

62 RESDAL, op. cit.

63 Con Argentina son los únicos dos Estados latinoamericanos representados.

64 CENTRO DE GINEBRA PARA LA GOBERNANZA DEL SECTOR DE SEGURIDAD y CORNELL UNIVERSITY, op. cit., p. 17

cia el Grupo Informal de Experticia del Consejo de Seguridad sobre Mujeres, Paz y Seguridad, con el propósito de fomentar "la participación significativa de las mujeres en las operaciones de paz".

4.3. Consolidando compromisos: el informe MOWIP

Uruguay es uno de los ocho[65] -único Estado latinoamericano- en participar en la Evaluación de Barreras implementada por el *Geneva Centre for Security Sector Governance* (DCAF) y la Universidad de Cornell, "con el objetivo de identificar los obstáculos que existen para incrementar la participación del personal femenino (militar y policial) en las operaciones de paz de Naciones Unidas; y el único país que ha realizado la evaluación tanto en las Fuerzas Armadas como en la Policía"[66].

El informe MOWIP para las FFAA uruguayas, indaga sobre su capacidad en el despliegue de mujeres en OMP, y la garantía ofrecida de su participación significativa, sobre la propuesta de una plataforma de diez áreas temáticas. En este contexto, comienza identificando buenas prácticas uruguayas que son pasibles de compartir y reproducir[67], a saber:

- "Las FF.AA. han implementado estrategias proactivas de reclutamiento de las mujeres para las operaciones de paz.
- Antes de autorizar el despliegue, las FF.AA. verifican que la persona esté libre de acusaciones por violaciones a los derechos humanos o de explotación y abuso sexual.

---

65 Los ocho casos de estudio para aplicar la MOWIP son: Bangladesh, Ghana, Jordania, Mongolia, Noruega, Senegal, Zambia y Uruguay.

66 PRESIDENCIA URUGUAY, op. cit., p.20

67 CENTRO DE GINEBRA PARA LA GOBERNANZA DEL SECTOR DE SEGURIDAD y CORNELL UNIVERSITY, op. cit., p. 9

- Las mujeres lactantes tienen derecho a tomar parte de su jornada para amamantar/extraer la leche, y es considerado como tiempo pagado.
- Nunca existieron restricciones para el tipo de puesto que podían ocupar las mujeres en las FF.AA.; por ende, mujeres ocupan puestos de combate o puestos tradicionalmente ocupados por hombres (pilotos de combate, etc.).
- La proporción del personal capacitado en género aumenta anualmente.
- Las ideas negativas sobre la masculinidad no son un problema importante en las Fuerzas Armadas."

De todas formas, son identificadas barreras, y detalla las principales, siempre en clave de los obstáculos que refieren a "la participación significativa de las mujeres en los despliegues de ONU"[68]. A estos dedica un apartado temático para su análisis en profundidad, y los concentra en tres grandes ejes: consideraciones al núcleo doméstico; experiencias en operaciones de paz; y roles de género.

4.4. Nuevas siembras: el Proyecto FFAA

En base a las recomendaciones del informe MOWIP fue elaborado el Proyecto FFAA, y presentado a principios de setiembre de 2022. El pulso de estas -entre otras- iniciativas lo lleva la Agenda MPS en base al reconocimiento de que las mujeres tienen un rol sustantivo en la prevención, resolución y mantenimiento de la paz. Esta perspectiva implica un compromiso colectivo, integral y profundo, que el Estado ha ido adoptando progresivamente.

El Fondo de la Iniciativa Elsie, seleccionó el Proyecto FFAA para recibir un financiamiento superior al millón de dólares, en pos de

---

[68] Ibid.

su implementación la que proyecta a dos años[69]. Éste conjuga el trabajo de los Ministerios de Defensa Nacional y de Relaciones Exteriores, la Agencia Uruguaya de Cooperación Internacional (AUCI) y ONU Mujeres, y apunta a fortalecer la participación de las mujeres en las OMP, en base a la Estrategia de paridad de Género 2018-2028 de NU. De esta forma Uruguay se transforma en el primer Estado contribuyente de tropas y de policía de Naciones Unidas que recibirá financiación del Fondo de la Iniciativa Elsie.

El Fondo busca aumentar un despliegue sostenible, aunado a la participación significativa de las mujeres en las OMP[70]. Esto va en sintonía con los objetivos de género de Naciones Unidas marcados por la Estrategia de Paridad de Género Uniforme 2018-2028. A pesar de que en algunos ámbitos de la Estrategia de Paridad de Género de Naciones Unidas los objetivos fueron alcanzados y superados -entre ellos los vinculados a observadores y personal militar, agentes individuales y unidades de policía-, aún hoy existen fuertes barreras que limitan la participación de mujeres policías y militares. No obstante, los objetivos fijados para 2020 incluidos en la Estrategia de Paridad de Género de NU, varias metas que permanecen rezagadas.

De las 10 barreras prioritarias identificadas por el Informe MOWIP, el Proyecto FFAA se centra en las siguientes[71]:

1. "la falta de información sobre distintos aspectos del despliegue;
2. las restricciones socioculturales que limitan la disponibilidad de despliegue de las mujeres;
3. las experiencias negativas de otros en misiones de paz;

---

69 MEDIOS PÚBLICOS, op. cit.

70 RESDAL, op. cit.

71 MINISTERIO DE DEFENSA NACIONAL "Sobre el Proyecto Elsie", 26 de abril, 2023, https://www.gub.uy/ministerio-defensa-nacional/politicas-y-gestion/sobre-proyecto-elsie

4. los roles de género en la sociedad uruguaya y la subrepresentación de las mujeres en roles operacionales en las Fuerzas Armadas."

El objetivo del Proyecto se dirige a incrementar el número de mujeres elegibles para el despliegue en roles operacionales en las OMP, para lo que se proponen seis tipos de actividades que van desde la "Conformación de Equipos Móviles de Información y Evaluación centrado en proporcionar información sobre los criterios, las oportunidades y los escenarios de despliegue"; robustecer el apoyo a la familia por parte de las instituciones directamente vinculadas; campañas de comunicación para captación y retención del personal, así como de información; conferencias internacionales; y sistematizar el estudio con el recorte temporal de la Agenda MPS aplicando una metodología socio-cultural pertinente[72].

5. REFLEXIONES FINALES

El compromiso del Estado uruguayo con una construcción multilateral de paz internacional a través de su participación en la OMP es indiscutible. Desde su rol como actor vulnerable al medio externo, ha transformado ese accionar internacional en una política exterior de Estado. Lo evidencia el mantenimiento y profundización de las obligaciones adquiridas internacionalmente, a lo largo de la alternancia de distintos gobiernos.

En particular, -con la salvedad de reconocer que esta pieza sólo explora algunas de las prácticas asumidas por Uruguay, y casi exclusivamente a nivel internacional, además de realizar un recorte temporal muy acotado-, el arrojo a la adopción de la Agenda MPS es destacable. La realización del Proyecto FFAA con el propósito de mitigar las barreras a la participación de las mujeres en las OMP constata una preocupación legítima sobre los flacos números que

---

72 MINISTERIO DE DEFENSA, 26 de abril, 2023, op. cit.

describen la situación actual. A su vez se visualiza una posible imbricación de perspectiva de género en el proceso de toma de decisiones en política exterior. Como se ha ponderado, la relevancia de la participación de la mujer en los distintos ámbitos que constituyen esas misiones lo demuestra. De todas formas, no se contemplan en este estudio suficientes insumos como para identificar sesgos de política exterior feminista.

El valor esencial del Proyecto FFAA, así como de la creación del PAN-MPS y del compromiso con la Iniciativa Elsie, es el afán por sumar músculo a la Agenda MPS, lo que reviste importancia en un contexto donde ésta requiere solidez para proyectarse en escenarios que le son cada vez más esquivos.

La manifestación de la seguridad humana en las iniciativas analizadas se identifica además en la Agenda MPS, más allá del amparo a ambas en el ámbito de NU, en la réplica de sinergias entre paz y seguridad con eje en el individuo y la comunidad. Asimismo, la esencia de la libertad respecto del miedo, de la necesidad y para vivir con dignidad -gestantes de la seguridad humana-, están implícitas en los propósitos de la Agenda MPS sobre escenarios de conflicto y posconflicto. Más aún, la relevancia de las amenazas y riesgos centrados en los individuos -o en las mujeres- y las comunidades, tanto permea la Agenda MPS como moldea a la seguridad humana en su forma y en su proyección, y de allí las alternativas que asumen los Estados al adoptar un enfoque más amplio o restringido.

6. REFERENCIAS BIBLIOGRÁFICAS

BIZZOZERO, L., *Aproximación a las Relaciones Internacionales. Una mirada desde el siglo XXI.* Ediciones Cruz del Sur, 2015.

CENTRO DE GINEBRA PARA LA GOBERNANZA DEL SECTOR DE SEGURIDAD y CORNELL UNIVERSITY. "Fuerzas Armadas de Uruguay-Informe de Evaluación de la Metodología de Evaluación de las Oportunidades para las Mujeres en Operaciones de Paz (MOWIP) 2020". Centro de Ginebra para la Gobernanza del Sector de Seguridad y Cornell University. 2021.

COMISIÓN DE SEGURIDAD HUMANA DE LAS NACIONES UNIDAS "Esbozo del informe de la Comisión de Seguridad Humana", 2003. http://www.ugr.es/~fmunoz/documentos/seguridadhumana.pdf.

DE LOS SANTOS GILOMÉN, C. "El rol de la mujer en las Fuerzas Armadas de la República Oriental del Uruguay". CALEN, 2015, https://www.gub.uy/ministerio-defensa-nacional/sites/ministerio-defensa-nacional/files/2022-03/libro%20La%20mujer%20en%20las%20FFAA%20art%C3%Adculo%20de%20los%20Santos.pdf, pp. 373-401.

FERNÁNDEZ PEREIRA, J. P. "Seguridad Humana [Tesis doctoral–Programa de doctorado en seguridad y prevención". Universidad Autónoma de Barcelona. Departamento de Derecho Público y Ciencias Histórico-Jurídicas, 2005, https://www.corteidh.or.cr/tablas/r27406.pdf.

DONADÍO, M.; MAZZOTA, C. *La Mujer en las Instituciones Armadas y Policiales. Resolución 1325 y Operaciones de Paz en América Latina.* Buenos Aires: RESDAL, 2009, https://www.gub.uy/ministerio-defensa-nacional/sites/ministerio-defensa-nacional/files/2022-03/Libro-mujer-RESDAL.pdf

GRASA HERNÁNDEZ, R. "Vínculos entre seguridad, paz y desarrollo: evolución de la seguridad humana. De la teoría al programa político y la operacionalización", *Revista CIDOB d'Afers Internacionals,* No. 76, 2007, pp.9-46. https://raco.cat/index.php/RevistaCIDOB/article/view/55706

INTERNATIONAL PEACE BUREAU "Seguridad Común 2022. Por nuestro futuro compartido", *Centré Delas d'Estudis per la Pau.* 2022, https://www.ipb.org/wp-content/uploads/2022/07/Palme_Report_2022_CSES.pdf

INSTITUTO INTERAMERICANO DE DERECHOS HUMANOS "*La seguridad humana en las agendas de las organizaciones multilaterales y los mecanismos de integración en América Latina y el Caribe*". 2012, pp. 13-17.

MAGAÑA HERNÁNDEZ, D. M.: "El otro paradigma de la seguridad", *Alegatos,* No. 72, (mayo/agosto 2009), pp. 127-149, https://www.corteidh.or.cr/tablas/r23198.pdf

MEDIOS PÚBLICOS "Uruguay fortalecerá participación de mujeres en operaciones de paz de Naciones Unidas". *Portal Medios Públicos. Redes,* 9 de setiembre, 2022 https://mediospublicos.uy/uruguay-fortalecera-participacion-de-mujeres-en-operaciones-de-paz-de-naciones-unidas/

MESA, M. "Política Exterior Feminista: un proceso en conformación en Europa y América Latina", En: MESA, M.(Coord.): *Policrisis y rupturas del orden global. Anuario CEIPAZ 2022-2023.* Madrid: CEIPAZ; Fundación Cultura de Paz, 2023, pp.77-110.

MINISTERIO DE DEFENSA NACIONAL "Proyecto para incrementar presencia de mujeres en roles operacionales de contingentes uruguayos en Misiones de Paz", 9 de setiembre , 2022), https://www.gub.uy/ministerio-defensa-nacional/comunicacion/noticias/proyecto-para-incrementar-presencia-mujeres-roles-operacionales-contingentes

MINISTERIO DE DEFENSA NACIONAL "Sobre el Proyecto Elsie", 26 de abril, 2023, https://www.gub.uy/ministerio-defensa-nacional/politicas-y-gestion/sobre-proyecto-elsie

MINISTERIO DE DEFENSA NACIONAL "Comandante del Comando Sur de Estados Unidos, Gral. Laura Richardson, destacó el liderazgo de Uruguay en misiones de paz", 9 de febrero, 2024, https://www.gub.uy/ministerio-defensa-nacional/comunicacion/noticias/comandante-del-comando-sur-estados-unidos-gral-laura-richardson-destaco

MORILLAS I BASSEDAS, P. "Génesis y evolución de la expresión de la seguridad humana: un repaso histórico", *Revista CIDOB d'Afers Internacionals,* No. 76, 2007, pp. 47-58. https://raco.cat/index.php/RevistaCIDOB/article/view/55706

NACIONES UNIDAS "Base de datos de los órganos de tratados de las Naciones Unidas", (s.f.),https://tbinternet.ohchr.org/_layouts/15/TreatyBodyExternal/Treaty.aspx?Treaty=CRPD&Lang=es

NIEVES, M. "Vulnerabilidades de la seguridad regional: los flancos débiles de la multidimensionalidad". *Densidades,* No. 10 , 2012, pp. 41-54

NIEVES, M. "El impulso "Elsie" a Uruguay: Más mujeres en las misiones de paz de Naciones Unidas". 28 de setiembre, 2022, *El Sol de Cuernavaca,* https://www.elsoldecuernavaca.com.mx/analisis/poliescenarios-el-impulso-elsie-a-uruguay-mas-mujeres-en-las-misiones-de-paz-de-naciones-unidas-8951651.html

OSWALD SPRING, U. "Historia de la Seguridad Humana y Reconceptualización de la Seguridad", *Seguridad Humana. Una apuesta imprescindible,* Comisión de Derechos Humanos del Distrito Federal. 2018, pp. 43-82.

PNUD "Informe sobre Desarrollo Humano 1994", 1994, https://hdr.undp.org/system/files/documents/hdr1994escompletonostats.pdf

PRESIDENCIA URUGUAY, "Plan de Acción Nacional Mujeres, Paz y Seguridad. 2021-2024", 2022.

RESDAL, "Uruguay y el impulso a la participación de mujeres en operaciones de mantenimiento de la paz", s.f., https://www.resdal.org/uruguay/index.html

RODRÍGUEZ-ALCÁZAR, J. "La noción de "seguridad humana": virtudes y sus peligros". *Polis,* No.11, 2005, http://polis.revues.org/5805

ROSAS, M. C. "La Seguridad Humana Sostenible"¿Paradigma para la seguridad nacional de México en el Siglo XXI?", en ROSAS, M. C. (Coord.) *La Seguridad Extraviada: Apuntes sobre la Seguridad Nacional de México en el Siglo*

XXI, Universidad Nacional Autónoma de México, Centro de Análisis e Investigación sobre Paz, Seguridad y Desarrollo,2020, pp. 31-100.

ROTHSCHILD, E. "What is security?", *Daedaluz, The Quest for World Order,* Vol. 124, No.3, 1995, pp. 53-98.

RUIZ-GIMÉNEZ ARRIETA, I. (2016): "Mujeres, Paz y Seguridad: controversias feministas en torno a la paz liberal", en: GARCÍA SEGURA, C. (Dir.): *La Tensión Cosmopolita. Avances y Límites en la Institucionalización del Cosmopolitismo,* 2016, pp. 322-369, Madrid: Tecnos.

SANAHUJA, J.A., SCHÜNEMANN, J. "El nexo seguridad-desarrollo: entre la construcción de la paz y la securitización de la ayuda", en Sanahuja, J.A. (coord.) *Construcción de la paz, seguridad y desarrollo. Visiones, políticas y actores.* Estudios Internacionales. Editorial Complutense, 2012, pp. 17-70.

TRUJILLO LÓPEZ, M. (2020): "Feminismo y seguridad: ¿(in)seguridad para quién?, en: LOZANO VÁZQUEZ, A.; RODRÍGUEZ SUMANO, A. (Coords.): *Seguridad y Asuntos Internacionales,* 2012, pp. 74-85, Ciudad de México: Siglo XXI Editores.

WÆVER, O. "Paz y seguridad: dos conceptos en evolución y su relación cambiante", en: OSWALD SPRING, U. y GÜNTER BRAUCH, H. (Comp., Eds.) *Reconceptualizar la seguridad en el siglo XXI.* Colección Multidisciplina, No. 6, 2009, pp. 71-100.

tirant PRIME

Inteligencia jurídica
en expansión

Trabajamos para
mejorar el día a día
del **operador jurídico**

Adéntrese en el universo
de **soluciones jurídicas**

prime.tirant.com/es/